HÉROS & MARTYRS
de la Liberté

3ᵉ série.

CET OUVRAGE
DONT LA PROPRIÉTÉ EST RÉSERVÉE, A ÉTÉ DÉPOSÉ
AU MINISTÈRE DE L'INTÉRIEUR

Collection Picard

BIBLIOTHÈQUE D'ÉDUCATION NATIONALE

Héros et Martyrs

DE

la Liberté

PAR

ALBERT MONTHEUIL

PRÉFACE DE M. LÉON BOURGEOIS

NOUVELLE ÉDITION ENTIÈREMENT REFONDUE ET AUGMENTÉE

Trente-quatre compositions et portraits de Frédéric Massé.

1906

PARIS
LIBRAIRIE D'ÉDUCATION NATIONALE
11, RUE SOUFFLOT, 11

IL A ÉTÉ TIRÉ DE CET OUVRAGE
25 EXEMPLAIRES DE LUXE
SUR PAPIER COUCHÉ DE LA MAISON PRIOUX
AU PRIX DE VINGT FRANCS
(Épuisé)

PRÉFACE

Cher Monsieur,

Un livre, comme celui que vous publiez n'a pas besoin qu'une préface vienne en éclairer la signification et en préciser la portée. Dans le titre même, vous avez pris soin d'inscrire le nom de l'idéal dont il s'inspire à toutes les pages : la Liberté. Au reste, la simple énumération des héros et des martyrs dont vous dites la grandeur et la générosité, le choix des écrivains auxquels vous avez fait d'excellents emprunts, suffiraient à bien marquer quel grand enseignement un tel ouvrage porte en lui.

Ce sera en effet un livre de bonne éducation sociale. Vous le destinez surtout aux jeunes gens et vous avez raison. Il leur apprendra l'action désintéressée par l'exemple des grandes actions. Il fera pénétrer profondément dans l'esprit de ces élèves-citoyens, cette idée essentielle que leur premier devoir sera de se mêler ardemment et noblement à la vie sociale.

Mais je pense que votre livre constitue une lecture attrayante et profitable pour tout le monde. Dans le courant de la vie pratique, que de gens s'imaginent, de très bonne foi, avoir fait quelque chose de louable et dont ils veulent être glorifiés, alors qu'ils ont simplement suivi la route facile au bout de laquelle était la satisfaction de leur intérêt particulier. En relisant la vie des hommes qui ont mérité la plus belle gloire, la vie de ceux qui ont bien servi leur Patrie et l'Humanité, ils s'apercevront que le principe de la valeur morale est tout entier dans le sacrifice, ils comprendront ce que c'est que l'Idéal. C'est la leçon qui se dégage clairement de votre livre et qu'on ne saurait entendre sans en garder, au moins, un désir de devenir meilleur.

Aussi, je vous félicite d'avoir composé une œuvre saine et généreuse, une œuvre utile.

LÉON BOURGEOIS.

Paris, 19 janvier 1906.

INTRODUCTION

La France traversait une crise politique quand fut publiée la première édition de cet ouvrage. Un général, que le café-concert avait popularisé, servait de catapulte aux adversaires les plus divers de la République pour la détruire sous prétexte de la purifier et de la régénérer. L'union parfaite des vrais républicains, le bon sens de nos paysans permirent alors de sauver la Liberté un moment compromise. Ce livre parut en pleine mêlée. Il avait pour objectif la jeunesse.

« Qu'est ce livre ? disions-nous alors. Œuvre d'érudition ? Non. De polémique ? Moins encore. Alors ?... Fait de mille pièces, assemblage de mille tissus différents empruntés aux grands historiens ou philosophes anciens et modernes, ce livre est avant tout une œuvre d'instruction, de propagande républicaine. »

C'était l'histoire des apôtres de la Liberté dont il nous avait paru bon d'entretenir la jeunesse républicaine ; de préférence l'histoire de ceux « qui, à la prédication, joignirent l'action, l'exemple et payèrent du martyre l'héroïsme de leur foi ».

Le succès très vif de ce modeste ouvrage combla nos vœux. Épuisé depuis longtemps, il était redemandé si fréquemment et avec une telle insistance en ces derniers temps, par les municipalités démocratiques que nos éditeurs, pour qui le devoir républicain n'est pas un vain mot, nous invitaient à en offrir au public une nouvelle édition revue et augmentée. Notre acceptation ne pouvait faire doute. Aussi bien l'heure paraît propice. De nouveau, tous les éléments réactionnaires de ce pays se sont groupés, comme au temps du boulangisme, pour supprimer, une à une, les conquêtes de la Révolution.

Peut-être n'est-il pas inutile de rappeler aujourd'hui aux jeunes générations que « rien ne se fonde, hélas ! dans le domaine de la Vérité, sans les efforts, les larmes, le sang des martyrs », et qu'on peut aider à l'émancipation politique et sociale des peuples, sans cesser d'être patriote.

Nous le croyons et nos éditeurs avec nous : c'est pourquoi nous présentons avec joie cette nouvelle édition.

ALBERT MONTHEUIL.

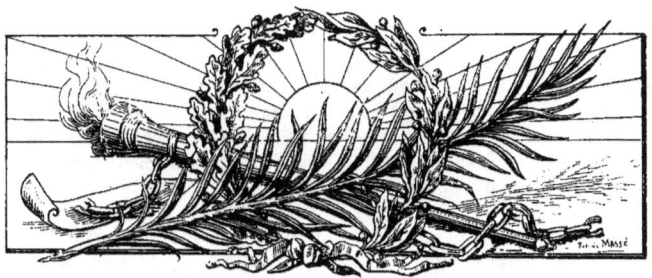

HÉROS ET MARTYRS DE LA LIBERTÉ

SOCRATE

Être grand général, enrichir sa patrie de contrées nouvelles, prêter aux nations opprimées le secours d'une épée redoutable; gouverner son pays avec sagesse et modération, lui donner des lois qui assurent à tous bien-être et justice : cela est bien.

Avoir réuni en soi la double qualité du soldat et du politique, et y ajouter celle du philosophe ; donner, non seulement à un pays, mais à tous, au monde, à l'humanité, les bases de la vraie et saine morale, et, prêchant d'exemple, enseigner aux hommes comment ils doivent vivre, leur montrer comment il faut mourir, en un mot, « être un sage par sa vie et un héros par sa mort »; voilà qui est mieux encore et semble l'idéal humain.

Socrate fut ce beau caractère.

Il était né au dème (1) d'Alopèce, dans le voisinage immédiat de la ville

---

(1) Du mot grec *dêmos*, peuple. — On donnait ce nom aux cantons, bourgs, en Attique et dans nombre de pays grecs.

d'Athènes, en 468 avant notre ère ; il était fils d'un sculpteur et avait un physique aussi vulgaire que sa condition était médiocre.

Il apprit la sculpture et dut acquérir une certaine réputation en cet art, puisqu'on montrait encore au temps de Diogène Laërce (1) (s'il faut en croire celui-ci), dans la citadelle d'Athènes un groupe représentant *les Grâces voilées*, dû au ciseau de Socrate.

Il étudia à fond la plupart des sciences cultivées à cette époque et poussa surtout très loin ses études en mathématiques. Mais celle qu'il chérit le plus toute sa vie, ce fut l'étude de soi-même ; et il ne se contentait pas de s'étudier, il s'appliquait à se réformer.

Zopyre (2) l'ayant rencontré un jour au milieu de ses disciples, lui déclara, après l'avoir examiné avec soin, qu'il était né avec des penchants vicieux.

Les disciples s'étant mis à rire, le maître les arrêta en avouant que réellement il était né avec des penchants très mauvais, mais qu'il les avait vaincus par l'énergie de sa volonté.

Bien qu'il ne prisât point la vie politique, parce qu'il ne la considérait pas comme indépendante, il fut loin de s'y dérober, et sut se distinguer à la guerre et dans la magistrature, comme il le fit durant le reste de sa carrière, dans la vie morale.

A Potidée, il sauva son élève Alcibiade, et quand on lui offrit le « prix de la valeur », il le refusa et le fit généreusement donner à celui qu'il venait de sauver.

Une autre fois, c'est le jeune Xénophon, tombé de cheval, qu'il emporte blessé sur ses épaules, tout en réchauffant par ses discours les Athéniens en déroute.

Il remplit avec autant d'ardeur ses devoirs de citoyen. Il ne chercha point à se créer une situation politique ; il avait les talents nécessaires pour jouer un rôle dans la République : il ne s'y prêta pas. Il fit, quand l'occasion s'en présenta, ce que sa dignité lui commandait, ni plus ni moins ; il ne brigua aucun honneur.

Élevé au rang de sénateur, il avait juré, en cette qualité, de ne juger que conformément aux lois. Élu ensuite *épistate*, et pressé par le peuple de condamner à mort et de comprendre dans un seul et même jugement des généraux qui n'étaient coupables qu'aux yeux du préjugé, il ne voulut pas mettre aux voix le décret proposé. « Le peuple s'irrita, les grands menacèrent, mais il aima mieux rester fidèle au serment que de commettre une injustice pour complaire à la multitude et calmer son courroux (3). »

Contrairement aux autres philosophes qui voyageaient beaucoup pour s'instruire, comparer les mœurs des diverses nations, Socrate ne

---

(1) **Philosophe grec**, qui vécut pendant le III siècle de notre ère.
(2) **Médecin contemporain de Socrate.**
(3) **Xénophon.**

quitta pas Athènes; il ne visitait pas même la banlieue, ni les belles campagnes de l'Attique.

Il avait préféré de bonne heure, à l'étude de la nature, celle de l'homme. Il ne sortait point de l'étude de lui-même, à laquelle il s'était consacré, sans cependant vivre dans la solitude.

Son école, c'était la rue. Au milieu des rassemblements, dans les groupes, partout où il y avait des hommes pour l'entendre, il développait, sous forme de conversation, ses théories philosophiques. Aussi était-il devenu supérieur en ce genre d'éloquence.

Partout on le trouvait; aussi bien dans la foule, dans les fêtes publiques, les gymnases, qu'à la table des membres de l'aristocratie athénienne.

Affaires particulières, affaires de l'État, tout lui servait de prétexte à l'exposé de ses doctrines, et pourvu qu'il calmât les haines, qu'il réconciliât les intérêts divisés, il était content de son apostolat et n'exigeait aucune rémunération.

C'est à cultiver chacun des instincts de l'homme, en les prenant tels qu'ils sont, sans penser à réformer l'œuvre de la nature, que consiste la philosophie de Socrate.

Et pour arriver à la faire triompher et subséquemment à ruiner le crédit des sophistes qui inondaient alors Athènes, Socrate se prenait aux plus puissants d'entre eux, à ceux que leur renommée, dans les sciences, les lettres et les arts, semblait rendre plus redoutables à attaquer et plus encore à confondre.

Amener ces rhéteurs à sortir de la logique et les acculer à l'absurde était la préoccupation de Socrate. Il avait, pour atteindre son but, une grande liberté de paroles, des critiques pleines d'amertume, et par-dessus tout, une ironie tranchante.

Aussi avait-il le don de passionner et d'entraîner à sa suite la jeunesse.

« En l'écoutant, dit Alcibiade dans *le Banquet de Platon*, les hommes, les femmes, les jeunes gens étaient saisis et transportés. Pour moi, je sens palpiter mon cœur plus fortement que si j'étais agité de la manie dansante des corybantes : ses paroles font couler mes larmes. »

Dans le temps que les trente tyrans désolaient la ville en faisant périr ses plus illustres citoyens, Socrate, quoique lié avec Critias et quelques autres de ses collègues en tyrannie, ne put s'empêcher d'élever la voix contre ces cruautés et d'en attaquer les auteurs. « Consolons-nous, dit-il à ce propos à un philosophe, consolons-nous de n'être pas comme les grands, le sujet de tragédies. »

Il s'était accoutumé de bonne heure à une vie sobre, dure et laborieuse; ce qui lui permit de mépriser plus que tout autre les richesses et le luxe qu'elles font étaler.

Voyant la pompe de certaines cérémonies, où l'or et l'argent étaient répandus à profusion : « Que de choses, disait-il, en se félicitant lui-même sur son état, que de choses dont je n'ai pas besoin !... »

Mais son extrême pauvreté n'était pas pour lui prétexte à cesser d'être propre sur lui et dans sa maison.

Il dit un jour à Antisthène, l'un de ses disciples, qui affectait de se montrer sale et déguenillé : « Je vois passer l'orgueil à travers les trous de ton manteau. »

Comme on lui représentait qu'une maison qu'il était en train de faire construire serait trop petite pour ses besoins : « Plût aux dieux, répondit le philosophe, qu'elle fût pleine de vrais amis! »

« Pourquoi, ainsi que font les autres philosophes, n'acceptez-vous rien de vos disciples? demandait-on à Socrate.

— Se faire payer ses entretiens, répliqua-t-il, c'est se rendre esclave, puisqu'on s'impose l'obligation de converser avec ceux dont on reçoit un salaire. »

Une autre fois, Antiphon lui demandant pourquoi, se flattant de former des hommes d'État, il ne se mêlait point de la politique qu'il connaissait si bien : « Et de quelle manière, reprit Socrate, puis-je mieux servir l'État? Est-ce en ne lui consacrant que ma personne, ou en travaillant à rendre le plus possible de gens capables de s'y consacrer eux-mêmes? »

On pourrait prendre dans la vie de Socrate mille exemples qui prouveraient que ce philosophe ne prisait rien tant que l'amitié.

« J'ai entendu un jour », dit Xénophon, qui fut l'un de ses meilleurs disciples, « Socrate s'entretenir de l'amitié; et je crois qu'on peut tirer un grand profit de ce qu'il disait pour apprendre à se faire des amis et à vivre avec eux.

« J'entends toujours répéter, disait-il, qu'un ami fidèle et vertueux
« est la plus excellente de toutes les possessions; et je vois que la plu-
« part des hommes pensent à toute autre chose qu'à se faire des amis.
« Ils sont avides d'acquérir des maisons, des terres, des esclaves, des
« troupeaux, des meubles; et quand ils les possèdent, ils tâchent de
« les conserver; mais un ami, qu'ils avouent être un grand bien, ils ne
« se mettent en peine ni de l'acquérir ni de le conserver. »

Socrate ajoutait :

« Et cependant, que l'on compare un bon ami à tout autre bien, ne semblera-t-il pas préférable?

« Ce que tu n'as pas fait pour ton propre intérêt, ce que tu n'as ni vu, ni entendu, ton ami l'a vu, l'a fait à ta place. Tu cultives des arbres pour en avoir les fruits, et tu négliges, avec une coupable indolence, le verger le plus fertile, celui de l'amitié! »

Socrate était d'une tranquillité d'âme inaltérable; rien ne pouvait le faire sortir de son sang-froid, et la raison ne cessait de présider à ses moindres actions; c'est ce qu'on peut voir par les traits suivants :

Quelqu'un était en colère d'avoir salué une personne qui ne lui avait pas rendu le salut : « Quoi! lui dit-il, la rencontre d'un malade ne te

MORT DE SOCRATE (d'après le tableau de L. David).

choque pas, et tu serais chagrin d'avoir rencontré un grossier personnage! n'est-ce pas risible (1) ? »

Un autre se plaignait de manger sans plaisir. « Acumène, lui dit-il, enseigne un bon remède à ce mal. — Lequel ? — C'est de manger moins ; les mets en paraissent plus agréables : on dépense moins et l'on se porte mieux (2). »

Un esclave ayant excité en lui quelque émotion : « Je te frapperais, lui dit-il, si je n'étais pas en colère. »

Comme on lui rapportait qu'un certain homme l'accablait d'invectives, il se borna à répondre : « C'est qu'apparemment, il n'a pas appris à bien parler. »

Un maître avait rudement châtié son valet. Socrate lui en demanda la raison. « Parce que c'est un gourmand, un paresseux, qui aime l'argent et ne veut rien faire. — As-tu examiné quelquefois qui méritait le plus d'être châtié, de toi ou de ton valet ? »

Socrate avait une femme nommée Xanthippe, qui était d'un caractère intraitable; elle exerça la patience du philosophe qu'elle injuriait souvent. Lui ne s'en émouvait nullement; enfin, un jour, agacée de voir qu'il ne répondait pas à ses discours, elle lui jeta un pot d'eau sale sur la tête. Socrate, sans se déranger, se contenta de dire : « Il n'y a rien d'étonnant à cela; la pluie suit ordinairement le tonnerre. »

C'est à propos de cette femme qu'Antisthène dit un jour à Socrate, qui engageait ceux qui avaient des femmes à leur enseigner tout ce qu'ils voudraient qu'elles sussent : « Eh bien ! Socrate, puisque telle est ton opinion, pourquoi au lieu d'instruire Xanthippe, t'accommodes-tu de cette femme, la plus insociable qui soit, qui fut et qui sera jamais ? — C'est que je vois que ceux qui veulent devenir bons écuyers se procurent, non les chevaux les plus dociles, mais les coursiers les plus ombrageux, persuadés que s'ils les domptent, ils viendront facilement à bout des autres. Je voulais apprendre l'art de vivre en société avec les hommes : j'ai épousé Xanthippe, sûr que, si je la supportais, je m'accommoderais facilement de tous les caractères. »

Celui qui s'était écrié : « Ce n'est point, suivant moi, dans les maisons des riches ou des pauvres qu'habite la richesse ou la pauvreté, c'est dans l'âme. »; celui qui s'était moqué des magistrats populaires, parce qu'ils étaient élus au tirage au sort, et qui disait d'eux : « Quelle sottise qu'une fève décide du choix d'un magistrat, quand on ne tire pas au sort celui auquel on confie le gouvernail d'un vaisseau ! » ce philosophe assez libre de propos pour ne se ménager nulle part un appui, devait avoir des ennemis violents et nombreux qui ne se feraient pas faute de se venger tôt ou tard. Ils se montrèrent bientôt, saisissant

(1) Xénophon.
(2) Idem.

pour perdre leur adversaire le premier prétexte qu'ils trouvèrent.

Un nommé Mélitus, homme obscur s'il en fut, se fit l'instrument de ces haines accumulées, en déposant une plainte contre Socrate qu'il accusait d'être ennemi des dieux et corrupteur de la jeunesse.

Socrate, quoique dédaigneux de cette accusation, se présenta devant le tribunal pour se défendre; tous ses disciples l'y suivirent afin de protester, par leur présence, contre l'iniquité des poursuites.

Au lieu de réfuter ses calomniateurs, de se justifier des reproches qu'ils lui adressaient, il usa, comme il en avait coutume, de sa mordante ironie pour railler ses juges, et fit devant eux sa propre apologie.

A l'un de ses amis qui lui avait préparé et apporté une défense fort habile, il répondit : « Je trouve votre discours fort bien fait, mais, de même que, si vous m'eussiez apporté des souliers à la Sicyonienne (c'était alors les plus à la mode), je ne m'en servirais point, parce qu'ils ne conviendraient point à un philosophe, de même, votre plaidoyer me paraît éloquent et conforme aux règles de la rhétorique, mais il ne montre pas la grandeur d'âme et la fermeté dignes d'un sage. »

Sur le premier chef d'accusation, il eut bientôt confondu ses accusateurs, en défiant aucun d'eux, aucun même de ses amis, de venir témoigner qu'il sacrifiait à des divinités nouvelles, ou jurait par d'autres dieux que Jupiter, Junon et le reste. Parlant ainsi, il empêchait de l'accuser de sacrilège ceux qui savaient qu'il croyait à un seul Dieu.

Quant au second, Socrate répondit :

« Tu m'accuses de pervertir la jeunesse! Or, nous savons apparemment ce que c'est que pervertir les jeunes gens. Eh bien ! dis-moi si tu en connais un seul qui soit devenu par mon fait, de pieux, impie ; de tempérant, débauché ; d'économe, dépensier ; de sobre, ivrogne ; de laborieux, lâche ou esclave de toute autre mauvaise passion ? »

Pour toute réponse, il réhabilitait sa philosophie calomniée.

Deux cent quatre-vingt-une voix reconnurent le philosophe coupable, deux cent vingt seulement furent pour lui.

Cette première sentence ne statuait pas sur la peine qu'il devait souffrir, dont on lui laissa le choix.

Il aurait pu se condamner au bannissement ; il préféra la mort à l'exil, ne voulant pas qu'on pût le voir « proscrit, humilié, devenu le corrupteur des lois et l'ennemi de l'autorité, pour conserver quelques jours languissants et flétris ».

« Quelle peine afflictive ou quelle amende mérité-je, dit-il, moi qui me suis fait un principe de ne connaître aucun repos pendant toute ma vie, négligeant ce que les autres recherchent avec tant d'empressement. les richesses, le soin de leurs affaires domestiques, les emplois militaires, les fonctions d'orateur et toutes les autres dignités ; moi qui ne suis jamais entré dans aucune des conjurations et des cabales si fréquentes dans la république, trouvant que j'aurais réellement perdu mon temps en prenant part à tout cela ; moi qui, laissant de côté toutes les choses où je ne pouvais être utile ni à vous, ni à moi, n'ai voulu d'autre occupation que celle de vous rendre à chacun, en particulier, le plus grand de tous les services, en vous exhortant tous individuellement à ne songer qu'à ce qui peut vous rendre vertueux et sages ? Athéniens, telle a été ma conduite. Que mérite-t-elle ? Une récompense, si vous voulez être justes, et même une récompense qui me puisse convenir. Or, qu'est-ce qui peut convenir à un homme pauvre, votre bienfaiteur, qui a besoin de son loisir pour ne s'occuper qu'à vous donner des conseils utiles ? Il n'y a rien qui lui convienne plus que d'être nourri dans le Prytanée, et il le mérite bien plus que celui qui, aux courses olympiques, a remporté le prix de la course à cheval. Si donc il me faut déclarer ce que je mérite, en bonne justice, je le déclare, c'est d'être nourri au Prytanée. »

Cette bravade eut le sort qu'il prévoyait sans doute : il fut condamné à mort. Dès que la sentence fut prononcée, il dit à ses juges : « Je vais être livré à la mort par votre ordre ; la nature m'y avait condamné dès les premiers moments de ma naissance ; mais mes accusateurs vont être livrés à l'infamie et à l'injustice, par l'ordre de la Vérité. »

Ensuite, comme ses amis voulaient lui faciliter la fuite, il s'y refusa et même leur demanda ironiquement « s'ils connaissaient, hors de l'Attique, un lieu inaccessible à la Mort ».

Sa conduite jusque-là avait été belle, digne, grave, exempte de reproches. Il fut, jusqu'à sa mort, durant les derniers jours qu'il passa en prison, d'une fermeté sublime qui semblait grandir chaque jour avec l'approche du dénouement fatal.

Un certain Apollodore, très partisan de Socrate, et qui était un bon homme, lui dit : « Pour moi, ce qui me désole, Socrate, c'est que je te vois mourir injustement. » Socrate lui passant doucement la main sur la tête, répliqua : « Aimerais-tu mieux, mon cher Apollodore, me voir mourir justement qu'injustement ? » Et en même temps, il se prit à rire.

L'injustice n'eut pas de prise sur la sérénité de son âme. Près de mourir, occupé avec ses disciples des grandes questions de la philosophie, s'entretenant en termes d'une hauteur incomparable de l'immortalité de l'âme, il trouve le moyen d'absoudre ceux qui l'ont perdu :

« Je n'ai aucun ressentiment contre mes accusateurs, ni contre ceux qui m'ont condamné, quoique leur intention n'ait pas été de me faire du bien et qu'ils n'aient cherché qu'à me nuire, en quoi j'aurais bien quelque raison de me plaindre d'eux. »

En voyant le bourreau paraître, il dit à ses amis : « Mais il est temps que nous nous quittions, moi pour mourir et vous pour vivre. Qui de nous a le meilleur partage ? Dieu seul le sait. »

En vain, son disciple Criton voulut retarder l'heure de la mort, Socrate lui reprocha cet amour excessif de la vie.

Après avoir bu la ciguë « avec une tranquillité et une douceur merveilleuses », il s'entretint quelque temps encore avec ses amis, puis s'étant jeté sur son lit, il eut un dernier mouvement convulsif et expira. Il avait soixante-dix ans.

Sa mort était le digne couronnement de sa vie: il fut de ceux qui, trop rares, savent mettre leurs actes en harmonie avec leurs paroles et ne se plient jamais aux concessions.

Le jugement de Xénophon est resté celui de la postérité :

« Quant à Socrate, en se glorifiant devant le tribunal, il souleva la jalousie et fit que les juges furent disposés à le condamner. Au reste, son trépas me paraît un bienfait des dieux, puisqu'il a quitté la saison de la vie la plus triste, obtenu la mort la plus douce, et montré la force de son âme.

« Convaincu qu'il était meilleur pour lui de mourir que de vivre encore ; de même qu'il n'avait jamais reculé devant ce qui était bien, de même, il ne faiblit point devant la mort, mais ce fut avec sérénité qu'il l'attendit et la subit. Et moi, quand je considère la grandeur d'âme et la sagesse de cet homme, je ne puis m'empêcher de parler de lui, et, quand je parle de lui, je ne puis m'empêcher de le louer. »

THRASYBULE

Thrasybule, le restaurateur de la démocratie athénienne, naquit à Athènes d'une famille peu fortunée, mais l'obscurité de sa naissance disparut bientôt sous l'éclat de ses vertus. Il était commandant des hoplites (1) devant Samos quand l'armée, révoltée contre l'oligarchie des Quatre-Cents, l'élut général (411 av. J.-C.).

Il combattit valeureusement jusqu'à la fin de la guerre du Péloponèse; mais, après la prise d'Athènes (404), il fut proscrit.

Les Lacédémoniens vainqueurs avaient constitué maîtres absolus d'Athènes trente tyrans qui ne reculaient devant aucun massacre pour assurer l'asservissement de cette cité. Eux-mêmes s'entre-tuaient : un d'eux, Théramène, ayant trouvé excessives les rigueurs de ses collègues, fut condamné à boire la ciguë.

« C'est alors que parut Thrasybule. A sa gloire éternelle, dit M. Armand Renaud, il ne désespéra pas; il crut que, quatre-vingts ans après Salamine, quelles que fussent les calamités pesant sur elle, Athènes ne pouvait mourir; dans sa ruine, il l'affirma vivante ; ses ennemis tenaient l'épée sur la gorge de la cité, il n'y vit pour elle qu'une occasion d'étonner le monde encore une fois et de tirer plus de gloire de plus d'infortune... »

Thèbes seule, malgré les injonctions de Sparte, avait ouvert ses portes aux proscrits athéniens. C'est de là que Thrasybule partit avec soixante-dix bannis comme lui; il entra audacieusement dans l'Attique et s'empara de Phyle, forteresse importante; puis, ayant vu grossir et se porter à douze cents le nombre des siens, il repoussa une première attaque de la garnison spartiate, à laquelle s'était jointe la garde des Trente. Ceux-ci lui ayant fait proposer de l'admettre parmi eux, il

---

(1) Du grec *hoplitès*, armé; soldat de l'infanterie grecque antique, pesamment armé; les hoplites devaient être assez riches, car ils payaient leur équipement, et avaient des serviteurs qu'ils devaient entretenir eux-mêmes.

THRASYBULE
(d'après un document conservé à la Bibliothèque Nationale).

rejeta ces offres avec mépris, se remit en marche sur le Pirée avec sa petite troupe et s'empara du poste important de Munychie où il se fortifia. Les tyrans essayèrent deux fois de l'y attaquer, mais ils furent honteusement repoussés et obligés de se réfugier dans la ville, en laissant sur le champ de bataille leurs armes et leurs bagages.

Thrasybule, en qui la générosité s'alliait au courage, fit cesser le carnage aussitôt que la victoire lui fut assurée ; il n'oubliait pas qu'il avait devant lui des Athéniens ; il fut ménager du sang de ses concitoyens ; il défendit même qu'on dépouillât les morts, et s'empara seulement des armes dont il avait besoin.

Le plus cruel des trente tyrans et le premier d'entre eux périt, dans le second combat, de la main même de Thrasybule.

Forcés de fuir, les tyrans s'étaient réfugiés à Éleusis et avaient sollicité le secours de Pausanias, roi de Lacédémone, lequel voyant, à son arrivée, les affaires en si mauvais état, aima mieux engager les deux partis à la paix.

Thrasybule triomphait des ennemis de la démocratie athénienne. La victoire assurée, il rendit l'autorité au peuple et, par une mesure qui l'honore, il ordonna qu'à l'exception des tyrans et de ceux qui, ayant gouverné sous leurs ordres, les avaient même surpassés en cruauté, nul des citoyens ne serait envoyé en exil. Investi de la confiance de ses concitoyens, il ne souilla sa gloire par aucune réaction ; au contraire, il se servit de la grande autorité qu'il avait acquise dans la ville pour faire passer une loi « par laquelle il était défendu de poursuivre personne pour ses actions antérieures », et il en maintint l'exécution de tout son pouvoir ; car, quelques-uns de ceux qui avaient été en exil avec lui, ayant voulu faire périr ceux contre lesquels ils avaient des motifs de juste vengeance, il les en empêcha et protégea ceux-ci contre leurs entreprises.

Cette généreuse mesure lui gagna tous les cœurs. De tout temps, en effet, au lendemain des malheurs de la guerre civile, le peuple a applaudi aux paroles de paix, aux tentatives de rapprochement entre des frères ennemis un moment, à l'oubli, à l'amnistie.

Athènes, pour récompenser Thrasybule de tant de belles actions, lui décerna une couronne civique formée de deux branches d'olivier, et cette glorieuse distinction ne lui attira pas d'envieux, « car il ne la devait ni à l'intrigue, ni à la violence, mais seulement à l'amour et à la reconnaissance de ses concitoyens ».

Le reste de sa vie fut consacré au gouvernement d'Athènes qu'il rendit florissante.

Huit ans après les événements que nous venons de raconter, Thrasybule trouva l'occasion de prouver à Thèbes qu'il se souvenait de l'asile qu'elle lui avait offert ainsi qu'à ses amis bannis, et de l'argent que cette ville leur avait prêté pour commencer la guerre contre les tyrans.

Thèbes était en butte aux menaces des Spartiates; elle demanda du secours. Athènes était occupée à reconstituer ses forces militaires, à réparer les dommages de la dernière guerre; elle n'était donc pas en état de prêter secours à une ville amie. Mais pour Thrasybule, il y avait à s'acquitter envers Thèbes d'une dette de reconnaissance sacrée ; ce n'était pas du salut d'un homme qu'il s'agissait, c'était du salut de tout un peuple ; pour lui, il n'y avait pas à hésiter. Le peuple ratifia le traité d'alliance avec Thèbes préparé par Thrasybule et une armée fut envoyée.

Si les Athéniens ne furent pas toujours vainqueurs, du moins n'eurent-ils pas à regretter cette campagne en faveur de la Liberté ; lassés des mœurs plus que sévères des Spartiates, de leurs velléités militaires jamais éteintes, les Grecs se rallièrent en si grand nombre à Athènes que Thrasybule fut chargé de rétablir l'ancienne influence de cette ville sur les côtes du Pont-Euxin.

Il avait été envoyé en Cilicie, comme préteur, avec une flotte, et avait déjà remporté d'importants succès, lorsqu'une nuit, la garde ne se faisant pas avec assez d'exactitude, son camp fut surpris par des ennemis, et il fut massacré sans avoir eu le temps de se défendre.

Suivant d'autres historiens, il aurait été tué à Aspende, dans une querelle entre les habitants et ses soldats.

Quelle que soit la vraie de ces deux versions, l'explication qu'elles donnent de la fin de ce grand citoyen est fort triste.

« Un si grand cœur méritait mieux ; mais le vainqueur des Trente avait acquis assez de gloire, et, si sa mort manquait d'éclat, c'était du moins au service de son pays qu'il mourait. »

DÉMOSTHÈNE

S'il est, parmi les anciens Grecs, un homme qui ait consacré l'effort de toute sa vie pour soustraire sa patrie à la domination d'un tyran étranger, et qui ait généreusement succombé à cette tâche, c'est bien l'orateur athénien Démosthène.

Démosthène naquit dans une bourgade de l'Attique, à Péanie, en l'année 384-383 avant notre ère. Son père était un homme riche, actif et intelligent qui dirigeait à la fois un atelier de coutellerie et un autre d'ébénisterie ; c'étaient deux industries d'art qui donnaient lieu à un important négoce. Le père de Démosthène avait acquis grâce à elles des relations au loin et des idées larges. Mais il mourut sans avoir pu élever son fils, alors que celui-ci avait sept ans.

Les tuteurs de l'enfant profitèrent honteusement de sa jeunesse et de son inexpérience pour le dépouiller de son héritage et négligèrent l'éducation de leur pupille. Dans de telles circonstances, combien d'enfants ou d'adolescents se seraient laissés abattre par l'adversité et auraient accepté de vivre dans l'obscurité ! Mais le jeune Démosthène était né avec un cœur généreux ; soutenu d'ailleurs constamment par une mère des plus dévouées, il se jura à lui-même de venger la mémoire de son père et de faire rendre gorge à ses malhonnêtes tuteurs.

Le premier acte de sa vie civile fut donc de se libérer d'une protection avilissante, et il ne l'accomplit pas sans une persévérance et une ténacité remarquables. Il lui fallait, en effet, apprendre à parler en public pour plaider sa cause ; or, il était affligé d'un bégaiement qui rendait sa parole inintelligible. Il vainquit, dit-on, cette première difficulté en se soumettant à un régime terrible : chaque jour, la bouche pleine de cailloux, il longeait le rivage de la mer et s'efforçait de couvrir de sa voix le bruit des flots ou bien il escaladait à la course une colline, sans cesser de parler.

En même temps, il cultivait son esprit, apprenait par cœur le grand historien Thucydide, discutait toutes les parties du droit athénien avec un des meilleurs avocats d'alors, Isée. Cette rigoureuse discipline lui valut, après un procès qui dura quatre ans, d'obtenir le châtiment de ses tuteurs.

Malgré ce premier succès, le jeune homme n'était pas mûr encore pour entrer avec succès dans la vie politique, et c'était justement sur la place publique, où les Athéniens discutaient leurs affaires, qu'il se sentait attiré. La première fois qu'il parut à la tribune devant le peuple assemblé, il fut décontenancé et provoqua la risée des auditeurs.

Il faillit perdre tout courage, mais le comédien Satyreo l'avait remarqué ; il le réconforta, lui donna des leçons de diction. Démosthène se remit au travail avec une telle ardeur que des légendes nous le montrent s'enfermant pendant des mois dans une cave souterraine, sans sortir, ou encore se rasant la tête d'une manière ridicule pour n'avoir pas la tentation de reparaître trop tôt en public.

Quoi qu'il en soit, ses débuts furent fort pénibles. Les premiers discours qui nous sont restés de lui portent des traces d'effort et de rudesse. Ce n'est que progressivement que Démosthène est devenu maître de sa parole. Il dut s'exercer longtemps au barreau, dans des affaires privées, avant de pouvoir diriger le peuple par son éloquence puissante.

Mais ce labeur ne devait pas être perdu : au temps où Démosthène arrive à cette maîtrise, un homme est apparu dans la vie politique, dont l'ambition insatiable rêve d'asservir Athènes et avec elle toute la Grèce. C'est Philippe, roi de Macédoine.

Pourquoi ce roi étranger voulait-il compter Athènes parmi ses possessions, quel intérêt y avait-il, comment prétendait-il y arriver ? Voilà ce qu'il faut expliquer brièvement pour comprendre quelle intelligence politique, quel patriotisme, quel amour sincère de la liberté il fallut à Démosthène pour exciter ses compatriotes à la résistance, pour tenir tête à Philippe et pour retarder enfin l'heure de l'asservissement.

L'état de la Grèce, à cette époque, était loin d'être aussi florissant qu'il l'avait été moins de deux siècles auparavant. A ce moment, Athènes, au sortir des guerres médiques, avait étendu sur toutes les cités sa puissance bienfaisante et tutélaire. Après elle, tour à tour, Sparte et Thèbes avaient conquis une éphémère hégémonie. Sparte avait d'abord triomphé d'Athènes après la terrible guerre du Péloponèse, dont Thucydide nous a laissé un si émouvant récit. Sa domination despotique céda devant les patriotiques efforts de deux Thébains, Pélopidas et Épaminondas ; mais après la bataille de Mantinée où succombait ce dernier, aucun parti n'était assez fort pour se mettre à la tête des Grecs et reprendre ce rêve de former une vaste confédération hellénique qui avait été si cher au cœur des deux grands Athéniens, Aristide et Périclès.

C'eût été pourtant nécessaire à ce moment plus que jamais. Maintenant que nul danger de conquête des Perses n'était à craindre pour les Grecs, un autre ennemi plus rapproché d'eux menaçait de plus en plus leur indépendance : c'étaient la Macédoine et son roi Philippe.

Située au nord de la Grèce, la Macédoine était encore un pays semi-barbare, peuplé de montagnards rudes et belliqueux. Son roi Philippe avait été élevé à Thèbes, où il avait vu à l'œuvre Épaminondas. Il y avait appris la science de la guerre, et aussi cette diplomatie qui pénètre les secrets des États ; il connaissait les vices intérieurs des cités grecques, les partis qui se partageaient le pouvoir, les emportements des foules, la vénalité des orateurs qui dirigeaient les affaires publiques. Il savait quelle était la faiblesse intime du monde grec, le manque de cohésion, l'esprit de rivalité, la jalousie prête à toutes les trahisons.

En quatre ans, ce prince ambitieux et intelligent, sorte de Pierre le Grand du monde antique, se forgea l'instrument qui devait asservir les Grecs : il créa une armée redoutable dont les troupes d'élite formaient cette *phalange*, « bête monstrueuse hérissée de fer », dont l'élan impétueux devait écraser les mercenaires à la solde des Athéniens.

Il se multiplie dès lors pour s'immiscer dans les affaires des Grecs : il fait courir ses chevaux aux jeux olympiques, se propose comme arbitre partout et surtout il s'achète, à prix d'or, dans toutes les cités, des partisans. C'est ainsi qu'à Athènes il a à sa solde l'orateur Eschine, dont le rôle sera dorénavant soit de chanter en public les louanges de Philippe, soit de le présenter comme un ami des Athéniens, soit de montrer qu'il ne saurait être dangereux pour la liberté des Grecs.

Vers cette époque, Démosthène qui arrivait à la maturité et commençait à être maître de son talent, résolut de se consacrer à la défense de la patrie menacée, de résister à Philippe et de démasquer ses partisans à Athènes.

Sa puissance d'orateur lui permettait d'engager une lutte aussi audacieuse. Ce sont, en effet, les orateurs qui conduisent alors les affaires de la République. Jadis différents magistrats, archontes, stratèges, membres de l'Aréopage ou du Sénat, avaient la responsabilité du gouvernement et l'initiative des lois. Mais, du temps de Démosthène, cette constitution avait fini par tomber en désuétude ; ces fonctionnaires ne faisaient qu'administrer les finances publiques, rendre la justice, ou recruter des soldats. Le peuple, réuni journellement en assemblée, faisait la politique, votait les impôts, décidait de la paix ou de la guerre, réglait les alliances avec l'étranger et, en somme, proposait, ratifiait et exécutait toutes les lois.

En fait, le peuple, composé de gens souvent peu instruits des choses politiques, était forcé d'avoir des délégués ; c'étaient ceux dont la parole était le mieux écoutée dans les assemblées, les orateurs. Démosthène compta rapidement parmi les plus influents de ceux-ci, et c'était une tâche malaisée : il lui fallait connaître à fond les ressources de la ville, le chiffre de son commerce, ses lois, sa police intérieure, la situation de ses alliés, celle de ses amis et particulièrement de Philippe ; enfin il lui était nécessaire de savoir exposer ses connaissances en public et persuader ses auditeurs.

La tâche était sans doute difficile pour Démosthène, mais quelle gloire pour lui s'il pouvait, au moyen de ses conseils, sauver l'indépendance de ses concitoyens, s'il pouvait ouvrir les yeux des Athéniens sur la malhonnêteté politique de Démade, d'Eschine et de tant d'autres orateurs ! Ceux-ci, trafiquant impudemment de leur habileté de parole, se mettaient au service de qui les payait le mieux. Nourris de l'or macédonien, ils entraînaient à sa perte leur propre patrie ; il y avait derrière eux un parti de l'alliance avec Philippe, un comité de financiers qui aimaient mieux s'enrichir que de voir Athènes indépendante et capitale du monde grec.

C'est avec ces ennemis que Démosthène allait tous les jours se mesurer : il avait démêlé avec une rare pénétration que la victoire de Philippe ne pouvait qu'asservir les Grecs, il se jura d'être, en toutes circonstances, son adversaire, et de lutter, jusqu'à son dernier souffle, pour l'indépendance de son pays.

L'occasion ne tarda pas à se présenter à lui de montrer son courage civique. En 355, Philippe pénètre chez les Phocidiens révoltés contre Thèbes et se présente comme le champion de la liberté grecque. De là, il marche vers le défilé des Thermopyles, position stratégique des plus importantes : c'est la porte de la Grèce ; c'est là que jadis les héroïques compagnons de Léonidas avaient arrêté la formidable armée des Mèdes. Philippe va-t-il pouvoir terminer son expédition en Phocide par ce hardi coup de main ?

Non, cette tentative est déjouée, Démosthène avait prévenu le peuple ; quand les soldats de Philippe arrivent, ils se trouvent en présence d'une troupe d'hoplites athéniens et sont repoussés. Philippe se retire dans ses États et feint de se désintéresser des affaires helléniques. Démosthène ne cesse de le surveiller et de dénoncer aux Grecs quel péril c'est pour eux d'avoir un pareil voisin. Il prononce contre lui cette immortelle série de harangues qu'on appelle les *Philippiques*. Philippe était redoutable par son armée et son trésor de guerre ; mais il l'était encore par les premiers succès de sa politique : il avait pris la Phocide, il voulait prendre maintenant Olynthe, la ville la plus puissante de la Chalcidique, cette presqu'île à trois bras qui sépare la Macédoine de la mer.

Les Athéniens considéraient avec superstition de pareils succès. Démosthène s'attache donc à apporter des idées claires dans l'examen de la conduite de Philippe ; il montre que Philippe ne doit pas sa victoire à une fortune aveugle ou à la protection de quelque divinité, mais aux qualités de son caractère, à son audace, à son esprit d'entreprise, à sa diplomatie astucieuse. Par contre, les Athéniens sont victimes de leur administration, complètement désarmée en face des coupables. Athènes formait une démocratie, dans laquelle malheureusement les magistrats n'étaient pas responsables de leurs actes : c'était le peuple qui dirigeait tout, qui ordonnait tout. Ne se reconnaissant d'ailleurs aucune responsabilité relativement aux fautes commises par lui, il se souciait peu dans cet anonymat collectif de les corriger. Voilà le péril que Démosthène n'hésite pas à dévoiler. Il gourmande aussi les Athéniens de leur badauderie : ils ne songent qu'à se promener sur la place publique, à demander les nouvelles du jour, sans réfléchir à la honte qu'il y a pour Athènes de subir le joug d'un Macédonien.

« Quand donc, s'écrie-t-il, ô Athéniens, agirez-vous comme il faut ? Qu'attendez-vous, une occasion ou la nécessité ?... Mais je ne sais pas de nécessité plus pressante pour des hommes libres que d'être à la veille du déshonneur. Voulez-vous donc toujours déambuler sur la place en vous demandant : « Quoi de neuf ! » Quoi de plus neuf, dites, que de voir un Macédonien vainqueur d'Athènes et maître de la Grèce ? « Philippe est-il mort ? Non, mais il est malade. » Mort ou malade, peu importe : qu'il meure et que vous restiez aussi nonchalants, aussitôt vous faites surgir un second Philippe, car celui-ci doit moins ses succès à ses propres forces qu'à votre inertie ! »

En même temps, Démosthène passe à l'action, demande qu'Athènes constitue une flotte et une armée permanentes, afin d'être prête à tout moment à lutter contre Philippe.

Tel était le langage de Démosthène, en 351, dans la première *Philippique*, tel il devait être dans les suivantes. Lorsque les Olynthiens assiégés par Philippe demandent du secours à Athènes, nombre d'orateurs soudoyés par le Macédonien s'écrient qu'il ne faut pas faire la guerre, que Philippe est un ami d'Athènes ; mais Démosthène, malgré le danger qu'il y a à braver la foule égarée par des paroles spécieuses et menteuses, monte à la tribune, crie aux armes et dénonce les empiétements continuels de Philippe.

Ses craintes devaient se réaliser ; le peuple athénien se laissait amuser par les partisans de la Macédoine, par les traîtres à la patrie : Olynthe succombe ; Philippe, maître du littoral, va pouvoir équiper une flotte et menacer Athènes par mer. A nouveau, il trompe les Athéniens par des négociations de paix, et au moment où l'on y pense le moins, il suscite une nouvelle guerre, tombe brusquement sur les Phocidiens et du coup s'empare des Thermopyles. Fort de ce succès, il se fait élire président du conseil fédéral de la Grèce, le Conseil des Amphictyons, et il est l'arbitre de toute la Grèce (346).

Dans ces circonstances, que fait Démosthène : avec un haut jugement politique, lui, qui jadis voulait faire la guerre à outrance, s'oppose à ce qu'on entame tout de suite les hostilités avec Philippe : ce serait trop risquer. Au moindre échec des Athéniens, les Macédoniens pourraient envahir toute l'Attique ; c'en serait fait à jamais de la liberté grecque.

DÉMOSTHÈNE
(d'après un marbre antique).

Avec un rare bon sens, Démosthène adjure ses concitoyens de ne pas se lancer dans des aventures, mais de racheter les fautes passées en faisant des armements, en cessant de favoriser les partisans de Philippe comme Eubule, comme Démade, comme Eschine.

Sa politique n'est pas toujours, comme on le voit, uniforme : tantôt intrépide, tantôt prudente, elle est, dans son ensemble, une politique d'action avec des réserves ; c'est un opportuniste qui se tient toujours prêt à agir pour le salut de la patrie. Quelles que soient les circonstances, l'intelligence de Démosthène et son dévouement se concentrent toujours vers cette idée qu'il faut délivrer la Grèce du joug macédonien.

Philippe devient-il de plus en plus menaçant ? Démosthène conseille des résolutions de plus en plus actives. Si ardente est son éloquence que Philippe après avoir lu la *seconde Philippique* s'écriait : « J'aurais donné ma voix à Démosthène pour me faire déclarer la guerre et je l'aurais nommé général ! » On le vit bien lors des affaires de Chersonèse, cette mince presqu'île de Thrace qui s'étend entre la Propontide et la mer Égée. Athènes y avait des colonies défendues par quelques troupes sous le commandement de Diopithe ; or Philippe y avait envoyé des soldats ; des difficultés s'élèvent naturellement entre Athéniens et Macédoniens. A cette nouvelle, les traîtres à Athènes s'écrient qu'il faut rappeler Diopithe pour ne pas déplaire à Philippe. C'est contre eux que s'élève encore Démosthène, et il montre quelle faute ce serait pour Athènes de désarmer, et cela surtout en Thrace.

Enfin dans cette même année (341), Démosthène prononce la troisième Philippique, de toutes la plus puissante, où il adjure Athènes de soulever toute la Grèce pour marcher contre l'ennemi commun, et où il accuse Philippe d'outrager la justice, la foi aux conventions, et de miner sourdement la Grèce. Il est facile de parler, dira-t-on, plus difficile de passer aux actes, Démosthène se justifie lui-même de ce reproche.

« J'entendais dire tout récemment : « Les conseils de Démosthène sont « excellents, mais en somme que donne-il à la patrie ? des paroles ; et « il nous faut des actions ! » Eh bien ! je répondrai franchement ; les actes du conseiller de la Démocratie, ce sont de sages conseils, il n'en a pas d'autres !... Exigez de l'orateur l'intelligence du bon conseil ; mais l'exécution, ne la demandez qu'à vous-mêmes ! »

A la même époque, il accusait Eschine d'avoir trahi sa patrie dans des ambassades qui avaient eu lieu en 346 auprès de Philippe ; il lui intenta le fameux procès de l'*ambassade*, où malgré son bon droit il ne put triompher et faire condamner le coupable. Cependant une si longue fidélité à la cause grecque, des efforts si constants pour former une coalition de tous les États grecs contre Philippe devaient être récompensés : Démosthène devient à la fin le chef du parti dirigeant (340-338); il cesse d'être orateur de l'opposition.

Cependant rien ne pouvait tenir contre la diplomatie cauteleuse et ambitieuse de Philippe ; aidé d'Eschine, le rival de Démosthène, il recommence la guerre contre les Locridiens en 338 ; il envahit la Locride, puis brusquement fond sur Élatée, la porte de la Béotie.

C'est la Grèce envahie, péril que Démosthène n'a cessé de signaler. Seul alors, dans la consternation universelle, il ose toujours tenir tête au malheur et il réussit à faire accepter une ligue aux Thébains avec les Athéniens. Les deux peuples marchent contre Philippe et sont écrasés par la phalange macédonienne à la célèbre bataille de Chéronée (338). A en croire le traître Eschine, Démosthène avait été le premier à jeter son bouclier; accusation mensongère et qui dut moins révolter le grand héros de l'indépendance grecque que lui rendre plus amère la victoire de pareils adversaires ! Plus fidèles et plus justes, ses concitoyens lui déléguèrent l'honneur de préparer la défense d'Athènes et de prononcer l'oraison funèbre des soldats vaillamment tombés pour la liberté.

Tandis que Philippe traitait cruellement la ville de Thèbes, il ménageait les Athéniens dont les écrivains et les orateurs pouvaient donner aux rois la réputation aussi sûrement que les victoires, et Démosthène ne fut pas inquiété dans ses opinions politiques.

Le cœur brisé, il se retire de la lutte et voit, dans l'impuissance, Philippe imposer son joug à toute la Grèce et se faire nommer généralissime des Grecs contre les Perses. Mais l'avenir lui réservait pourtant de nouvelles espérances : deux ans après, Philippe est assassiné par un de ses officiers, Pausanias, qui avait à venger une injure personnelle.

A cette nouvelle, Démosthène, en deuil de sa fille depuis huit jours, revêt un costume de fête, et le front couronné de feuillage, se présente en public : il voyait dans la disparition du roi de Macédoine le signal de la délivrance de la Grèce. Mais il avait compté sans le fils de Philippe, celui qui allait devenir Alexandre, le conquérant du monde.

Celui-ci tombe brusquement sur Thèbes, la prend et la détruit de fond en comble, sauf la maison du poète Pindare : « Démosthène, dit-il fièrement, m'appelait enfant quand j'étais chez les Thraces et jeune homme quand j'arrivai en Thessalie; sous les murs d'Athènes je lui ferai voir que je suis un homme. »

Il lui fit voir qu'il était un cruel tyran : il somma les Athéniens de lui livrer dix orateurs dont Démosthène, qui ne dut qu'à l'intervention de Démade d'échapper à cette proscription.

Cette fois encore c'en est fini de l'indépendance grecque : telle est la puissance macédonienne qu'il n'y a plus qu'à s'incliner.

Tandis qu'Alexandre tourne son activité belliqueuse contre Darius et les Perses et qu'il soumet l'Asie jusqu'à l'Indus, Démosthène ne peut que défendre devant les Athéniens sa politique d'antan. Tous les déboires réservés aux gens de cœur qui ont échoué dans leurs nobles entreprises l'attendent. Fort des revers de la patrie, Eschine reprend contre lui une accusation que, huit ans auparavant, il avait déjà essayé de soutenir lorsqu'un citoyen d'Athènes, Ctésiphon, avait voulu faire décerner à Démosthène une couronne d'or, parce qu'il avait de ses propres deniers relevé les murs d'Athènes. Ce fut un beau duel oratoire dont la politique fit tous les frais. Démosthène y justifia sa conduite politique, montra que sa vie avait toujours été attachée à l'indépendance grecque, que malgré la difficulté des circonstances et la certitude même de la défaite, il n'y avait qu'un présage qui ne devait point tromper l'homme de cœur, l'amour de la liberté.

L'exposé de cette loyauté politique l'emporta : Eschine fut condamné à l'exil et Démosthène comblé d'honneurs.

Cependant le parti macédonien allait bientôt prendre sa revanche : Démosthène cherchait toujours des ennemis à la Macédoine : il crut trouver un allié avantageux dans un émissaire du Grand-Roi, adversaire d'Alexandre, un nommé Harpale. Mais celui-ci, homme sans vergogne ni honnêteté, entraîna dans sa honte Démosthène qui, condamné à une forte amende, dut partir à son tour pour l'exil.

La fortune lui réservait pourtant une dernière revanche. Soudain la nouvelle se répand qu'Alexandre est mort, en Asie, à la fleur de l'âge, et aussitôt Athènes rappelle Démosthène et lui confie l'organisation de la révolte contre la Macédoine.

C'est dans cette guerre que la fière carrière de l'orateur devait se terminer. Toute la Grèce, aux appels ardents de Démosthène, s'était soulevée ; mais après une lutte sanglante, après une terrible bataille livrée autour de Lamia, en Thessalie, l'armée grecque fut écrasée par Antipater.

C'en était fini de ce rêve généreux d'indépendance qu'avait fait Démosthène ; c'en était fini de Démosthène lui-même. Antipater comprit que c'était Athènes et celui qui s'était fait la voix même de la liberté qu'il fallait frapper. Depuis plus de trente ans, Démosthène avait été à la tête de toutes les résistances, de toutes les révoltes contre la Macédoine. Il avait flétri l'ambition, la tyrannie de Philippe, il avait soulevé des ligues contre lui, il avait espéré renverser le jeune Alexandre, maintenant encore il se révoltait contre son successeur. C'en était trop. Antipater exigea qu'on lui livrât Démosthène.

Démosthène qui n'avait jamais désespéré de la liberté comprit que le despotisme triomphait. Réfugié dans la petite île de Calaurie, voisine d'Athènes il s'était renfermé dans le temple de Posidon : quand les soldats macédoniens approchèrent, Démosthène approcha seulement de sa bouche le stylet avec lequel il avait composé ses Philippiques ; cette fois la pointe cachait un poison mortel. Les soldats, conduits par un ancien acteur nommé Archias, n'osaient entrer dans le temple et de loin insultaient Démosthène, tandis qu'Archias lui promettait le pardon d'Antipater. Quand Démosthène s'aperçut que le poison agissait, il se leva pour sortir, voulant affronter ses ennemis jusqu'à son dernier moment. Alors dévisageant hardiment Archias : « Tu pourras maintenant, lui dit-il, jouer Créon dans la tragédie et jeter aux chiens ce corps privé de sépulture... » Disant ces mots il chancela et comme les soldats portaient la main sur lui, il expira.

Il avait un peu plus de soixante ans quand il mourut. Pareille destinée s'est rarement vue : depuis le jour où il s'occupa des affaires publiques, Démosthène ne cessa de revendiquer pour ses compatriotes la liberté, indispensable à la dignité de la vie, et d'être vaincu dans ces revendications généreuses. Athènes réhabilita magnifiquement sa mémoire dans un décret où l'on peut aujourd'hui encore lire ces mots :

« Il a conseillé au peuple beaucoup d'autres résolutions honorables et soutenu par son administration l'indépendance nationale et la démocratie mieux qu'aucun de ses contemporains.

« Banni par l'oligarchie, quand le peuple eut perdu sa souveraineté, il mourut victime de cette cause. Poursuivi par les soldats d'Antipater, il demeura jusqu'au bout fidèle à son ardent amour pour la démocratie, sut échapper aux mains de ses ennemis et à l'approche de sa mort ne fit rien qui fût indigne d'Athènes. »

SPARTACUS

L'histoire de Spartacus est l'épopée des races asservies, en révolte pour la conquête de la Liberté. Cet homme, ce gladiateur, chez qui la force et le courage n'excluaient ni la douceur ni l'intelligence, n'espérait pas abattre la puissance romaine, puis s'emparer de terres, et jamais las dans la poursuite d'un rêve inassouvi, continuer la guerre, étendre sur le plus grand nombre possible de nations sa puissance, afin que les peuples conquis et conquérants, vaincus et vainqueurs, ceux qui auraient reçu de nouvelles chaînes et ceux qui les auraient rivées, le saluassent en chœur du nom d'*imperator*. Non, son rêve était bien moins vaste, mais combien il était plus beau, plus grand, plus humain !

« Rassembler autour de lui tout ce qu'il trouverait d'esclaves, remonter l'Italie, puis cette multitude une fois sortie des griffes romaines rendre chacun à sa nationalité » : voilà ce qu'il voulait. L'ignorance, l'indiscipline de ceux mêmes qu'il souhaitait sauver de l'esclavage ne lui permirent malheureusement pas de réaliser sa généreuse idée. Du moins, le sang dont elle avait été arrosée ne fut pas inutile à la cause de l'affranchissement des peuples, et dans l'avenir, le souvenir de Spartacus anima ceux qui, comme lui, se firent les défenseurs de la justice, c'est-à-dire de l'égalité sociale.

Ce n'était pas la première révolte d'esclaves que les Romains avaient à maîtriser. Déjà deux guerres analogues avaient ensanglanté la Sicile. En 135 avant notre ère, le Syrien Eunus, à la tête de 60000 esclaves révoltés, avait écrasé quatre préteurs et un consul, et il n'avait échoué que devant Messine (133). Plus tard, de 105 à 102, un esclave italien nommé Salvius et un grec nommé Athénion avaient vaincu trois généraux. A la suite de la défaite que leur infligea le consul Aquilius eut lieu un massacre formidable : mille esclaves s'entr'égorgèrent afin de ne pas figurer aux jeux sanglants de l'amphithéâtre.

Spartacus, Thrace de nation, était de race numide ; il avait servi quelque temps comme auxiliaire dans les légions qu'il déserta bientôt pour fuir une servitude que déguisait mal le nom d'*alliance*. Repris et vendu comme esclave à un citoyen de Capoue qui dressait des gladiateurs pour le cirque, il fut destiné à cet emploi, et c'est avec quelques-uns de ses compagnons qu'il résolut de se sauver pour ne pas continuer cet état avilissant.

Ce complot ayant été révélé par un traître, soixante-dix-huit des plus résolus durent, pour échapper à la vengeance de leur maître, se frayer un passage, le fer à la main. Ils s'étaient armés de tout ce qu'ils avaient trouvé à leur portée dans leur départ précipité, couteaux et couperets de cuisine. Ils pillèrent sur leur route plusieurs chariots chargés d'armes de gladiateurs, et, grossis de quelques bandes de fugitifs, ils gagnèrent un lieu très élevé qu'ils fortifièrent.

Des troupes ayant été envoyées contre eux de Capoue, ils les défirent, se saisirent des armes et de tout ce qui pouvait être utile à leur équipement militaire, puis, sentant le besoin d'être dirigés par les plus habiles d'entre eux, ils choisirent trois chefs parmi lesquels était Spartacus.

Bientôt, le préteur Claudius vint, avec des troupes de Rome, cerner la montagne où ils s'étaient retranchés.

Y rester, c'était vouloir attendre que la faim les livrât au général romain ; en sortir paraissait impossible, tant les rochers étaient abrupts.

Un seul passage existait, qu'on considérait comme impraticable ; c'était, sur un des côtés de ce terrain à pic, un précipice immense.

Spartacus n'hésita pas. Avec des sarments de vigne et toutes les plantes sauvages dont étaient couverts les rochers, il construisit de longues échelles. Quand vint le soir, il fit, par ce moyen, descendre ses soldats, un par un, dans le plus profond silence. Sitôt au pied de la montagne, il enveloppa rapidement le camp du préteur. Les Romains, surpris, furent écrasés sans avoir eu le temps d'organiser leur défense et laissèrent sur le champ de bataille un grand nombre d'armes et de bagages, dont la possession permit à l'armée de Spartacus de rallier et d'équiper de nouveaux et nombreux esclaves.

Rien, en effet, n'attire plus les hommes indécis qu'une première victoire.

Dès qu'on vit en Italie que ces légionnaires romains, réputés invincibles, avaient été taillés en pièces par des esclaves méprisés, de tous côtés les mécontents, les malheureux, ceux qui, à toutes les époques, n'ayant d'autre bien à perdre en ce monde que leur vie, ont tout à espérer d'une transformation sociale, cette foule anonyme vint se ranger autour du chef audacieux.

La diversité des éléments dont elle se composait rendit plus difficile la tâche de Spartacus. Tous reconnaissaient sa supériorité, son génie, le considéraient bien comme l'âme du mouvement qu'il dirigeait ; mais ces bouviers, ces pâtres fugitifs, appartenant à des nations différentes, obéissaient presque autant à leurs chefs particuliers qu'à Spartacus.

Celui-ci cependant parvint à répandre ses soldats dans les montagnes de la Lucanie, endroit très favorable à des gens indisciplinés et mal organisés pour combattre une armée régulière. Les deux lieutenants du préteur Varinus furent battus successivement. Le préteur lui-même vit ses troupes écrasées, ses bagages, ses faisceaux prétoriens tomber aux mains de Spartacus.

Cet homme habile ne se contenta pas d'étonner par ses victoires ; il lança dans tous les coins de l'Italie des proclamations aux opprimés qui répondirent immédiatement à son appel, au nombre de 80000.

L'hiver approchant, Spartacus se cantonna près de Thurium, et pourvut à l'organisation militaire et politique de ses bandes irrégulières, en vue de la prochaine campagne.

De son côté, Rome, qui avait montré dans les premiers temps un profond dédain pour cette révolte d'esclaves, commençait à s'en inquiéter sérieusement. Deux consuls furent envoyés pour les réduire. Les esclaves, minés par des dissensions intestines qui devaient les perdre, marchaient en corps séparés de Gaulois et de Germains. Battus séparément, ils comprirent que l'union seule pouvait les faire vaincre ; ils se réunirent sous le commandement de Spartacus qui les sauva.

Mais ce dernier, découragé, se hâta de conduire ses compagnons vers la terre natale, vers la liberté.

Il quitta la Lucanie, traversa l'Italie en longeant les Apennins du sud au nord, renversant sur sa route tout ce qui faisait obstacle à sa marche, anéantit deux armées consulaires, balaya deux autres armées prétoriennes et s'arrêta seulement devant un obstacle que lui opposait la nature : le débordement du Pô.

Profitant de l'horreur qu'inspirait aux cités de la Cisalpine le joug romain, il chercha à les entraîner à sa suite, mais, par orgueil, elles ne voulurent point s'allier à ces esclaves.

Alors Spartacus, impuissant à résister aux vœux impératifs de ses soldats, marcha sur Rome.

Le général romain, quoiqu'il eût 35 000 hommes de vieilles troupes auxquelles s'étaient ralliés les tronçons de toutes les armées détruites, se borna à protéger le Latium. Il n'osa pas livrer bataille et se contenta de harceler par de continuelles escarmouches l'armée des esclaves.

Poussé malgré lui vers les contrées méridionales, Spartacus essaya de rallumer en Sicile les feux mal éteints de la deuxième guerre servile. Des pirates ciliciens s'engagèrent à lui transporter dans l'île quelques milliers d'hommes, mais quand ils eurent reçu les sommes considérables, prix du service promis, ils mirent à la voile en abandonnant sur le rivage les compagnons de Spartacus.

Celui-ci prit le parti de construire des radeaux ; mais une seconde fois, la nature se tourna contre lui ; une violente tempête brisa les embarcations et les jeta à la côte.

SPARTACUS
(d'après un groupe conservé au Musée du Louvre)

Alors Spartacus, s'éloignant de la mer, va camper dans la presqu'île de Rhégium. Malgré ces revers, malgré la position périlleuse où il se trouve, Crassus le redoute à ce point qu'il entreprend de l'enfermer par un fossé et une muraille de 15 lieues de tour !

Spartacus ne témoigna d'abord que du mépris pour ce travail ; mais lorsque le butin commençant à lui manquer, il voulut sortir pour fourrager, il se vit retenu dans cette enceinte, et ne pouvant rien tirer de la presqu'île, il profita d'une nuit que le vent et la neige rendaient très froide pour combler, avec de la terre, des branches d'arbres et d'autres matériaux, une partie de la tranchée sur laquelle passa le tiers de son armée. Il se fit ensuite jour à travers les lignes romaines, et redevenu libre de ses mouvements, il extermina en Lucanie les troupes de deux lieutenants de Crassus.

Effrayé, et se reconnaissant impuissant à lutter contre le courage et l'intrépidité audacieuse de soldats commandés par un chef tel qu'était Spartacus, Crassus implora du sénat romain le secours de Pompée et de Lucullus qui revenaient, le premier d'Espagne, le second de Thrace.

Comprenant à son tour l'imminence du danger et l'importance des renforts qui arrivaient au général romain, Spartacus, menacé d'être enveloppé par trois armées, se dirigeait vers Brindes, dans l'espoir de s'y embarquer pour passer en Sicile, lorsque ses soldats, grisés par de récents succès, ne voulurent plus éviter le combat, ni obéir à leurs chefs. Ils les entourent en armes au milieu du chemin, les forcent de revenir sur leurs pas, et de les mener contre les Romains.

C'était entrer dans les vues de Crassus qui venait d'apprendre que Pompée approchait, que déjà, dans les comices, bien des gens sollicitaient pour lui, et disaient hautement qu'à peine arrivé en présence des ennemis, il les combattrait et terminerait aussitôt la guerre.

Crassus donc, pressé de la finir avant son arrivée, serrait de très près l'ennemi. Un jour qu'il faisait tirer une tranchée, les troupes de Spartacus étant venues charger les travailleurs, le combat s'engagea, et comme des deux côtés, il survenait à tout moment de nouveaux renforts, Spartacus se vit obligé de mettre son armée en bataille.

L'armée des esclaves était affaiblie et désorganisée, les forces des Romains leur étaient de beaucoup supérieures. Spartacus qui n'avait pas assez d'empire pour rien empêcher, ne se dissimula point que s'il était vaincu ce serait la fin de la guerre, l'effondrement de son rêve ; il joua cette partie suprême « avec un héroïsme grandiose et désespéré ».

Lorsqu'on lui eut amené son cheval, il tira son épée et le tua : « La victoire, dit-il, me fera trouver assez de bons chevaux parmi ceux des ennemis et, si je suis vaincu, je n'en aurai plus besoin. »

A ces mots, il se précipite au milieu des ennemis, cherchant à joindre Crassus, à travers une grêle de traits. Il tue tous ceux qui l'entourent ; malheur à qui s'attache à ses pas.

Plein du sang qui sort des blessures dont son corps est criblé, il se traîne longtemps encore à genoux pour combattre jusqu'à ce qu'il disparaisse sous les cadavres de ceux qu'il a abattus.

Quarante mille esclaves, débris de la formidable armée qui avait fait trembler l'Italie, périrent « avec le sublime vaincu, dans cette glorieuse défaite qui rivait pour des siècles les chaînes des races asservies ».

Il fut heureux ce gladiateur obscur, qui aurait pu répéter en expirant ces vers d'un héros scandinave :

> Moi je meurs. Mon esprit coule par vingt blessures.
> J'ai fait mon temps. Buvez, ô loups, mon sang vermeil.
> Jeune, brave, riant, libre et sans flétrissures,
> Je vais m'asseoir parmi les dieux dans le soleil (1) !

(1) Leconte de Lisle, *Poèmes barbares*.

CATON D'UTIQUE

Marcus-Porcius Caton, plus connu sous le nom de « Caton d'Utique », de la ville où il mourut, était arrière-petit-fils de Caton le Censeur, que son éminente vertu rendit un des hommes les plus puissants et les plus célèbres qu'il y eût de son temps.

Caton d'Utique naquit l'an 95 avant Jésus-Christ ; il resta de bonne heure orphelin de père et de mère, avec son frère Cépion et ses sœurs Porcia et Servilie. Il fit tout pour sa patrie et poussa la vertu jusqu'à l'héroïsme.

« Dès son enfance, il montra dans le son de sa voix, dans les traits de son visage et jusque dans ses yeux, un caractère ferme, une âme constante et inflexible. Il se portait à tout ce qu'il voulait faire avec une ardeur au-dessus de son âge. Rude et revêche à ceux qui le flattaient, il se roidissait encore davantage contre ceux qui cherchaient à l'intimider (1). »

Livius Drusus, son oncle maternel, dans la maison duquel il avait été nourri et élevé, était tribun du peuple, et jouissait alors de la plus grande autorité dans Rome, grâce à son éloquence et à sa sagesse.

Pompedius Sillo, grand homme de guerre, l'un des chefs des alliés de Rome, passa quelques jours chez Drusus, dont il était l'ami. Pendant le séjour qu'il y fit, il s'avisa de demander en badinant au jeune Caton sa recommandation, auprès de son oncle, afin d'obtenir le droit de bourgeoisie.

Caton, sans rien répondre, fit connaître par son silence et par l'air de son visage qu'il rejetait sa demande. Alors Pompedius insista, et, voulant pousser à bout cet enfant, il l'enleva dans ses bras et le tenant suspendu hors de la fenêtre, comme s'il allait le précipiter, lui dit de promettre ce qu'il demandait, le menaçant, s'il refusait, de le laisser

(1) Plutarque.

tomber dans la rue. Il prononça ces mots d'un ton de voix rude en le secouant plusieurs fois dans le vide.

Caton le souffrit assez longtemps sans rien dire, sans donner aucun signe d'étonnement ni de crainte. Pompedius en le remettant à terre dit tout bas à ses amis : « Quel bonheur pour l'Italie d'avoir un tel enfant ! S'il était aujourd'hui dans un âge fait, je ne crois pas que nous eussions un seul suffrage pour nous dans tout le peuple. »

Sa haine pour la tyrannie se manifesta à l'âge de quatorze ans par un trait remarquable que nous allons raconter, d'après Plutarque.

Sarpédon, gouverneur de Caton, menait souvent son jeune élève dans la maison de Sylla, pour qu'il fît sa cour au dictateur.

Cette maison était une véritable image de l'*enfer*, par le grand nombre de personnes qu'on y amenait tous les jours, pour leur appliquer la torture. Caton voyait emporter les têtes des personnages les plus illustres de Rome, et entendait gémir en secret ceux qui étaient témoins de ces cruelles exécutions.

Un jour, il demanda à son gouverneur pourquoi l'on n'avait pas encore tué cet homme : « C'est, lui répondit Sarpédon, qu'on le craint encore plus qu'on ne le hait. — Que ne me donniez-vous donc une épée ? répliqua le jeune homme, j'aurais, en le tuant, délivré ma patrie de l'esclavage. »

Sarpédon, effrayé de ces paroles, et plus encore de l'air de fureur qui respirait dans les yeux et sur le visage de Caton, l'observa depuis avec le plus grand soin, et le garda pour ainsi dire, à vue, de peur qu'il ne se portât à quelque entreprise téméraire contre Sylla.

Lié intimement avec Antipater de Tyr, il s'attacha à la philosophie stoïcienne et fit sa principale étude de la morale et de la politique. Il endurcit son corps par les exercices les plus pénibles, par un régime dur et frugal, en même temps qu'il s'accoutumait à supporter avec indifférence et résignation la douleur et les maladies.

Il se forma aussi à l'éloquence, seulement afin d'avoir une arme de plus pour défendre les droits de la justice. Il aurait regardé comme au-dessous de lui de discourir, dans l'unique but d'obtenir la réputation d'excellent orateur.

Un de ses camarades lui ayant dit un jour : « Caton, on blâme ton silence. — Je m'en console, répondit-il, pourvu qu'on ne blâme pas ma conduite. Je parlerai quand je saurai dire des choses qu'il ne faille pas ensevelir dans le silence. »

Pour réformer les mœurs qui, de son temps, étaient très corrompues, il fit presque constamment le contraire de ce qu'il voyait.

Comme il savait que la pourpre la plus vive était très recherchée, il n'en porta que de la sombre. Il sortait souvent après son dîner, sans souliers et sans tunique, non pour se faire honneur de cette singularité, mais pour s'accoutumer à ne rougir que de ce qui est honteux en soi, sans s'embarrasser de ce qui ne l'est que de l'opinion des hommes.

Un de ses cousins lui ayant laissé par sa mort, une succession estimée cent talents, il la vendit et prêta, sans intérêt, l'argent qu'il en retira, à ceux de ses amis qui en avaient besoin.

Caton, fit ses premières armes, comme volontaire, dans la guerre des esclaves, appelée aussi la « guerre de Spartacus ». Gellus, qui avait été chargé de cette expédition, et sous les ordres duquel il servait, lui décerna les prix et les honneurs les plus considérables dont on récompensait la valeur; mais il les refusa, jugeant qu'ils ne lui étaient pas encore dus.

Nommé tribun des soldats, il fut envoyé en Macédoine auprès du préteur Rubrius.

Elevé en 65 à la dignité de questeur, il fit de grandes réformes parmi les officiers et les greffiers du trésor public qui fraudaient ordinairement dans le partage des successions. Il s'était du reste bien préparé à l'exercice de sa charge et n'avait voulu se mettre sur les rangs qu'après avoir lu toutes les lois qui y étaient relatives, consulté sur chaque objet ceux qui avaient le plus d'expérience et s'être mis au courant de tous les droits du questeur.

D'une grande honnêteté, il se montra impitoyable envers les dilapideurs quels qu'ils fussent, attaqua courageusement les satellites de Sylla et les contraignit à restituer l'argent dont on avait payé leurs crimes.

Cette fermeté, qui prenait sa source dans l'austérité de ses mœurs et dans son système de philosophie, lui créa naturellement plus d'ennemis que d'admirateurs.

Il acquit cependant une telle considération que, dès cette époque, son intégrité et sa vertu étaient proverbiales. On disait d'une chose extraordinaire et incroyable : « On ne pourrait le croire, quand Caton même le dirait. »

Dans un procès où l'on ne produisait qu'un témoin, un des avocats dit aux juges qu'il ne serait pas juste d'avoir égard à la déposition d'un seul témoin, quand ce serait Caton lui-même.

Enfin ceux qui, vicieux et déréglés dans leur conduite, étaient graves et austères dans leurs discours, on les appelait par ironie — on les appelle encore de nos jours — des Catons.

Bien que la plupart de ses amis l'eussent excité à briguer le tribunat, il s'y refusait, paraissant être peu touché du désir de la gloire, mais elle semblait le chercher, et, pour empêcher un méchant homme d'être investi de cette importante fonction, il se résolut à la demander.

Il fut donc nommé tribun du peuple.

Lors de la conjuration de Catilina, il s'unit à Cicéron pour demander le châtiment immédiat des coupables et s'éleva hautement contre César dont les discours en cette affaire, n'avaient tendu à rien moins qu'à jeter l'effroi dans le Sénat et à causer la ruine de la ville.

Peu après, Caton ayant osé seul s'opposer à une loi présentée par

CATON D'UTIQUE
(d'après un document conservé à la Bibliothèque Nationale)

César, alors consul, celui-ci le fit saisir par ses licteurs et traîner de la tribune à la prison. Mais l'indignation du peuple l'obligea de l'en tirer.

Afin de se débarrasser de ce citoyen qui faisait sans cesse obstacle à ses projets et attirait sur eux l'attention du peuple, César lui fit donner la mission d'aller réduire l'île de Chypre en province romaine.

Caton s'acquitta, à la stupéfaction générale, d'une affaire qui paraissait hérissée de difficultés, et en tira de grands avantages pour Rome. Le Sénat s'étant assemblé le combla d'éloges, et lui décerna une préture extraordinaire. Il reprit avec la même énergie sa lutte contre les ennemis de la vieille Constitution romaine; les factieux trouvèrent en lui un adversaire incorruptible.

Il s'opposa tant qu'il put aux brigues de César et de Pompée, pendant leur union, et tâcha de les accorder pendant les guerres civiles. Ses soins ayant été inutiles, il se tourna du côté de Pompée, qu'il regardait comme le défenseur de la République, tandis que son compétiteur la menaçait d'une prochaine servitude. Il rallia, après la bataille de Pharsale, les débris de l'armée républicaine, qu'il conduisit dans l'Afrique romaine pour continuer la guerre, mais refusa, par modestie, le commandement en chef, qui fut mal exercé par Scipion, beau-frère de Pompée.

Il reçut le commandement d'Utique et mit cette ville en état de défense.

Après le désastre de Thapsus, il était déterminé à résister jusqu'à la fin, mais le découragement, la lâcheté de ceux qui l'entouraient lui annonçaient que tout était perdu. Il portait le deuil depuis le jour où commença la guerre civile, résolu à se donner la mort si César était vainqueur : il ne lui restait plus qu'à mettre à exécution son projet. C'est à quoi il s'occupa.

Sa vertu, son caractère élevé ne lui permettaient de protester contre la victoire qu'en mourant pour la République.

Sur le soir, il soupa avec une compagnie nombreuse composée de ses meilleurs amis et des magistrats d'Utique. Après le repas, on se mit à boire et l'on entama une conversation aussi agréable que savante, où l'on traita successivement plusieurs matières philosophiques.

Caton se fit remarquer des convives par la force et la rudesse de ton qu'il apporta en controversant; il poussa si loin la dispute, que tous devinèrent sa résolution de mettre fin à sa vie.

Quand il fut dans son lit, il prit le dialogue de Platon sur l'Immortalité de l'âme; après en avoir lu la plus grande partie, il saisit son épée, et, la plaçant à côté de lui : « *Je suis enfin*, dit-il, *maître de moi-même.* » Lorsque tout le monde se fut retiré, il s'enfonça le fer dans la poitrine. En luttant contre la mort, il tomba de son lit et renversa une table qu'il avait auprès de lui, et qui servait à tracer des figures de géométrie.

Au bruit qu'elle fit en tombant, ses esclaves entrèrent dans la chambre ; les cris qu'ils poussèrent firent accourir son fils et ses amis qui le virent baigné dans son sang. La plus grande partie de ses entrailles lui sortaient du corps ; il vivait encore, mais il ne parlait plus.

Son médecin arriva, essaya de coudre la plaie. Caton revenu de son évanouissement, arracha l'appareil qu'on lui avait mis, et, ayant rouvert la blessure, il expira sur le champ (46 av. J.-C.).

Caton avait préféré mourir libre que d'accepter l'humiliation d'un pardon de César.

VERCINGÉTORIX

César luttait depuis cinq ans déjà contre les Gaulois ; il avait entrepris sa première campagne en 58 avant Jésus-Christ, il était en 53 à sa sixième, qu'il avait terminée comme les précédentes par le ravage du pays et la punition du dernier instigateur de la révolte (c'était Accon), qui subit le plus atroce supplice. Quand il eut pourvu aux approvisionnements de l'armée, il partit pour l'Italie, comme il avait coutume de le faire, afin d'y tenir les Comices.

A Rome, le meurtre de Clodius, les troubles de chaque jour, tout annonçait les approches d'une guerre civile.

Poussée par ces circonstances, la Gaule qui, depuis longtemps, supportait avec une contrainte mal déguisée la domination romaine, commença à former des projets de guerre « avec plus de liberté et d'audace » ajoute César ! Comme si le premier devoir d'un peuple opprimé n'est pas d'essayer de reconquérir sa liberté.

Ce qui avait favorisé jusqu'alors la conquête romaine, c'étaient les discordes des Gaulois. Tout le pays qui est aujourd'hui la France était partagé en peuplades, en *clans* qui se faisaient la guerre les uns aux autres, et n'avaient pas honte de s'allier aux Romains pour combattre ceux des Gaulois avec qui ils étaient en rivalité.

Les principaux chefs de la Gaule convoquent des conciliabules dans des lieux solitaires et couverts de bois ; ils se plaignent de la mort d'Accon ; ils montrent qu'un pareil malheur peut les frapper eux-mêmes ; ils gémissent sur le sort de la Gaule ; le patriotisme trouve des accents sublimes : « Si nous ne pouvons, disent-ils, recouvrer la vieille gloire militaire et la liberté que nous avons reçues de nos ancêtres, mieux vaut mourir dans les combats. »

Toutes ces nations depuis le Rhin jusqu'aux Pyrénées, enfin réconciliées, se réunirent pour accabler César.

Les Carnutes (habitants du pays de Chartres), qui avaient accepté la périlleuse mission de frapper les premiers coups de l'insurrection, se portèrent en masse sur Genabum (Orléans) et massacrèrent tous les Romains qui s'y trouvaient.

La nouvelle, répétée par des cris à travers les champs et les villages, suivant l'usage employé par les Gaulois pour les grandes nouvelles, se répandit avec une telle rapidité qu'elle parvint le soir même à cent cinquante milles, chez les Arvernes (Auvergne).

A cette époque vivait chez ce peuple un jeune chef, nommé Vercingétorix, intrépide et ardent, issu d'une de leurs plus grandes familles, héritier de biens immenses. Celtill, son père, l'homme le plus puissant des Arvernes dans son temps, avait été brûlé, comme coupable d'aspirer à la royauté.

César avait plusieurs fois essayé de se concilier ce jeune chef — dont il pressentait peut-être les exploits — et de lui conférer le titre d'ami ; c'était la tactique du célèbre Romain de gagner par des faveurs les princes gaulois dont il voulait faire, suivant l'énergique expression d'un historien, *une pépinière de petits tyrans*.

Le fils de Celtill avait constamment repoussé les avances de César, et il ne cessa, dans les assemblées, dans les fêtes religieuses, d'exciter ses compatriotes contre les Romains.

Appelant aux armes jusqu'aux serfs des campagnes, « il déploie, avec l'activité la plus grande, la plus grande sévérité dans le commandement ; il force, par l'extrême dureté des châtiments, ceux qui hésitent, à se décider, car il fait périr, par le feu et par toutes les tortures, ceux qui ont commis de graves délits, et il renvoie dans leurs foyers ceux qui se rendent coupables de fautes légères, après leur avoir coupé les oreilles et crevé les yeux, afin qu'ils servent d'exemple aux autres, et qu'ils les effrayent par la grandeur des châtiments. »

Investi du commandement en chef par tous les peuples révoltés, il montra que la Gaule avait en lui un chef digne du pouvoir suprême, « un homme aux conceptions assez élevées pour sentir palpiter le cœur d'un grand peuple et diriger son bras (1). »

Son plan était de profiter des dissensions de Rome pour attaquer à la fois, en l'absence de leur général, les légions qui hivernaient dans le Nord et la Province (Provence). Il avait compté sans la prodigieuse célérité de César.

A peine la nouvelle du soulèvement lui était-elle parvenue, qu'il avait traversé l'Italie, franchi les Alpes, puis les Cévennes, à travers six pieds de neige et tombait à l'improviste chez les Arvernes qui se croyaient aussi en sûreté derrière leurs montagnes qu'à l'abri du plus ferme rempart.

Vercingétorix, déjà parti pour le Nord, vit accourir en foule les soldats arvernes le supplier de retourner sur ses pas pour défendre leurs foyers. Le grand chef des Gaulois s'y refusait, mais il se laissa

---

(1) Bordier et Charton, *Histoire de France*.

toucher par leurs prières, et se dirigea vers le pays arverne. C'était tout ce que voulait César, qui partit seul pour Vienne, ville des Allobroges ; de là, traversant sans s'arrêter le pays des Edues (Autun), il arriva chez les Langons (Langres) où deux légions étaient cantonnées, et fit avertir les autres troupes de le joindre.

Pendant que Vercingétorix croyait attirer César en assiégeant Gergovie (Moulins), celui-ci massacrait tout dans Genabum, et s'emparait de Naviodunum. De là, continuant sa marche rapide, l'armée romaine prit la direction d'Avaricum (Bourges), la place la plus importante et la plus forte du pays des Bituriges.

Ces malheurs, arrivés coup sur coup, suscitèrent à Vercingétorix une résolution que les confédérés accomplirent héroïquement : incendier le pays, pour isoler et affamer l'armée romaine.

« Si ces mesures vous paraissent pénibles ou cruelles, dit le chef arverne, je pense qu'il vous sera bien plus amer encore de voir vos enfants et vos femmes traînés en esclavage et d'être tués vous-mêmes, car tel est nécessairement le sort des vaincus. »

Cependant le héros se sentit faiblir quand il s'agit du sort d'Avaricum. Les habitants s'étant jetés à ses genoux et l'ayant supplié de ne pas ruiner la plus belle ville des Gaules, il céda à leurs désirs : ces ménagements firent leur malheur.

Quoique les Bituriges eussent défendu leur ville avec une intelligence et une opiniâtreté auxquelles l'ennemi même rendit hommage, Avaricum n'en tomba pas moins au pouvoir de César et fut livrée à une horrible boucherie : tout fut tué.

A quel degré d'héroïsme parvint ce peuple durant ce siège mémorable, un simple épisode raconté par le vainqueur va nous le montrer :

« C'est alors qu'il se passa devant nous, dit César dans ses *Commentaires*, un fait que nous croyons devoir rapporter, parce qu'il nous a paru digne d'être transmis à la postérité. Devant la porte de la ville, un Gaulois lançait du haut d'une tour, sur nos ouvrages qui brûlaient déjà, des boules de suif et de poix qu'on lui passait de main en main. Frappé dans le flanc droit par une flèche de scorpion, il tomba mort. L'un de ceux qui se trouvaient près de lui passe par-dessus son cadavre et recommence la même manœuvre ; il est tué par une nouvelle flèche, de la même manière. Un troisième combattant le remplace, puis un quatrième succède à ce dernier ; ce poste ne fut abandonné par ses défenseurs qu'au moment où l'incendie de la terrasse étant éteint, et l'ennemi débusqué de toute cette partie du rempart, on cessa de combattre. »

Le soir de la déroute, les débris de l'immense armée gauloise, près de 100 000 hommes, se renfermèrent dans Alésia, ville forte, presque inaccessible, située au haut d'une montagne (dans l'Auxois) et qui devait être le dernier rempart de la liberté.

Bientôt atteint par César, Vercingétorix renvoie ses cavaliers, les

VERCINGÉTORIX
(d'après une aquarelle de L. Chifflart).

charge de parcourir toute la Gaule et d'amener à son secours, par un suprême effort, tous ceux qui peuvent porter les armes. « Allez, leur dit-il, comme dira en 1870 le gouvernement de la Défense nationale à Gambetta, levez tout ce qui peut tenir une arme et revenez nous délivrer. Nous avons des vivres pour un mois, pour plus peut-être en nous privant ; nous vous attendrons. »

Lorsqu'après le siège de la ville et la défaite de l'armée de secours, Vercingétorix voit que la grande cause est perdue, il convoque l'assemblée des chefs et expose « que ce n'est point dans son propre intérêt, mais pour la liberté commune, qu'il a entrepris cette guerre, et puisqu'il faut céder à la fortune, il se remet entre leurs mains, soit qu'ils veuillent par sa mort donner satisfaction aux Romains, soit qu'ils veuillent le livrer vivant. »

César, que des députés étaient allés consulter, ordonna qu'on lui livrât les armes, et qu'on lui amenât les chefs.

Vercingétorix n'attendit pas qu'on le traînât devant les Romains. « Le héros, le patriote n'avait plus rien à faire ici ; la patrie était perdue, l'homme pouvait encore quelque chose pour ses frères. Il pouvait peut-être encore les sauver de la mort et de la servitude personnelle. Cette pensée fut la dernière consolation de cette grande âme. » Il résolut donc de se dévouer pour sauver ses compatriotes.

Il revêtit la plus riche de ses armures, sauta sur son cheval, orné comme un jour de bataille, et sortit de la ville au galop.

Arrivé devant César, il tourna en cercle autour du tribunal, descendit de son cheval, puis jeta l'une après l'autre toutes les pièces de son armement et resta debout, sans proférer une parole. « C'était la vivante image de la Gaule terrassée, mais non pas abattue. » Une si noble et si grande infortune ne toucha pas le cœur du vainqueur.

Vercingétorix, couvert de chaînes, attendit six ans le jour du triomphe de César, et fut tué par le bourreau, le lendemain.

ROGER BACON

Ce moine anglais du xiiie siècle, surnommé *le Docteur admirable*, naquit en 1214 à Ilchester, comté de Sommerset. Sa famille était noble et possédait une grande fortune, qui fut compromise dans les guerres civiles du temps. Destiné à l'état ecclésiastique, il alla étudier à l'Université d'Oxford ; il y rencontra des maîtres alors célèbres, unis entre eux par l'amitié, par un goût commun pour des sciences suspectes et dédaignées, et par l'indépendance de leur caractère.

L'École d'Oxford avait une si grande liberté d'allures vis-à-vis de la discipline scolastique, elle encourait si souvent les arrêts du pouvoir ecclésiastique, que ses docteurs, comparés à d'autres, étaient presque des libres penseurs. Le jeune Bacon, dont le caractère était par lui-même peu traitable, profita si bien des leçons et des exemples de ses maîtres, que, dès l'année 1233, première date certaine de son histoire, il se signalait par des paroles audacieuses adressées au roi Henri III, réduit à subir publiquement les remontrances de ses barons et des membres du clergé.

Bientôt après, il passa en France et vint, comme tous les savants du temps, demander aux écoles de Paris le titre de docteur. Au lieu de prendre pour maître un des philosophes célèbres de l'époque, il s'adressa à un personnage obscur, dont lui-même s'est plu à nous tracer l'intéressante figure.

« C'est un solitaire, nous dit-il, qui redoute la foule et les discussions, et se dérobe à la gloire ; il a horreur des querelles de mots et une grande aversion pour la métaphysique. Pendant qu'on disserte bruyamment sur l'universel, il passe sa vie dans son laboratoire, à fondre les métaux, à manipuler les corps, à inventer des instruments utiles à la guerre, à l'agriculture, aux métiers des artisans. Il n'est pas ignorant pourtant, mais il puise sa science à des sources fermées au vulgaire : il a des ouvrages grecs, arabes, hébreux, chaldéens ; il cultive l'alchimie, les mathématiques, l'optique, la médecine ; il apprend à son disciple les langues et les sciences méconnues et, pardessus tout, il lui donne le goût et *l'habitude d'observer, de ne rien dédaigner, d'interroger les simples d'esprit et de se servir de ses mains autant que de son intelligence.* Ce sont là, on le reconnaîtra, des liens de parenté unissant étroitement ces deux grands esprits : Roger Bacon et J.-J. Rousseau.

Titré à Paris docteur en théologie, Bacon revint en Angleterre vers 1240, prit l'habit monastique dans l'ordre de Saint-François, on ne sait à la suite de quel événement, et alla se fixer à Oxford. Continuellement occupé à l'étude, il fit avancer toutes les parties du savoir humain et acquit bien vite par ses travaux et son enseignement une renommée qui a laissé un souvenir durable dans les légendes populaires.

Vers le milieu de sa vie, il délaissa les lettres et la philosophie pour les sciences. Il a lui-même donné le motif qui le poussait à ces nouvelles, mais tardives études.

« Après avoir longtemps travaillé à l'étude des langues et des livres, sentant que mon savoir était plein d'indigence, je voulus, négligeant Aristote, pénétrer plus intimement dans les secrets de la nature, en cherchant à me faire une idée sur toute chose, par ma propre expérience. »

Un des titres scientifiques les plus glorieux de Roger Bacon est d'avoir, le premier, proposé la réforme du Calendrier Julien, accomplie sous Grégoire XIII en 1582, d'où le nom de Calendrier Grégorien.

« En optique, il est le précurseur de Galilée et de Newton. Ses recherches le conduisent à des observations judicieuses sur les phénomènes de la propagation, de la réflexion et de la réfraction de la lumière; sur la formation de l'arc-en-ciel, sur la grandeur apparente des objets. Il décrit avec précision le mécanisme de l'œil ; cherche à expliquer le phénomène des étoiles filantes. »

Il a deviné le télescope et l'usage qu'on en pourrait faire; c'est à lui également qu'on fait remonter l'invention de la poudre à canon.

« En toute chose, il tient en honneur les sciences qu'on dédaigne, et qui peuvent s'appliquer à la construction des villes et des maisons, à la fabrication de machines destinées à augmenter la puissance de l'homme, à l'art de cultiver la terre et d'élever des troupeaux, à la connaissance et à la mesure du temps ; on peut même dire sans forcer sa pensée, qu'il devine quel essor elles peuvent donner à l'industrie humaine. Bref, il est, comme on l'a écrit, un positiviste à sa manière. »

Esprit essentiellement novateur, Roger Bacon n'accepte que les leçons de la science expérimentale; il ne reconnaît pas la souveraineté de la théologie et ne voit pas de place pour le monde fantastique.

« La science expérimentale ne reçoit pas la vérité des mains de

ROGER BACON
(d'après un document conservé à la Bibliothèque nationale).

sciences supérieures ; c'est elle qui est la maîtresse, et les autres sciences sont ses servantes. Elle a le droit, en effet, de commander à toutes les sciences, puisqu'elle seule certifie et consacre leurs résultats. La science expérimentale est donc la reine des sciences, et le terme de toute spéculation. »

Tant de raison, tant de génie, ne pouvaient trouver grâce devant les préjugés du xiii° siècle. Roger Bacon n'échappa point à la persécution. Ses hardiesses, son dédain pour ses confrères, son mépris pour les autorités du siècle, et son zèle à réformer l'enseignement, soulevèrent contre lui les défiances et bientôt l'animosité de ses supérieurs. L'imprudence qu'il eut de rendre publiques quelques expériences de chimie le fit accuser du crime que le moyen âge voyait partout, du crime de magie, de sorcellerie. Le général de l'ordre força Bacon à quitter Oxford où son influence devenait dangereuse, et l'enferma dans le couvent des Mineurs, à Paris.

Pendant dix années, on y exerça sur lui une persécution dont il nous a laissé le lamentable récit. « La discipline tracassière du cloître, avec ses rigueurs aggravées pour punir un rebelle, fut appliquée sans pitié à ce puissant esprit ; défense d'écrire, d'enseigner, d'avoir des livres, et à chaque désobéissance, les châtiments réservés aux écoliers mutins, le jeûne, au pain et à l'eau, la prison et la confiscation. » Pendant ce temps, il n'eut qu'une consolation : il se prit d'affection pour un novice pauvre et ignorant, et, par ses leçons, il en fit, assure-t-il, un des grands savants du siècle.

Mais il y avait alors dans l'Église un prélat, tour à tour soldat et légiste, avant d'être prêtre, et plus éclairé que ces moines incapables : c'était Guy de Foulques, archevêque, cardinal et légat du pape en Angleterre. Quelques amis de Bacon implorèrent son assistance, et l'intéressèrent au sort du savant religieux. Il lui écrivit avec bonté, l'encouragea, mais son bon vouloir échoua contre la règle du cloître et valut à son protégé un redoublement de rigueur.

Bacon semblait à jamais condamné à la reclusion, lorsque, en 1265, Guy de Foulques devint pape, sous le nom de Clément IV. Dès l'année suivante, il écrivait au prisonnier une lettre dont on a le texte, et, sans oser exiger qu'on le mît en liberté, il l'affranchissait du silence qu'on lui avait imposé, et lui ordonnait, « nonobstant toute injonction contraire, de quelque prélat que ce soit », de composer un ouvrage où il exposerait ses idées et de le lui envoyer. La haine des franciscains n'en fut que plus irritée, et, sans désobéir ouvertement aux ordres du souverain pontife, ils prirent à tâche de mettre leur victime hors d'état d'en profiter.

Pour travailler à ce livre qui pouvait le sauver et faire triompher ses idées, Bacon aurait eu besoin d'une bibliothèque ; il lui fallait des aides pour ses expériences et ses calculs ; on lui refusait tout, jusqu'au parchemin pour écrire. Il était sans ressources ; il avait épuisé le peu d'argent qu'il tenait de sa famille ; il fut réduit à mendier auprès de son frère aîné qui, ruiné par la guerre civile, ne put l'assister ; auprès des grands personnages, qui le rebutèrent, bien qu'il leur montrât l'ordre du pape. Il dut épuiser la bourse de quelques amis, pauvres comme lui, et qu'il était désespéré de condamner à la gêne. Voilà quel fut le douloureux enfantement de l'*Opus majus*, qui, en 1267, fut confié à son disciple bien-aimé pour qu'il le remît lui-même entre les mains du souverain pontife. Comme le voyage était long et dangereux, comme la réponse du pape se faisait attendre, Bacon le fit suivre de deux ouvrages considérables, l'*Opus minus* et l'*Opus tertium*, où se trouve, en guise d'épître dédicatoire, le touchant récit de ses infortunes.

Enfin, le pape, sans doute frappé d'admiration pour ce courage et ce génie, usa de son autorité souveraine ; Bacon fut libre. Il put quitter Paris et retourner à Oxford ; il avait un protecteur puissant, décidé à seconder ses projets de réforme, et il songeait avec son aide à donner à l'enseignement une impulsion qui changerait la face du siècle. Mais ce rêve fut court. Dès 1268, Clément IV mourut, et les grands projets de Bacon n'eurent plus d'appui.

Cette mort laissait retomber sur lui le poids des persécutions, des jalousies et des rancunes de ses ennemis. On ne se borna plus à renouveler les anciennes défenses : Jérôme d'Ascoli, le nouveau supérieur des franciscains, esprit étroit et disposé à la tyrannie, ne pouvait souffrir les railleries dont Bacon accablait Alexandre de Halès, gloire des franciscains, l'irrévérence avec laquelle il parlait d'Albert et de Thomas, dont les dominicains étaient si fiers ; non plus que ses attaques contre l'Église et la curie romaine particulièrement, dont il blâmait énergiquement les mœurs dissolues, l'avidité, les scandales. Il fit comparaître Bacon, alors âgé de soixante-six ans, devant une assemblée de l'ordre, qui le condamna à la prison perpétuelle : le philosophe y resta cette fois quatorze années.

Sept ans après cette condamnation, Jérôme d'Ascoli, son juge, fut investi de la dignité pontificale sous le nom de Nicolas IV. Ce fut seulement après la mort de ce pape (1292) qu'un grand chapitre de l'ordre, tenu à Paris sous la présidence de Raymond Gaufredi, répara les sévérités de l'assemblée de 1278. Roger Bacon fut rendu à la liberté.

L'infortuné n'était plus guère capable d'en abuser ; il commença cependant, malgré son grand âge, un long ouvrage, dont il n'est parvenu jusqu'à nous que des fragments manuscrits, et qui, probablement, ne fut jamais achevé. Il n'y dément pas la foi de toute sa vie.

Il mourut à Oxford, peu de temps après sa libération, âgé de quatre-vingts ans.

La haine s'acharna sur sa mémoire. On dit que les moines ignorants de son couvent, par suite du sentiment de terreur qu'il leur inspirait, clouèrent après sa mort tous ses ouvrages et tous ses manuscrits avec de longs clous, dans la muraille, comme des œuvres infâmes de sorcellerie !

On raconte aussi qu'en mourant, le souvenir des persécutions qu'il avait endurées lui laissa échapper ces paroles de découragement qui rappellent l'exclamation désespérée de Brutus : « Je me repens de m'être donné tant de peine dans l'intérêt de la science ! »

Ces paroles sont-elles apocryphes ? Il est possible que le célèbre philosophe, aigri par une longue et douloureuse captivité, les ait, en effet, prononcées. « Mais la postérité a vengé cet esprit courageux et hardi qui devança toute sa vie le mouvement de son siècle, qui vécut dans la persécution et mourut sans gloire ; elle a reconnu ses services en le sacrant, à son immortel honneur, *la plus grande apparition du moyen âge.* »

WAT-TYLER

C'est un fait remarquable, et dont la constatation est bien propre à rehausser l'orgueil des cœurs français, que toutes nos tentatives d'affranchissement, tous nos élans vers un état social meilleur, vers la Liberté, ont influencé les destinées des autres peuples ; ont préparé, provoqué chez eux des mouvements parallèles en faveur des droits imprescriptibles de l'Humanité.

C'est ainsi que, quelques années après la mémorable révolte des paysans français contre les seigneurs, connue dans l'histoire sous le nom de *Jacquerie*, les serfs d'Angleterre, pressurés comme leurs frères de France, par des gentilshommes qui cherchaient à rivaliser entre eux de magnificence, se soulevèrent tout à coup avec un surprenant ensemble pour revendiquer leurs franchises anciennes, consacrées, disait la tradition, par un traité conclu entre eux et Guillaume le Conquérant.

Entre ces deux grandes révoltes populaires du moyen âge, un point de dissemblance apparaît.

Toutes deux éclatèrent bien au sein du peuple, toutes deux portèrent bien son empreinte, mais les *Jacques* étaient seuls ; ils allaient sans plan, sans idée, sans but déterminé. A bout de misères, d'outrages, ils étaient plus souvent occupés à rendre cruautés pour cruautés qu'à organiser et à fonder.

Paysans, ils ne furent ni secondés, ni suivis par la bourgeoisie : ils devaient fatalement succomber.

Les révoltés anglais, au contraire, en se soulevant et en marchant sur Londres, avaient formulé leurs griefs ; ils savaient au juste pourquoi ils s'insurgeaient et ce qu'ils allaient réclamer. Les Anglais, comme toujours positifs, ne se remuaient que pour aboutir à un résultat certain.

Puis, ils furent soutenus, soit crainte, soit affinité de besoins, d'intérêts, par la bourgeoisie. Et, si ces deux classes confondues dans une même pensée de haine contre les privilèges, dans une intime solidarité, échouèrent comme les *Jacques*, ce fut pour une cause différente, par un de ces hasards dont est faite la politique des nations ; un incident vulgaire, inattendu, le meurtre de ce Wat-Tyler qui avait été le chef et l'âme du mouvement.

« A cette époque, vers l'an 1381, tous les hommes qu'on appelait *bondes* en Angleterre, c'est-à-dire tous les cultivateurs, étaient serfs de corps et de biens, obligés de payer de grosses aides pour la petite portion de terre qui nourrissait leur famille, et ils ne pouvaient abandonner cette portion de terre sans l'aveu des seigneurs, dont ils étaient obligés de faire gratuitement le labourage, le jardinage et les charrois de toute espèce. Ils appartenaient corps et âme à leur seigneur, qui pouvait les vendre avec leur maison, leurs bœufs et leurs outils de labour, leurs enfants et leur postérité ; ce que les actes d'Angleterre exprimaient de la manière suivante : « Sachez que j'ai vendu un tel, mon naïf, et toute sa séquelle née ou à naître (1)... »

Las des exactions féodales et royales, les paysans anglais refusaient de continuer à s'y soumettre.

« On nous taille, nous autres, disaient-ils, non sans apparence de raison, pour aider les chevaliers et les écuyers du pays à défendre leurs héritages ; nous sommes leurs valets et les bêtes dont ils tondent la laine, et à tout considérer, si l'Angleterre se perdait, nous perdrions bien moins qu'eux. »

Dans les provinces de Kent et d'Essex, des troubles assez considérables avaient éclaté déjà, à l'avènement de Richard II. Des conciliabules secrets finirent par se tenir régulièrement ; leurs membres correspondirent entre eux et formèrent une grande association ayant pour but de contraindre les gentilshommes à renoncer à leurs privilèges.

Parmi les nombreux écrits qui circulaient alors dans les villages, une lettre signée de John Ball, au nom du comité de cette association, a été conservée jusqu'à nous. Elle contient les passages suivants :

« John Ball vous salue tous, et vous fait savoir qu'il a sonné votre cloche. Or donc, à l'ouvrage ; prudence et constance, effort et accord ; que Dieu donne hâte aux paresseux. Tenez-vous bravement ensemble et secourez-vous fidèlement : quand la fin est bonne, tout est bien. »

Ce John Ball, prêtre éloquent et hardi, un des élèves de Wicleff, parcourait les campagnes, prêchait l'égalité aux paysans, le dimanche après la messe, dans les cloîtres ou dans les cimetières.

« Bonnes gens, disait-il, les choses ne peuvent bien aller en Angleterre jusques à tant que les biens iront de commun, qu'il ne sera ni vilains, ni gentilshommes, et que nous serons tous unis.

(1) Michelet.

— Il dit vrai, criaient les gens de labour : au commencement du monde, il n'était nuls serfs ; nous sommes tous hommes créés à la ressemblance de Notre Seigneur, et l'on nous tient comme bêtes ! Nous ne le pouvons souffrir, et si nous labourons pour les seigneurs, nous en voulons avoir salaire (1). »

L'Angleterre, épuisée par des guerres continuelles, ne pouvait plus suffire aux frais qu'entraînait sa situation. Le gouvernement fit décréter, non sans avoir essuyé une forte opposition, une taxe de douze sous par personne, de quelque condition qu'elle fût, qui aurait passé l'âge de quinze ans.

Les collecteurs chargés du recouvrement de cet impôt mirent des égards et de la courtoisie avec les nobles et les riches ; mais ils furent pour le bas peuple d'une dureté et d'une insolence excessives. Aussi soulevèrent-ils contre eux les populations. En peu de jours, toutes les communes d'Essex, ayant à leur tête un prêtre du nom de Jacques Fétu (Jack Straw), étaient debout, refusant de payer la taxe, s'insurgeant contre les jurés et les secrétaires de la commission qu'ils assassinèrent (2).

L'exemple d'Essex se communiqua bientôt aux habitants de Kent. Voici à quel sujet : un couvreur d'Arford, nommé Walter ou familièrement Wat, et surnommé, à cause de sa profession, Tyler, c'est-à-dire le Tuilier, avait une fille qu'un des collecteurs avait comprise dans la taxe. La mère, ayant soutenu que l'enfant n'avait pas l'âge fixé par le statut, et l'officier ayant insisté avec grossièreté, le père, qui revenait en ce moment de ses travaux, brisa, d'un coup de marteau, la tête de l'insolent.

Cet acte fut unanimement approuvé par les voisins. Jurant alors de protéger Wat-Tyler contre toutes poursuites, ils forcèrent, en quelque sorte, les villages de la division occidentale du comté de Kent, à leur prêter leur coopération s'il en était besoin.

Ces deux mouvements en déterminèrent de semblables dans les comtés de Sussex et de Bedford ; l'insurrection gagnait chaque jour du terrain. Les trois chefs, Wat-Tyler, John Ball et Jack Straw, suivis de leur bande, qui se grossissait en route de tout ce qu'elle rencontrait de laboureurs et d'artisans serfs, se dirigèrent du côté de Londres pour aller voir le roi, dont la jeunesse semblait devoir favoriser leurs réclamations.

Ils marchaient, armés de bâtons et chantant des refrains politiques, dont l'un avait servi de texte de sermon à John Ball. Le voici : « Quand Adam bêchait et qu'Ève filait, où était alors le gentilhomme ? »

Ce qui fait le plus d'honneur à ces révoltés, que tant d'insolences, tant d'impôts avaient excités, c'est que, de l'aveu même des historiens

---

(1) Henri Martin, *Histoire de France*.
(2) Robert (du Var), *Histoire de la classe ouvrière*.

du temps, « ils ne pillaient point sur leur route, mais, au contraire, payaient scrupuleusement ce dont ils avaient besoin ».

Ils se contentèrent de détruire quelques maisons appartenant à des exacteurs odieux et bien connus comme tels. Arrivés à Back-Heat, grande plaine à quatre milles de Londres, ils s'y établirent et s'y retranchèrent ainsi qu'en un camp, puis ils envoyèrent un chevalier qu'ils avaient enlevé comme ôtage, prier le roi de venir les écouter « pour entendre plusieurs choses utiles ».

Richard prit conseil et répondit que si le lendemain matin les paysans s'avançaient jusqu'à la Tamise, lui-même irait leur parler.

Cette réponse leur causa une grande joie. Ils passèrent la nuit en plein champ, du mieux qu'ils purent, car ils étaient nombreux « et une grande partie jeûna, faute de vivres ».

Le lendemain, le jeune roi se rendit vers eux. Mais dès qu'ils le virent descendre la rivière dans sa barque, avec les personnes de sa suite, ils commencèrent tous à jeter des cris et à faire des mouvements qui effrayèrent si fort l'escorte royale que tous ses gens, profitant du flux qui survint en ce moment, s'en retournèrent précipitamment. Et, afin de cacher la peur qui les agitait, le comte de Salisbury répondit pour eux : « Seigneurs, vous n'êtes point en ordonnance, ni en accoutrement convenable pour que le roi vienne à vous. »

Déconcertés par ce contre-temps, les insurgés n'eurent qu'un seul cri : « Allons à Londres ! marchons sur Londres ! à Londres ! à Londres! »

Poussés par leurs chefs, Wat-Tyler et Straw, à Southwarth et à Lambeth, ils démolirent les maisons qui appartenaient à la maréchaussée et à la cour du Banc du roi, et brûlèrent le mobilier et les archives de la chancellerie ; mais ils se faisaient une religion de ne s'approprier quoi que ce soit. L'historien d'Angleterre Lingard, qui semble n'avoir pas assez d'horreur pour de pareils actes, est forcé de convenir « que les insurgés firent une proclamation qui défendait de s'emparer de la moindre partie des choses pillées ; et cette défense fut si sévèrement maintenue, que l'on brisa et coupa en petits morceaux la vaisselle plate, qu'on réduisit en poudre les pierres précieuses; et que l'un d'entre eux, qui avait caché une coupe d'argent dans son sein, fut jeté immédiatement dans la rivière avec sa prise (1). »

Arrivés au pont de Londres, qui était fermé par une porte, ils demandèrent qu'on la leur ouvrit, et qu'on ne les contraignît pas à user de violence. Le maire, William Walworth, songea d'abord à arrêter les paysans, mais les bourgeois de la Cité, qui étaient en grande partie favorables aux insurgés, s'opposèrent à ce projet.

La porte fut ouverte et les mécontents, parcourant la ville, se répandirent dans les maisons pour y prendre de la nourriture et des rafraî-

---

(1) Robert (du Var).

chissements, que les habitants leur servaient avec empressement.

Après s'être rassasiés, ils se rendirent aux prisons d'État, d'où ils firent sortir quelques détenus de distinction, qu'ils décapitèrent en cérémonie ; puis ils mirent à mort plusieurs des officiers du roi. Ils ne firent aucun mal aux hommes de la classe bourgeoise et marchande, excepté aux Lombards et aux Flamands, qui faisaient la banque à Londres sous la protection de la Cour, et dont plusieurs, en prenant à ferme les taxes, s'étaient rendus complices des vexations exercées contre les pauvres gens.

La nuit qui succéda à ces massacres fut employée par le prince de Galles à tenir conseil avec les ministres dans la Tour ; mais c'était un conseil « où présidaient plutôt l'hésitation et la terreur que la confiance et la fermeté ».

Le même William Walwort, ce maire qui n'avait pas voulu ouvrir aux insurgés la porte du pont de Londres, proposa d'attaquer toute cette populace, qui courait en désordre et désarmée, à travers les places et les rues. Son avis ne prévalut pas. En désespoir de cause, enfin, on arrêta « d'apaiser ces gens par de belles paroles ».

Le matin, un héraut, envoyé par le roi, invita les insurgés à se retirer à Mil-End où le roi recevrait toutes leurs demandes. Il s'y rendit, en effet, accompagné de ses deux frères, et de plusieurs autres barons. Pendant ce temps, des insurgés qui étaient restés dans la ville envahirent de force la Tour, et « courant de chambre en chambre, saisirent l'archevêque de Canterbury, le trésorier du roi et deux autres personnes, qu'ils massacrèrent et dont ils promenèrent les têtes au bout de leurs piques ».

Les autres, au nombre de cinquante mille, se trouvaient au lieu assigné par le roi. Intimidés peut-être par sa présence ou retenus par la bourgeoisie, qui, ayant participé au mouvement sans en prévoir toutes les conséquences, cherchait à l'enrayer, les insurgés réduisirent leurs demandes à quatre : l'abolition de l'esclavage, « nous voulons que tu nous affranchisses à tout jamais, nous, nos enfants et nos biens, et que nous ne soyons plus appelés serfs, ni tenus en servage » ; la réduction de la rente des terres à quatre pence par acre; la franchise d'achat et de vente aux foires et marchés, et le pardon général de toutes les offenses passées.

Le jeune roi accorda tout et pour se dégager au plus vite de ces embarras, il appela trente commis qui copièrent, pendant la nuit même, les chartes octroyées aux paroisses et aux municipalités.

Mais, plus clairvoyants que la masse du peuple, les chefs, surtout Wat-Tyler et John Ball, n'eurent point la même confiance dans les paroles et les chartes du roi. Ils firent ce qu'ils purent pour arrêter le départ et la dispersion des gens qui les avaient suivis et parvinrent à en rallier quelques milliers, à la tête desquels ils se rendirent à la rencontre du jeune souverain, dont ils voulaient obtenir des concessions plus expresses.

Ayant fait signe à ses partisans de s'arrêter, Tyler s'avança directement vers le roi. Un entretien eut lieu aussitôt ; le roi hésitait à répondre d'une manière positive. Pendant ce temps, Wat-Tyler, soit par impatience, soit pour montrer qu'il n'était pas intimidé, affectait de jouer avec une courte épée qu'il avait à la main, lorsque le lord-maire, Walworth, le frappa sur la tête d'un coup de massue d'armes et le renversa de cheval. Un des écuyers du roi acheva alors de le tuer.

Comprenant toute la gravité de ce meurtre, en un pareil moment, le roi, éclairé par une idée subite, s'élança vers les insurgés, qui se ruaient sur les gens de sa suite, en criant : « Ils ont tué notre capitaine ! Allons ! Allons ! tuons tout ! » et il leur dit froidement : « Que vous faut-il ? Tyler était un traître ; venez avec moi, je veux être votre chef, tenez-vous en paix et je vous donnerai ce que vous demandez. »

Incertains, déconcertés, ils suivirent machinalement le roi. Quand ils furent en plaine, dix mille gentilshommes à cheval, appelés par le lord-maire et commandés par Richard, les attaquèrent de tous les côtés et en firent un grand carnage.

Les chartes d'affranchissement furent révoquées et tous ceux qui, de près ou de loin, avaient pris part à l'insurrection, furent condamnés à mort. Ainsi, ces paysans, pour avoir cru à la parole royale, virent avorter leurs généreux rêves de liberté et d'égalité. Que leur naïve et fatale confiance serve du moins d'exemple à leurs frères du xx° siècle !

JEAN HUSS

Trois des hommes les plus distingués de la Bohême avaient embrassé les opinions de l'Anglais Wiclef : Jean Huss, Jérôme de Prague et Jacobel de Messein. Ils ne se contentèrent pas de donner à ces opinions une approbation intime, ils les firent connaître, les expliquèrent dans leurs leçons, les prirent comme sujet de leurs prédications.

De ces trois novateurs, Jean Huss se distinguait par la culture étendue de son esprit, par une douceur de caractère vraiment chrétienne et une sévérité de mœurs exemplaire.

« Né en 1373, à Hussinetz, en Bohême, d'une famille obscure, Jean Huss, âme enthousiaste, cœur intrépide, s'était élevé, grâce à une persévérante énergie, au rang de recteur de l'Université de Prague. Il était confesseur de Sophie de Bavière, reine de Bohême, et ses prédications à l'église de Bethléem, suivies également par les grands et le peuple, lui avaient gagné un grand nombre de partisans (1). »

D'un esprit ouvert, embrasé d'un amour ardent de la vérité, il n'avait pas tardé à s'assimiler tout ce qu'il y avait de bon dans les écrits téméraires de Wiclef ; et, comme lui, il se mit à dénoncer les scandales de l'Église, « scandales que l'on n'avait encore réfutés qu'en les condamnant ou en les brûlant ».

Tout en ne se séparant pas de l'Église, dont il était un des membres, Jean Huss déclara bien haut, avec les réformateurs qui l'avaient précédé, que l'ignorance et les richesses des ecclésiastiques étaient la cause primitive du mal, et c'est de ce côté, presque exclusivement, qu'il dirigea ses attaques.

« Sous ce rapport, sa hardiesse alla fort loin. Il peignit des traits les plus vigoureux les désordres et les vices, si multipliés alors, du clergé. Bien plus, pour mieux faire goûter les réformes qu'il proposait, autant

---

(1) Lenfant, *Histoire du concile de Constance*.

que pour éveiller l'indépendance intellectuelle du peuple, il recommanda la lecture des livres des sectaires, parce que, disait-il, il y avait des vérités qu'on trouvait mieux développées ou plus fortement exprimées chez eux. »

Ces paroles, émanées d'un docteur reconnu par l'État, produisirent de merveilleux effets en Bohême. L'indisposition contre le clergé devint générale. Jean XXIII, en 1410, cita Jean Huss pour rendre compte, en cour de Rome, de sa doctrine. L'hérésiarque ne se rendit pas à la gracieuse invitation qui lui avait été adressée ; il se fit défendre par des procureurs ; mais, reconnaissant toujours l'autorité souveraine de l'Église — peut-être par pure déférence — il en avait appelé au jugement du prochain concile. Il fut chassé de Prague, en même temps que la mémoire de Wiclef était flétrie. Plus de deux cents volumes du philosophe anglais furent brûlés, et leurs possesseurs punis. Jean Huss, qui s'était constitué le défenseur de Wiclef, prouvait par l'autorité des membres les plus éclairés de l'Église, par les livres saints, et surtout par la raison, qu'il ne fallait point brûler les ouvrages des hérétiques, et c'est à ce sujet qu'il prononça cette belle parole que ses juges lui reprochèrent comme un blasphème et une impiété : « Il ne faut point punir de mort les hérétiques. »

N'était-ce pas, en quelques mots, la proclamation de la liberté de conscience ?

Ce serait un tort de croire que Jean Huss ne fut qu'un réformateur de l'Église ; à travers ses attaques contre celle-ci, on sent percer, quoique voilées par l'impérieux besoin de dissimuler en cette époque inquisitoriale, des idées beaucoup plus larges. Jean Huss ne voulait rien moins qu'élever, sous tous les rapports, le laïque au niveau du prêtre. Il comprenait que la société religieuse, pour son indépendance, pour sa dignité, et l'autorité même de son sacré ministère, ne peut s'appuyer sur la société civile ; qu'elle ne doit chercher sa base qu'en elle-même, qu'elle ne doit pas attendre enfin son existence de la charité gouvernementale — plus ou moins grande, sujette aux fluctuations de la politique, aux vues changeantes, à la foi plus ou moins sincère d'un monarque ou de son ministre. — Comme il voulait enlever les richesses du clergé, il voulait de même le dépouiller de sa suprématie spirituelle.

Il ne comprenait pas les dogmes imposés, la persécution des penseurs qui divergeaient d'opinion avec la sainte mère l'Église ; il prêchait le libre arbitre. Il ne voulait reconnaître qu'une autorité : celle de la Raison.

Ce dernier point, on le remarquera, est le trait d'union de tous les grands philosophes novateurs, depuis Abailard jusqu'à Descartes.

C'est à l'occasion de la croisade prêchée contre Ladislas, roi de Naples, et ordonnée par Jean XXIII dans une bulle, que Jean Huss proclama explicitement les doctrines qui bouillonnaient dans son cerveau et agitaient son cœur.

Par cette bulle, le pape promettait aux croisés pleine rémission des péchés, suspendant ou annulant toutes les autres indulgences accordées jusqu'alors par le Saint-Siège.

Ainsi, le successeur de saint Pierre, celui que le Christ était censé avoir commis à la garde de son troupeau, foulait aux pieds les plus saints préceptes du Maître ; il poussait les unes contre les autres ses brebis, les encourageait, les excitait à s'entr'égorger... Touchant et édifiant spectacle !

Jean Huss attaqua d'abord cette bulle en elle-même, et les *indulgences* qu'elle promettait, — ce nouveau mode de paiement du sang, — sous forme de billets d'entrée au Paradis ! — Puis, entrant dans un examen plus rigoureux, il en vint à soutenir « que la croisade était contraire à la charité évangélique, parce que la guerre entraîne une infinité de désordres et de malheurs ; parce qu'elle est ordonnée à des chrétiens contre des chrétiens, parce que ni les ecclésiastiques, ni les évêques, ni les papes ne peuvent faire la guerre, surtout pour des intérêts temporels ».

Jean Huss, à ce moment, avait pour lui tout un peuple, tout le peuple même, parce qu'il n'était pas seulement dans la vérité évangélique, mais dans la vérité humaine, éternelle, qui peut s'obscurcir dans les cœurs, mais n'en disparaît jamais complètement.

Jean Huss ajoutait que, puisque Jésus-Christ n'avait pas permis à saint Pierre de s'armer pour lui sauver la vie, le pape avait encore bien moins le pouvoir d'ordonner la guerre.

Ces quelques principes de Jean Huss nous font voir assez qu'il était en pleine rébellion, et ouverte, contre le pouvoir politique et spirituel de l'Église. C'était donc un homme dangereux. Le réduire au silence, il n'y fallait pas songer. Dans son pays, il restait à jamais inattaquable ; ni les censures, ni les excommunications, ni le roi, ni l'empereur ne pouvaient rien sur lui ; l'enthousiasme public le sauvegardait. Au besoin, chaque ville et chaque château eussent été pour lui autant de forteresses, et il aurait eu un peuple pour armée. Un seigneur bohémien, Jean de Chlum, ne dit-il pas fièrement au concile de Constance, qui jugeait l'apôtre de la Réforme : « Moi seul, si chétif en comparaison des autres, je pourrais le défendre une année entière contre toutes les forces de ces deux rois. (1) »

Il devenait donc d'intérêt public pour le parti opposé de l'attirer hors de la Bohême, de l'amener à se remettre volontairement entre les mains de ses ennemis et à les reconnaître comme juges.

Un concile se réunit à Constance pour régler la situation de la papauté, et réformer les abus sous lesquels craquait l'Église, — alors qu'il eût fallu « réformer les réformateurs ».

Ce concile, qui déposa le pape comme « simoniaque, scandaleux par

---

(1) Wenceslas et Sigismond.

JEAN HUSS
(d'après un document de la Bibliothèque nationale).

ses mœurs déshonnêtes, et incorrigible », agit avec plus de vigueur contre les hérétiques.

Jean Huss fut cité devant le concile. Rien ne l'empêchait de ne pas s'y rendre ; mais il était brave et confiant en sa force, il voulut voir en face ses ennemis.

Il arriva à Constance le 3 novembre 1414, muni de recommandations du roi et des grands de Bohême, et d'un sauf conduit de l'empereur Sigismond.

Malgré ce sauf-conduit, Jean Huss fut arrêté, le 28 novembre 1414, et jeté en prison, au mépris de la parole et de la signature impériales, sur l'ordre des Pères du concile. C'était d'ailleurs l'application des conseils de Gerson, l'assassinat avec préméditation, le guet-apens.

Le 5 novembre 1414, en effet, le concile s'ouvrit, et c'est le 27 mai précédent que Gerson avait écrit à l'archevêque de Prague pour le presser de livrer Jean Huss « à la hache du bras séculier et de l'envoyer au feu, par une cruauté miséricordieuse ».

Assassiner, brûler les gens « par cruauté miséricordieuse », quel beau rôle pour des gens d'Église !

Ainsi, même langage, mêmes moyens. Le mensonge et le guet-apens, peu importe. Pour supprimer la liberté de la parole, conséquence même de la liberté humaine, rien ne coûte au parti de l'Intolérance. Saint Bernard avait dit d'Abailard, qu'il ne pouvait dompter : « Je ne sais si la bouche dont sortent de telles paroles ne serait pas plus justement brisée à coups de bâton, que réfutée par le raisonnement. » Gerson est plus explicite, et, pour avoir raison de la Raison, il demande qu'on emploie *par cruauté miséricordieuse* le fer et le feu !

Quelle tristesse quand de telles paroles tombent de lèvres ignorantes ; mais quelle responsabilité terrible devant l'Histoire, pour les saints Bernard et les Gerson qui les prononcent et les transforment en arrêts !

A la première séance du concile, Jean Huss put se convaincre de ce qu'on préparait contre lui. Interrogé publiquement, il fut la risée des théologiens qui devaient prononcer sa sentence. Guidés par leur partialité impitoyable, ils jugèrent à propos de ne pas le laisser parler :

« A grand'peine avait-on lu un article contre lui, dit un témoin oculaire, ainsi qu'il pensait ouvrir la bouche pour répondre, toute cette troupe commença tellement à crier contre lui, qu'il ne lui fut loisible de dire un seul mot ; tant était la confusion grande et le trouble impétueux, que pouvait-on bien dire que c'était un bruit de bestes sauvages et non point d'hommes (1). »

Il trouva cependant le moyen d'ouvrir la bouche pour en appeler du concile au tribunal de Jésus-Christ et déclarer qu'il aimerait mieux être brûlé mille fois que de faire acte de lâcheté en abjurant.

Il rejeta donc la formule de rétraction qui lui était proposée, et, le

(1) *Histoire des Martyrs*. — Édit. in-folio, p. 56. Genève, 1619.

6 juillet 1415, il fut condamné à être brûlé vif, d'après l'ordre de ce même empereur sur la foi duquel il s'était rendu parmi ses juges.

« Il y eut quelque chose de plus sinistre et de plus fatal que le supplice de Jean Huss ; ce fut la théorie que posa le concile pour le justifier : un décret du concile défendit à chacun, sous peine d'être réputé fauteur d'hérésie et criminel de lèse-majesté, de blâmer l'empereur ou le concile touchant la violation du sauf-conduit de Jean Huss. « Car ledit « Jean Huss s'étoit rendu indigne de tout sauf-conduit, et, selon le droit « naturel, divin et humain, *on ne lui devoit tenir aucune promesse au pré-* « *judice de la foi catholique* (1). »

On rapporte qu'au moment de la condamnation, Jean Huss, se tournant vers l'empereur Sigismond, lui rappela le sauf-conduit, et comme il regardait fixement le prince traître à sa parole, celui-ci ne put soutenir un tel regard, et une rougeur subite couvrit son visage. Et cependant Jean Huss était épuisé par une dure prévention, il vomissait le sang, « mais qu'est-ce que tout cela quand la conscience humaine est haute et ferme ? »

« Ceux même qui ne trouvaient pas le Bohémien hérétique, le condamnèrent *comme rebelle* ; qu'il eût erré ou non, il devait, disaient-ils, se rétracter sur l'ordre du concile. Cette assemblée, qui venait de nier trois fois l'infaillibilité du pape, réclamait pour elle-même l'infaillibilité, la toute-puissance sur la raison individuelle. La république ecclésiastique se déclarait aussi absolue que la monarchie pontificale. Elle posa même la question entre l'autorité et la liberté, entre la majorité et la minorité ; faible minorité sans doute qui, dans cette grande assemblée, se réduisait à un individu ; l'individu ne céda pas, il aima mieux périr (2). »

Les fatigues corporelles qu'on avait fait subir à Jean Huss, pendant son séjour au cachot, pour abattre son courage, ne suffirent pas à ses persécuteurs : ils y ajoutèrent des tourments moraux.

Il fut accablé d'invectives et de malédictions. En signe de dérision, il portait sur ses habits les images du diable auquel son âme avait été vouée par le concile. On lui mit sur la tête une mitre d'une coudée, sur laquelle était écrit le mot *hérésiarque*. Jean Huss répondit seulement : « Je me félicite de porter cette couronne d'opprobre en mémoire de Jésus, qui porta une couronne d'épines. »

Sur la route du supplice, il eut la douleur de rencontrer un premier bûcher ; il y vit ses livres dévorés par les flammes, ainsi que l'avaient ordonné les Pères du concile qui croyaient, sans doute, par cet acte barbare et ridicule, détruire les pensées que Jean Huss « avait déjà écrites en traits de feu dans l'âme des enfants de la Bohême. » Ignorance des bourreaux !

(1) H. Martin.
(2) Michelet.

« Je prends Dieu à témoin, dit-il sur son bûcher, que je n'ai jamais enseigné ni écrit ce dont m'accusent de faux témoins ; mes discours, mes livres, mes écrits, j'ai tout fait dans la seule pensée d'arracher les âmes à la tyrannie du péché. C'est pourquoi je signerai aujourd'hui de mon sang avec joie cette vérité que j'ai enseignée, que j'ai écrite, que j'ai publiée, et qui est confirmée par la loi divine et par les saints Pères... »

Ces paroles, recueillies par une nombreuse multitude, excitèrent une admiration pleine d'émotion et de piété ; le peuple demandait : « Quel est donc le crime de cet homme ? » Il y avait je ne sais quoi dans ce peuple attendri qui lui disait que celui qui allait mourir était une de ces victimes qui rappellent celle du Golgotha. « Ce fut bien autre chose, lorsque, attaché au poteau, et le bûcher étant allumé, Jean Huss, la figure à la fois triste et rayonnante de joie, laissa échapper un cantique d'espérance et de réparation avec sa vie. Dans ce moment suprême, à la lueur des flammes consumant les os du martyr, le peuple comprit tout à fait la grande iniquité qui venait d'avoir lieu (1). »

« Et les cendres du martyr, jetées dans le Rhin, devinrent pour les enfants de la Bohême des cendres sacrées dont ils demandèrent, durant quatorze années, un terrible compte (2). »

La mort de Jean Huss provoqua en effet le soulèvement de la Bohême et suscita une des plus affreuses guerres de religion qui aient jamais ensanglanté le monde.

Dans cette guerre atroce, dont on ne peut relire les détails sans frémir, — épouvantable revanche de la foi contre l'intolérance, des persécutés contre leurs oppresseurs, — un cri, qui devrait nous obséder sans cesse pour nous rappeler à la raison, s'élève du milieu des monastères réduits en cendres, sur les ruines fumantes des villes saccagées, cri répété comme un effrayant signal de ralliement par l'armée des paysans : « Ce sont là les funérailles de Jean Huss ! »

(1) Robert (du Var), *Histoire de la classe ouvrière*.
(2) Michelet.

JEANNE D'ARC

Il n'est pas d'écolier de France qui ne connaisse le nom de Jeanne d'Arc et qui, si jeune soit-il, ne sache ce qu'elle a fait. Simple fille de la campagne, elle a délivré la France des Anglais ; elle s'est mise à la tête des troupes du Dauphin, a fait lever le siège d'Orléans, a fait sacrer le Dauphin à Reims. En récompense de ces victoires, prise par les ennemis à Compiègne, elle a été abandonnée par son roi, livrée aux Anglais qui, pour se venger autant que pour priver Charles VII du secours de cette fille extraordinaire, l'ont fait brûler toute vive par les prêtres, à Rouen.

C'est une destinée bien singulière que celle de cette jeune fille et telle qu'on n'en avait jamais vu de semblable auparavant ni qu'on n'en vit jamais de pareille depuis. Sans instruction, elle sait aborder le Dauphin et lui parler au nom de la France ; d'une nature délicate et dans laquelle la vie de l'esprit dépasse infiniment celle du corps, elle mène la dure vie des camps, à cheval, parmi les plus rudes capitaines ; autour d'elle, son exemple galvanise les foules ; en la suivant au combat chacun est sûr de vaincre. Pour elle, elle se dit inspirée par son Dieu et attribue à des personnages merveilleux le généreux élan, l'intelligence spontanée qui la font voler au secours de sa patrie ; mais elle se refuse toujours à opérer les miracles que la foule crédule et superstitieuse la supplie de faire.

Cependant des historiens, plus désireux de faire triompher leur cause que de dire la simple vérité, font d'elle une machine mue par l'être mystérieux qu'ils nomment leur Dieu, conduite par leurs anges, inspirée par leurs saintes, comme si ces interventions surnaturelles devaient rendre plus clair le rôle de celle qui en est l'objet. C'est au contraire vouloir ne pas la comprendre que de faire ainsi mépris de son intelligence personnelle, de son courage propre et de la fermeté de son cœur, et il faut répéter à nouveau, avant de conter l'histoire de sa vie, ce que disait d'elle notre grand historien Michelet : « L'originalité de la Pucelle, ce qui fit son succès, ce ne fut pas tant sa vaillance, ou ses visions; ce fut son bon sens. A travers son enthousiasme, cette fille du peuple vit la question et sut la résoudre. »

Quel était donc l'état de la France au moment où apparaît Jeanne d'Arc? Il était des plus lamentables : depuis près d'un siècle, la France soutenait contre les Anglais une guerre qui l'avait ruinée. Charles V, aidé de Duguesclin, avait en vain réparé les défaites de Crécy et de Poitiers : le fou Charles VI, qui lui avait succédé, avait, au traité de Troyes (1420), cédé aux Anglais plus de la moitié de notre pays. Toutes les provinces de l'Ouest de la France, depuis Bordeaux jusqu'à Calais, y compris Paris, étaient infectées par les armées de l'Angleterre : pas une maison n'était debout depuis la Picardie jusqu'à l'Allemagne, dit un contemporain ; et tandis que mourait Charles VI, une grande ville française, Orléans, était sur le point d'être prise par les étrangers.

A la faveur de la guerre, une anarchie totale régnait sur le pays. Là où passaient les Anglais, ils voulaient imposer leurs lois, leurs coutumes, et aussi leur roi Henri VI, petit-fils par sa mère de Charles VI, mais qui n'était encore qu'un enfant et n'avait pas été sacré roi de France. Ils avaient pour allié le puissant Philippe le Bon, maître absolu des pays qui forment aujourd'hui la Belgique et qui, en outre, était duc de Bourgogne.

En face d'eux, le fils de Charles VI, un adolescent timide, s'était réfugié au sud de la Loire, à Bourges. Il y vivait dans la compagnie de quelques seigneurs fidèles et frivoles qui assistaient impuissants à la ruine du royaume de leur jeune maître. Celui-ci était Dauphin, et bien qu'il fût fils du roi de France, il ne pouvait à son tour être appelé roi de France que s'il était sacré roi à Reims ; or, cette ville était au pouvoir des Anglais. Les Anglais appelaient par dérision le Dauphin *roi de Bourges* ; ils espéraient avant peu prendre Orléans qui protégeait la haute vallée de la Loire et commandait les routes qui vont vers le sud, puis marcher contre Bourges et de là le pourchasser jusqu'à ce qu'enfin, ne sachant où fuir, car tout le pays environnant était à eux, il tombât lui-même entre leurs mains.

Seulement il fallait prendre Orléans, et ses habitants, mortels ennemis des Bourguignons et de leurs alliés, n'étaient pas disposés à subir sans résistance leurs outrages et leurs vengeances.

Les Anglais, commandés par Talbot et Suffolk, avaient entouré la ville d'une ceinture de forteresses, dites *bastilles*, entre lesquelles les secours pouvaient difficilement pénétrer dans Orléans. De leur côté les bourgeois d'Orléans avaient rasé leurs faubourgs et s'étaient mis à fondre des canons dont ils se servaient très habilement : ils avaient une garnison composée d'Écossais, d'Italiens, d'Aragonais et aussi de Gascons et de Lorrains que commandaient La Hire, Xaintrailles et Dunois.

Entre les bastilles et la ville c'étaient chaque jour ou de grandes mêlées avec des canonades furieuses ou des rencontres singulières entre soldats des deux camps. Tout un hiver se passa ainsi, d'octobre 1428 à février 1429, sans combat décisif. Cependant, en carême, les Orléanais éprouvèrent un assez vif échec en ne pouvant surprendre un convoi de harengs qui venait de Paris pour les Anglais : ce fut la *Journée des Harengs*. Découragés, le comte de Clermont, puis l'archevêque de Reims, l'évêque d'Orléans s'étaient enfuis et le cercle des assiégeants se resserrait chaque jour autour de l'héroïque cité, de sorte qu'au printemps sa situation apparaissait à peu près désespérée.

Cependant, plus les souffrances de la ville devenaient grandes et plus croissaient aussi les sympathies de la France pour elle.

Il n'était point de campagne où l'on ne sût qu'une ville tenait fermement tête aux Anglais. La France, devant cet exemple d'amour de la liberté, reprenait conscience d'elle-même. Les femmes surtout s'intéressaient aux malheurs de cette ville et de son duc que les Anglais tenaient captif, et sans doute elles étaient encore les mêmes que lorsque Du Guesclin disait : « Il n'y a pas une fileuse qui ne file une quenouille pour ma rançon. »

Mais d'où viendrait le secours ? Le Dauphin n'avait ni ressources ni énergie ; il gaspillait son temps en fêtes et en intrigues. Pourtant, il fallait qu'Orléans fût sauvé, et le peuple le comprenait tellement, que, dans son esprit hanté de terreurs religieuses et enclin à crier au miracle, il se laissait aller à espérer une intervention surnaturelle.

C'est à ce moment précis, quand l'armée du Dauphin est réduite à néant, quand les esprits énervés par la souffrance sont prêts à tout accepter et à tout croire, que paraît Jeanne d'Arc.

Jeanne d'Arc était native de Domrémy, une petite bourgade située aux confins de la Lorraine et de la Champagne, dans un pays disputé par les Armagnacs et les Bourguignons et particulièrement éprouvé par les horreurs de la guerre. Son père cultivait la terre ; sa mère, croit-on, avait fait le pèlerinage de Rome, et sans doute, tandis qu'elle instruisait sa fille à coudre et à filer, elle lui contait merveilles de ce qu'elle avait vu et entendu dire à Rome.

C'est ainsi que la fillette eut de bonne heure l'esprit formé à croire des choses que la raison repousse et à se figurer qu'un Dieu ou des personnages divins pouvaient agir sur les affaires humaines. Le pays avait aussi des légendes locales ; le Bois des chênes qu'on apercevait du village était hanté, disait-on, par des fées, et chaque année le curé disait une messe sur une certaine fontaine pour les empêcher d'y boire. Enfin les atrocités de la guerre dont Jeanne entendait parler, les scènes douloureuses dont elle fut le témoin, tout cela contribua à surexciter fortement son esprit.

Peu à peu naquit et se développa en elle l'idée de sauver la France qu'elle savait si malheureuse. Elle y songeait souvent quand elle était seule, elle délibérait et conversait avec elle-même pour savoir s'il était bienséant qu'elle prît les armes et suivît les armées, et si elle serait assez forte pour le faire. Comme elle était simple et naïve, qu'elle connaissait beaucoup de contes où les saints et les saintes viennent ainsi parler à ceux qu'ils aiment et les encourager à bien faire, elle fut tout naturellement portée à croire que l'archange Michel, les saintes Marguerite et Catherine, patronnes de la jeunesse, venaient la soutenir dans ses généreux desseins.

Alors, quand elle fut sûre d'elle-même, et certaine, comme elle le disait, que *ses voix* lui commandaient de porter secours au Dauphin et de délivrer la France de la tyrannie des Anglais, elle révéla son projet à ses parents.

Ce fut un beau scandale ! Le père préférait la noyer plutôt que de la voir partir avec des soldats. On voulut la marier : peine perdue. Jeanne résista à tout avec l'énergie indomptable de ceux qui ont mesuré ce qu'ils peuvent et ce qu'ils doivent faire. A Toul où elle plaida contre celui qui la demandait en mariage, elle convertit à son idée son oncle. Celui-ci la conduisit à Vaucouleurs devant le sire de Baudricourt : elle voulait, répétait-elle partout, délivrer le Dauphin et le royaume de France. Eux se méfiaient instinctivement, la croyaient, comme on disait à cette époque, possédée du diable et la faisaient exorciser par un curé.

Mais la foule, se reconnaissant d'instinct dans cette simple fille des champs qui osait prêcher la croisade contre l'ennemi héréditaire, assiégeait sa maison, l'acclamait dans la rue, lui achetait par cotisation un cheval et un équipement.

C'est ainsi que Jeanne put partir avec une petite troupe d'hommes d'armes, au mois de février, en plein hiver. La vue des campagnes ravagées par la guerre, affamées par le soudard anglais, ne fit qu'affermir son courage. Elle en avait besoin, car à Chinon où résidait le Dauphin, de nouvelles défiances l'attendaient.

Pour l'éprouver, le Dauphin à son arrivée se dissimula parmi ses courtisans ; Jeanne, avec une pénétration singulière, le désigna sans hésiter. On la crut sorcière et on l'envoya à Poitiers pour y être examinée par des évêques et des moines. Ces hommes d'Église, qui admettent le miracle partout et voient en toutes choses la main de leur Dieu, ne pouvaient comprendre l'entreprise héroïque de cette modeste paysanne. Elle leur fit des réponses surprenantes de droiture et de bon sens, et comme ce qu'elle répétait à satiété, c'était qu'il fallait d'abord délivrer Orléans et qu'elle le pouvait faire, l'enthousiasme qui l'exaltait gagna peu à peu ces gens qui ne croyaient pas au pouvoir de la volonté humaine.

Du reste, ici comme à Vaucouleurs, une popularité extraordinaire accompagnait la courageuse enfant. Le peuple demandait à la suivre au combat. Le Dauphin dut céder à cette poussée irrésistible : il fournit à Jeanne d'Arc une maison militaire, un équipement ; elle partit pour Orléans, précédée dans cette ville par la Renommée et attendue avec ferveur.

JEANNE D'ARC AU SACRE DE CHARLES VII A REIMS
(d'après le tableau d'Ingres au Musée du Louvre)

Jeanne perça facilement les lignes anglaises qui cernaient la ville, et le 29 avril 1429 y fit une entrée triomphale. Il semblait aux bourgeois éprouvés par un si long siège, abattus par tant de souffrances, qu'un personnage divin prenait leur cause en main. Un fanatisme sans précédent les électrisait. Malgré l'archevêque de Reims, qui revenu à la suite de Jeanne d'Arc, se défiait encore d'elle, ils courent aux combats. Ce qui faisait leur faiblesse auparavant, le manque d'unité d'action, avait disparu : Jeanne leur apportait cet esprit de décision, cette audace résolue qui animent toujours les héros des nobles causes.

Partout où elle se porte, elle triomphe ; une à une les bastilles anglaises tombent devant les soldats qu'elle anime de sa présence et de son oriflamme blanche. A l'assaut des Tournelles elle est légèrement blessée, mais les soldats brûlent de la venger et enlèvent la bastille après un jour de combat. Enfin le 8 mai, on voit soudain les Anglais décamper et battre en retraite sur Paris.

L'effet de cette délivrance fut prodigieux. De tous les côtés de la France on venait voir cette vaillante fille dont l'esprit d'initiative et l'amour de la liberté voulaient sauver la patrie. Sur toutes les bouches volait le nom de la Pucelle d'Orléans.

Cependant à la cour du Dauphin, on se défie encore de Jeanne d'Arc, on hésite à marcher sur Reims où elle veut faire sacrer le roi. Chacun des courtisans dit qu'il faut s'emparer soit de la Normandie, soit de l'Anjou, soit de telle autre province selon qu'il y a des intérêts : aucun ne veut se sacrifier pour le salut commun, qui consiste à légaliser par le sacre le rôle de Charles VII. Seule et contre tous Jeanne persiste à répéter qu'à Reims est pour la France la délivrance de l'Anglais et la liberté.

Enfin, sur ses conseils, on profite de la terreur où la délivrance d'Orléans a jeté les Anglais ; on marche sur eux et Talbot est culbuté, fin juin, à Patay. Dès lors, l'enthousiasme populaire n'a plus de bornes ; de partout arrivent des gens qui veulent suivre Jeanne à la victoire. C'est une vraie « croisade populaire » qui veut emporter d'assaut Reims aux Anglais. On passe devant Auxerre, ville bourguignonne, sans y entrer ; Troyes est pris après un court assaut et l'on est à Reims le 15 juillet.

Charles VII y est sacré roi en grande pompe. Ce sacre lui confère le droit de requérir tous les Français pour les entraîner à la délivrance du sol national ; c'est une défaite considérable pour les Anglais qui dès lors deviennent juridiquement des étrangers et dont le roi Henri VI n'est plus pour les Français qu'un tyran. « Telle fut, dit Michelet, la vertu du sacre et son effet tout puissant dans la France du Nord, que dès lors l'expédition semble n'être qu'une paisible prise de possession, un triomphe, une continuation de la fête de Reims. »

Les Anglais déconcertés ne songent à rien moins qu'à intenter un procès de sorcellerie à Charles VII pour l'aide que lui prête Jeanne d'Arc. Mais devant Paris, celle-ci est moins heureuse : la capitale était trop grande pour être prise d'assaut ou pour être bloquée par l'armée royale. Jeanne, qu'on avait presque forcée à tenter ce siège, y fut blessée à la cuisse. Elle avait à la cour de puissants ennemis, jaloux de ses succès, trop peu intelligents pour comprendre la grandeur de son entreprise. Parmi eux, l'archevêque de Reims était content de voir venir l'hiver qui devait momentanément arrêter les hostilités et faire cesser la gloire grandissante de l'héroïne. Jeanne prit encore la petite ville de Saint-Pierre-le-Moustier, mais échoua devant la Charité.

Au printemps suivant, comme elle guerroyait alentour de Paris, elle se jeta dans Compiègne assiégé. Dans une sortie où elle s'attardait, elle fut prise par les Bourguignons et tomba dans la possession de Jean de Luxembourg, vassal du duc de Bourgogne (23 mai 1430). La nouvelle de cet événement fut accueillie par les Anglais avec enthousiasme : « Tous, Anglais, Bourguignons, virent avec étonnement que cet objet de terreur, ce monstre, ce diable, n'était après tout qu'une fille de dix-huit ans (1). »

Ils résolurent alors de faire le procès de cette jeune fille qui avait réussi à soulever ses compatriotes contre l'étranger : ils voulaient la convaincre de sorcellerie et de magie, afin de terroriser ceux qui avaient cru en elle et de jeter la déconsidération sur le nom de Charles VII. D'abord ils intriguèrent auprès de Philippe le Bon pour qu'il la rachetât à son vassal : ils offrirent pour elle une rançon digne d'un prince royal. Ce n'est qu'en menaçant le duc de Bourgogne de ruiner le commerce de la Flandre, une de ses plus riches provinces, qu'ils obtinrent que Jeanne, remise d'abord par Jean de Luxembourg au duc de Bourgogne, devint enfin leur proie.

Un ecclésiastique intrigant et cupide, Pierre Cauchon, évêque de Beauvais, qui voulait arriver à l'archiépiscopat de Rouen devenu vacant, se mit alors impudemment au service de l'étranger, s'offrit à mener à bien le procès de l'intrépide Pucelle et à s'instituer son bourreau.

Du reste, il fallait se hâter ; les victoires de l'armée française se multipliaient. L'exemple héroïque donné par Jeanne avait secoué la torpeur des provinces : tout le pays se soulevait pour reconquérir sa liberté. Sans nul doute, si l'archevêque de Reims et Charles VII avaient tenté d'enlever Rouen où leur libératrice était maintenant au cachot, s'ils avaient protesté contre l'abominable procès qu'on lui intentait, Jeanne eût été sauvée de la prison et de la mort. Mais cette simple fille des champs, que son vif amour de la patrie et de la liberté avait portée aux plus hauts exploits, était abandonnée du clergé qui dirigeait Charles VII, de ce clergé dont une partie était vendue aux Anglais : l'Église allait maintenant éprouver l'horreur de ses tortures sur la plus pure des héroïnes, préludant par ses tourments à la béatification dont elle devait,

(1) Michelet.

cinq cents ans après, l'honorer aussi tardivement qu'hypocritement.

Sur la demande de l'Université de Paris, les Anglais avaient accepté qu'elle fût jugée par un tribunal ecclésiastique chargé de dire si elle était inspirée par Dieu ou par le démon. Le procès, instruit dans les formes ordinaires de cette juridiction et de cette époque, porta surtout sur le chef d'hérésie, Jeanne ayant toujours négligé de faire certifier par l'Église que les voix qui l'avaient engagée à tenter de réveiller la France venaient de Dieu. C'était là un crime impardonnable, les prêtres tenant à conserver le monopole de ces prétendues interventions surnaturelles. Ils veulent que la foule ignorante croie aux miracles, mais à une condition, c'est que seuls ils les certifieront tels et qu'il n'en sera révélé, authentiqué, que par leur intermédiaire.

Jeanne était aussi accusée de péché grave, parce qu'elle avait abandonné, à dix-neuf ans, père et mère, pour aller vivre, habillée en homme, au milieu des soldats ; enfin l'accusation de magie pesait en outre sur elle.

Le 9 janvier 1431, Cauchon, assisté d'un moine du ténébreux tribunal de l'Inquisition, ouvrit le procès et commença sa sinistre besogne. Par derrière, dans l'ombre, l'Anglais Winchester attisait la haine de ces tortionnaires.

Que demandait-on à Jeanne au cours de ces hideuses audiences qui devaient se prolonger plus de quatre mois ?

Lui demandait-on de se justifier d'avoir, elle, Française, excité ses compatriotes à chasser les Anglais ? Lui niait-on le droit, sacré pour tout être humain, de vivre en toute liberté dans l'obéissance des lois de son pays ? Non pas ; ce serait exiger de ses bourreaux ecclésiastiques une tolérance et une largeur de vues qu'ils ne connurent jamais. Au contraire, on voulait l'impliquer dans un procès de sorcellerie ; on voulait lui faire avouer qu'elle fréquentait le diable, qu'elle savait la magie, et surtout on aurait voulu qu'elle eût des paroles de rebellion vis-à-vis du pape, ce qui eût suffi à justifier la pire des condamnations. On ne saurait imaginer dans combien de questions cauteleuses et captieuses on voulut l'embrouiller.

Mais elle qui, pourtant, ne savait ni lire ni écrire, qui n'avait ni appui ni conseil dans sa prison, dont on espionnait les actes jusqu'au fond de la cellule où elle était rivée à des chaînes, auprès de qui on apostait de faux amis pour la décourager, sut éviter ces perfidies de toutes sortes. Avec un bon sens qui ne lui échappa jamais, elle rendait à ses mauvais juges coup pour coup ; jamais elle ne se démentit, jamais elle n'oublia qu'elle avait la première brandi l'oriflamme de liberté et que les Anglais devaient évacuer le sol français. « Ce fut, dit Michelet, la singulière originalité de cette fille, le bon sens dans l'exaltation. »

Quand on lui demandait quel pouvoir magique lui assurait toujours la victoire :

« Je disais seulement, répétait-elle : entrez hardiment parmi les Anglais, et j'y entrais moi-même.

— Pourquoi votre étendard fut-il porté en l'église de Reims ?
— Il avait été à la peine, c'était bien raison qu'il fût à l'honneur.
— N'aviez-vous point quelque sortilège ? lui demandait on encore.
— Mes sortilèges, c'était l'amour de la France et le mépris du danger. »
Un autre jour, l'évêque, compatissant et mielleux, lui demandait :
« Comment vous êtes-vous portée depuis tel jour ?
— Vous le voyez, répondit-elle dans ses fers, le mieux que j'ai pu. »
Ou bien encore on lui posait des questions stupides sur le dogme de la religion ; on lui demandait de décrire les anges et les saintes qu'elle disait lui être apparus ; on la forçait à soutenir qu'elle aimait mieux obéir à la loi de son Dieu qu'à celle du pape qui n'est qu'un homme, et l'on proclamait hérétique celle qui se montrait ainsi la vaillante apôtre de la pensée libre.

« Dieu, lui demandait-on, comme si elle pouvait le savoir, Dieu hait-il les Anglais ?
— De l'amour ou haine que Dieu a pour les Anglais, répondait-elle, je ne sais rien. Mais je sais bien qu'ils seront tous mis hors de France, sauf ceux qui y périront. »

Ainsi ni la clairvoyance ni la présence d'esprit ne lui firent jamais défaut. Il fallut qu'on inventât que le port des habits d'homme, nécessaire pour la guerre, était un crime abominable, pour qu'on eût un prétexte de la livrer à la mort. Et alors, après lui avoir fait jurer qu'elle ne porterait plus que le vêtement féminin, ils lui volèrent un matin sa robe et la forcèrent à revêtir le costume défendu ; dès lors, elle méritait la mort.

Pierre Cauchon, qui tenait enfin son archevêché de Rouen, la lui choisit abominable. Elle devait être brûlée vive à petit feu : « Ils firent, comme dit Voltaire, mourir par le feu, celle qui, pour avoir sauvé son roi, aurait eu des autels, dans les temps héroïques où les hommes en élevaient à leurs libérateurs. »

Le 30 mai 1431, on la conduisit sur la place du Vieux-Marché où un bûcher avait été préparé en face d'une estrade d'honneur réservée à ses bourreaux. En arrivant sur le lieu du supplice, elle eut une courte défaillance :

« Rouen, Rouen ! mourrai-je donc ici ? »

Et elle fondit en larmes. Puis, songeant sans doute qu'elle avait fait son devoir, que sa vie était pure de tout reproche et qu'elle laissait derrière elle un exemple incomparable d'amour de la liberté, elle se reprit, monta fermement sur le bûcher et, reconnaissant vis-à-vis d'elle le sinistre Pierre Cauchon :

« Évêque, lui répétait-elle, je meurs par vous. »

Ce spectacle était si pitoyable, la horde des rudes soldats qui l'entouraient étaient si émus, que pendant que l'héroïne était consumée lentement au milieu des flammes et de la fumée, ils répétaient, entre eux, en frémissant :

« Nous sommes perdus, nous avons brûlé une sainte. »

Parole vraie, si ce terme de *saint*, emprunté à l'Église, peut être donné à ces femmes ou à ces hommes que leur amour de l'humanité et l'esprit de sacrifice, sans aucune idée de religion, mettent au rang des plus nobles héros. Car, qu'on le sache bien, et l'on ne saurait se lasser de le répéter, ce n'est pas par ses visions, par ses entretiens avec un monde incompréhensible à la raison humaine, par ce qu'on appelle sa piété, que Jeanne d'Arc est intéressante et mérite d'être comptée parmi les meilleurs serviteurs de la France, mais c'est par sa pitié pour les malheurs du royaume, par son horreur du carnage humain, par sa vaillance que rien ne rebute, par sa volonté constante de délivrer le pays de ses oppresseurs et par son indomptable amour de la liberté.

Telle devait être, en effet, la destinée de cette courageuse paysanne, que son supplice allait donner le signal de la révolte générale contre l'étranger. Aussitôt la discorde se jette dans le parti anglais. Les Parisiens se lassent d'obéir à ces étrangers qui font la loi dans leur capitale. Le duc de Bourgogne, dont les deux frères étaient au service du roi Charles VII, et haïssaient les Anglais, se réconcilie avec le roi de France. Cette unité nationale que pour la première fois la bonne Lorraine avait manifestée en accourant des frontières vers le roi de Bourges, se trouvait enfin cimentée de son sang et de ses cendres. Devant la coalition de tous les Français, les Anglais devaient céder : encore quinze ans et il ne leur restera plus en France que Calais.

JÉROME SAVONAROLE

Jérôme-François Savonarole, d'une famille originaire de Padoue, qui avait suivi le marquis Nicolas d'Este à Florence, naquit en cette dernière ville, le 21 septembre 1452.

D'un caractère méditatif, ennemi en sa jeunesse des jeux bruyants, il se plaisait à se recueillir et à travailler dans la solitude. « J'aimais deux choses, disait-il plus tard, la liberté et le repos. »

Il dut sans doute à cette tournure particulière de son esprit de faire des études sérieuses qui le distinguèrent de bonne heure de ses condisciples. Elle explique aussi son enthousiasme pour l'austérité de la vie monacale, enthousiasme qu'il sut communiquer par ses sermons, pendant un temps du moins, aux nombreux Florentins qui se pressaient autour de sa chaire.

Les supérieurs du couvent des dominicains de Bologne, chez lesquels il s'était enfui à l'âge de vingt-trois ans, en dépit de sa famille qui le destinait à la carrière médicale, reconnaissant en lui des talents dont l'ordre pourrait tirer honneur et profit, le chargèrent d'enseigner publiquement la philosophie.

Dans ce dessein, il parcourut plusieurs villes d'Italie ; mais autant son érudition étonnait, autant son débit monotone, son articulation défectueuse, son organe faible et dur éloignaient les auditeurs.

Savonarole n'était pas de ceux qu'arrête un si petit obstacle matériel. Comme le plus grand orateur de l'antiquité, il lutta, seul à seul, dans la retraite, contre cette difficulté naturelle, et il en triompha.

« Ceux qui avaient été choqués de sa récitation, en 1482, purent à peine le reconnaître, lorsqu'en 1489, ils l'entendirent moduler à son gré une voix harmonieuse et forte, et la soutenir par une déclamation noble, imposante et gracieuse (1). »

(1) H. Martin.

Le simple rôle de professeur ne lui suffit plus, il prend celui de réformateur, auquel il se croit prédestiné ; il dit être envoyé par Dieu, et voilà cet ardent dominicain suscitant contre l'excès du mal dont souffrait l'Italie « une héroïque tentative de réaction ».

C'est que l'Italie, dans sa gloire, dans sa splendeur intellectuelle, avec ses Brunelleschi, ses Léonard de Vinci, se désagrégeait et se mourait au milieu des pires dépravations.

L'Église était déshonorée par les turpitudes de quelques-uns de ses chefs, au premier rang desquels on comptait le pape Alexandre VI, de la trop célèbre famille des Borgia, dont les fêtes scandaleuses, données dans son propre palais, à l'occasion de la célébration du mariage de sa fille Lucrezia, avaient dépassé toutes les orgies connues, et révolté toutes les consciences. L'ordre civil était aussi corrompu que l'ordre religieux, mais la papauté était la source de tout le mal.

« Rome, revenue aux jours de Tibère et de Néron, saluait d'acclamations idolâtriques le monstre qu'un conclave démoniaque avait proclamé le vicaire du Christ : l'inceste, le meurtre, la révolte contre Dieu et contre la nature semblaient avoir pris définitivement possession de la chaire de saint Pierre par cet homme qui résumait, avec une effroyable grandeur, les vices et les crimes de ses devanciers, et qui apparaissait comme une incarnation de l'esprit du mal (1). »

Un réformateur se présenta qui entreprit de porter la main en même temps sur l'Église et le Gouvernement ; ce réformateur, ce fut Savonarole.

Dans ses pérégrinations, cette pensée ne l'avait pas abandonné un instant, que jamais l'Italie spirituelle et temporelle n'avait été dans un état aussi déplorable qu'à cette époque.

Frappé de voir la corruption au cœur même de sa patrie, à Rome, devenue « la grande débauchée », selon l'expression de Dante, il résolut de réagir contre cette corruption, de régénérer le clergé, de réformer les mœurs.

Il passa d'abord quelque temps à Reggio, où il entra en relation avec le comte Pic de la Mirandole, qui adopta ses idées, puis à Brescia, où il annonça à ses auditeurs que leurs murs seraient un jour baignés dans des torrents de sang.

Cette prophétie sembla se réaliser deux ans après la mort de Savonarole, lorsqu'en 1500, les Français, sous la conduite du duc de Nemours, prirent Brescia et en massacrèrent sans pitié les habitants.

Nommé en 1489 au prieuré de Saint-Marc, Savonarole se rendit à pied à Florence. Il réapparut alors dans la chaire de la cathédrale, entraînant, convertissant par son éloquence, par sa parole enflammée et colorée le peuple qui venait l'écouter.

Non seulement le peuple, mais encore les lettrés se sentaient pris

---

(1) H. Martin, *Histoire de France*, t. VII.

d'une sorte de terreur, en entendant ce moine, à la démarche grave et fière, au visage ascétique, aux mœurs exemplaires, annoncer, d'une voix tonnante, des catastrophes prêtes à fondre sur l'Italie. L'austère dominicain s'élevait en même temps contre les vices de ses concitoyens et la tyrannie élégante et fastueuse des Médicis, la mollesse, les plaisirs qui avaient fait oublier aux Florentins asservis les mâles soucis et les agitations de la liberté. En peu de temps, il exerça une influence singulière sur les esprits.

A sa voix, les femmes firent disparaître leurs parures immodestes, des dépositaires infidèles et des débiteurs acquittèrent leurs dettes.

Il continua d'attaquer le gouvernement de Laurent de Médicis avec une extrême vigueur. Celui-ci l'ayant engagé à modérer son langage, Savonarole lui fit répondre que le jugement de Dieu l'attendait sous peu; « et malgré les invitations réitérées de ce chef de l'État, il ne voulut point lui rendre visite, ni lui témoigner aucune déférence, pour ne pas être censé reconnaître son autorité; et, lorsque Laurent, au lit de mort, appela ce confesseur auprès de lui pour recevoir de ses mains l'absolution, Savonarole lui demanda préalablement s'il avait une foi entière dans la miséricorde de Dieu, et le moribond déclara la sentir dans son cœur; — s'il était prêt à restituer tout le bien qu'il avait illégitimement acquis; et Laurent, après quelque hésitation, se déclara disposé à le faire; — enfin s'il rétablirait la liberté florentine et le gouvernement populaire de la République : mais Laurent refusa décidément de se soumettre à cette condition, et renvoya Savonarole sans avoir reçu de lui l'absolution (1). »

Après la mort de Laurent, l'influence de Savonarole ne fit que croître. Il était toujours préoccupé des mœurs et de la rénovation de l'Église; mais, à partir de ce moment, son rôle politique s'accentua.

Les reproches que Savonarole avait pu adresser à Laurent de Médicis méritaient plus encore de l'être à Pierre, l'aîné de ses trois fils, qui lui avait succédé. « Pierre, passionné pour les plaisirs de la jeunesse, pour les exercices du corps, n'occupait plus la République que des fêtes et des divertissements auxquels tout son temps était consacré.

« Il prétendait que la République reçût aveuglément ses ordres, et cependant, il regardait comme étant au-dessous de lui de s'occuper des affaires publiques; il les abandonnait à ses familiers, à ses confidents (2). »

Cette conduite eut du moins l'avantage de montrer aux Florentins le joug sous lequel ils étaient tombés.

Pierre de Médicis, en justifiant les reproches de Savonarole, étendit l'autorité du dominicain. Celui-ci, qui ébranlait tous les jours un nombreux auditoire, dirigeait, en réalité, l'esprit public. Il dominait Flo-

---
(1) Sismondi.
(2) *Idem.*

rence. Mais l'Italie né suivait pas ce mouvement de conversion : cette explosion de remords ne dépassait pas Florence. Savonarole alors redouble ses prophéties, annonce calamités sur calamités, et, faute immense, il implore, pour châtier ses compatriotes abîmés dans l'impiété, l'épée du roi de France.

Il semble que celui-ci veuille répondre à la voix du prédicateur florentin. Le voilà qui arrive en Italie pour soutenir, les armes à la main, les droits de la maison d'Anjou sur le royaume de Naples. Il s'avance, et les calamités prédites commencent à devenir visibles à tous les yeux.

A son approche, les Florentins se soulèvent et chassent Pierre de Médicis. Le peuple déchaîné saccage les maisons des principaux favoris du prince, du chancelier et du provéditeur du Mont-de-Piété, que la rumeur publique accuse de l'invention des gabelles nouvelles et d'autres extorsions. Par un décret de la Seigneurie, expression de la haine qu'inspiraient les Médicis, leurs biens furent confisqués et leur tête mise à prix.

Afin de se ménager l'appui du roi de France, le nouveau gouvernement envoya une ambassade pour le saluer. Savonarole, délégué par les autres ambassadeurs, qui le regardaient comme l'avocat de Dieu, pour porter la parole au nom de tous, s'adressa au monarque victorieux, avec ce ton de solennelle autorité qu'il était habitué à employer. Il exhorta Charles VIII « à défendre de tout son pouvoir l'innocence, les veuves, les pupilles, les malheureux ».

Le roi de France, aux oreilles de qui la réputation de Savonarole n'était pas venue, ne vit en lui qu'un moine bien pensant ; il promit qu'à son arrivée à Florence, « il arrangerait toutes choses à la satisfaction du peuple ».

Le passage de Charles VIII en Toscane, quoiqu'il n'eût duré qu'un mois, avait produit une série de révolutions : Pise, rendue à une liberté dont elle était privée depuis vingt-sept ans ; le gouvernement de Florence renversé ; les Génois encouragés à reprendre par les armes quelques-unes des possessions qu'ils avaient perdues..... Une fermentation générale était partout répandue, et dans ce désir de réformation qui s'était emparé des esprits, Venise apparaissait aux yeux de tous comme le modèle de la république idéale, de même que de nos jours, l'exemple de l'Angleterre inspire les hommes d'État qui veulent asseoir leurs institutions nationales sur la base de la liberté.

Florence n'avait pas échappé à cet entraînement révolutionnaire, et après le départ de Charles VIII, Savonarole, consulté sur le nouveau régime, se tourna vers la République qui durait depuis un millier d'années. Il prit du gouvernement vénitien tout ce qu'il put transporter dans celui de Florence.

Ce que voulait surtout Savonarole, c'était la reconnaissance du principe de la souveraineté populaire appliqué au choix des administrateurs

JEROME SAVONAROLE
(d'après une médaille de 1480).

de la Cité. Il prêchait aussi à son parti l'oubli et la réconciliation, il désirait une amnistie générale pour tous les délits qui avaient été commis jusqu'à la révolution.

Savonarole exposa ses principes de réorganisation politique devant la Seigneurie et le peuple réunis dans son église. Ils furent adoptés et Savonarole devint, encore qu'il ne fût revêtu d'aucune magistrature, le représentant véritable de ce gouvernement démocratique.

Les idées de Savonarole, exagérées par leur auteur et érigées en lois, firent, en peu de temps, de Florence réduite à la vie monacale, un vaste couvent. On avait la liberté, mais on n'en jouissait pas.

Il n'y avait plus ni plaisir, ni commerce.

Le retour en arrière avait été trop brusque pour qu'une réaction ne se produisît pas contre ce système oppressif et étouffant qui devenait intolérable.

Un certain nombre de Florentins s'étant compromis dans un complot destiné à ramener de nuit Pierre de Médicis, furent accusés de conspiration et mis à la torture. Il ne s'éleva pas de discussion, au tribunal des Huit, sur les pénalités à leur appliquer, car le délit était nettement établi par les pièces du procès; ils furent condamnés à mort et leurs biens confisqués.

Mais les conjurés, s'autorisant d'une loi que Jérôme Savonarole avait lui-même préparée et fait admettre, voulurent en appeler au peuple de cette condamnation.

Bien qu'en effet ce recours eût été ouvert pour la peine capitale, Savonarole crut faire acte d'habile politique en ne le permettant pas. Il pensait pouvoir enfreindre la loi dans une circonstance où son application eût peut-être amené non point un jugement, mais la perte de la République.

La sentence de mort fut exécutée dans la nuit du 21 août.

Cette transgression d'une loi protectrice de la liberté fut adroitement exploitée par les ennemis de Savonarole.

De son côté, le pape Alexandre VI ne pouvait pardonner à l'éloquent prédicateur qui dénonçait à toute la chrétienté ses crimes et ses excès.

Il l'accusa d'hérésie, et Savonarole dut quelque temps rester éloigné de la chaire. Cela ne suffisait ni à la politique ni à la vengeance papales. Des ennemis soudoyés insultèrent grossièrement le moine dans sa propre église, et, peu après, Alexandre VI lança contre lui l'excommunication.

Savonarole ne s'émut pas autrement. Il déclara, sur l'autorité du pape Pélage, qu'une excommunication injuste était sans efficacité, et que celui qui la recevait ne devait pas même tenter de s'en faire absoudre.

Il recommença donc à prêcher à l'église cathédrale, devant une assemblée plus nombreuse que jamais, et qu'attirait le duel entre le pape et le moine.

Pour celui-ci son parti était pris. Il attaqua nettement l'infaillibilité du pape : « Le pape, en tant que pape, est infaillible : s'il se trompe, il n'est plus pape... Vous croyez que Rome me fait peur ; je n'ai aucune peur et nous marcherons contre eux comme contre des païens... Nous ouvrirons la cassette, et il en sortira tant d'ordure de la cité de Rome, que l'infection s'en répandra par toute la chrétienté... L'Église ne me paraît plus l'Église !... Il viendra un autre héritier à Rome !... »

Poursuivant sa campagne antipapale, il écrivit aux principaux souverains de l'Europe pour les exciter à faire déposer Alexandre VI par un concile général régulièrement assemblé. La lettre destinée au roi de France fut interceptée et envoyée au Saint-Père. Plein d'inquiétude et de ressentiment, Alexandre VI, par un nouveau bref, menaça de faire confisquer les biens des marchands de Florence en pays étrangers, et même, de jeter l'interdit sur la République, si la Seigneurie n'imposait pas silence au prédicateur.

Les Florentins ne voyant que leurs intérêts en péril, leur commerce entravé par la faute d'un homme, interdirent la chaire à Savonarole. Il en descendit pour la dernière fois, le 17 mars, après avoir lancé, dans un discours virulent, ses suprêmes menaces contre Rome.

Savonarole s'était maintes fois laissé emporter à dire dans ses improvisations passionnées, qu'il était prêt à subir l'épreuve du feu pour attester la vérité de sa mission.

Un franciscain profita de cet écart de langage, pour lui proposer d'entrer dans le feu avec lui.

Savonarole, à qui cette proposition étrange répugnait, ne se hâta pas de l'accepter ; il soupçonnait qu'elle cachait un piège de ses ennemis. Son disciple et son ami, frère Dominique Bonvicini de Pescia, s'offrit immédiatement à subir cette épreuve pour témoigner de la vérité des prédications de son maître. Il croyait fermement que Dieu allait faire pour lui un miracle et le sauver des flammes.

Mais le franciscain qui avait jeté le défi à Savonarole protesta qu'il ne monterait sur le bûcher qu'avec Savonarole lui-même. On disputa pendant des heures, dominicains contre franciscains, sans pouvoir s'entendre sur les conditions de l'épreuve, et l'assistance qui se composait, non seulement des gens de la ville, mais de tous ceux des environs jusqu'à une grande distance, se dispersa, inondée d'une pluie torrentielle, à l'approche de la nuit.

Le peuple qui, depuis le matin, souffrait de la faim et de la soif, dans l'attente d'un si terrifiant spectacle, témoigna de sa déception, — dont il attribuait la cause aux dominicains seuls, — en accompagnant d'insultes, jusqu'à son couvent, Jérôme Savonarole.

Le lendemain, dimanche des Rameaux, sentant bien qu'il ne pourrait remettre l'épreuve qu'il avait imprudemment provoquée, il prit congé de son auditoire et lui annonça qu'il se dévouait à Dieu en sacrifice. En effet, ses ennemis avaient profité de l'état de surexcitation du peuple pour l'ameuter contre lui. Une foule effrénée déferla vers le couvent de Saint-Marc, l'attaqua avec des armes, des haches et des torches enflammées, brisa et brûla les portes, et, pénétrant à l'intérieur, arrêta Jérôme Savonarole et deux de ses moines qui furent traînés en prison.

Le pape, à qui l'on avait immédiatement envoyé un courrier pour lui donner avis de la captivité de Savonarole, prononça par avance sa condamnation; il le déclara « hérétique, persécuteur de la sainte Église et séducteur des peuples ». Soumis à la torture par le tribunal des Huit, qui venait d'être renouvelé et se composait de ses ennemis, Savonarole, dont la constitution était faible et dont les nerfs étaient très irritables, ne put supporter les douleurs qu'on lui fit souffrir. Il avoua tout, mais rétracta ses aveux dès que le supplice eut cessé. On lui fit supporter de nouveaux tourments qui lui arrachèrent de nouveaux aveux, toujours désavoués ensuite; « et les juges, ne voulant pas s'exposer à ce qu'il les démentît encore une fois, ne firent point, suivant l'usage, lire sa confession devant lui pour qu'il la reconnût publiquement (1). »

« Il fut condamné au feu : c'était la papauté brûlant de ses propres mains la foi du moyen âge (2). »

Le 23 mai 1498, un nouveau bûcher fut élevé sur cette même place où son ami avait dû entrer volontairement dans le feu. Les trois religieux, Jérôme Savonarole, Dominique Bonvicini et Silvestro Maruffi, après avoir été dégradés par les juges ecclésiastiques, y furent attachés autour d'un pieu.

Lorsque l'évêque Pagagnotti leur déclara qu'il les retranchait de l'Église, Savonarole répondit seulement ces mots : *de la militante*, donnant à entendre qu'il entrait dès lors dans l'*Église triomphante*. Il ne dit rien de plus.

« Le feu fut mis au bûcher par l'un de ses ennemis, qui prévint l'office du bourreau.

« Ainsi mourut entre ses deux disciples, le père Jérôme Savonarole, à l'âge de quarante-cinq ans. Des ordres sévères avaient été donnés par la Seigneurie pour recueillir les cendres des religieux et les jeter dans l'Arno. Cependant quelques reliques furent dérobées par les soldats mêmes qui gardaient la place, et elles sont jusqu'à ce jour exposées à Florence, à l'adoration des dévôts (3). »

Un mouvement d'opinion ne tarda pas à se produire en faveur de Savonarole.

La papauté qui l'avait tué quand elle était païenne ou athée, le revendiqua lorsqu'elle redevint catholique et qu'elle accomplit vers le moyen âge, avec plus de politique et moins d'ascétisme, le retour qu'il avait tenté. La Réforme le disputa au *papisme*, pour ses attaques contre

(1) Sismondi.
(2) H. Martin.
(3) Sismondi.

l'infaillibilité et ses prophéties contre la Babylone romaine ; elle en fit un héritier de Jean Huss, un précurseur de Luther. En réalité, les armes de cet Achille n'appartiennent complètement à personne ; son cœur avait de puissantes aspirations ; mais sa pensée était plus au passé qu'à l'avenir. Pour mesurer sa force, qu'il suffise de dire que Michel-Ange et Machiavel sont sortis de lui tous les deux : l'un par filiation directe, l'autre par réaction.

Plusieurs papes, par la suite, déclarèrent hérétique quiconque attaquerait sa mémoire ! Ses ouvrages furent proclamés irréprochables, et lui-même, Savonarole, placé au nombre des saints ! Amère leçon donnée par les intolérants aux intolérants eux-mêmes !

Le 25 mai 1875, on a inauguré, à Ferrare, avec une grande solennité, un monument en l'honneur du célèbre dominicain, dont l'œuvre politique ne dura guère et dont les inconséquences et les contradictions furent grandes, en vérité, mais que la postérité doit absoudre, parce qu'il s'est distingué d'une façon extraordinaire, ainsi que le dit un de ses historiens, par l'austérité de sa vie et la ferveur éloquente avec laquelle il prêcha contre les mauvaises mœurs.

Par le zèle infatigable avec lequel il tenta la régénération de son pays, et l'inébranlable fermeté de ses convictions dans les plus affreuses tortures, Savonarole mérite d'être mis au premier rang des martyrs de la libre pensée.

LAS CASAS

Le génie de Christophe Colomb avait donné à l'Espagne un empire aussi étendu que possible. Des explorateurs hardis, Fernand Cortez, entre autres, l'avaient accru de nouveaux et vastes territoires. C'était pour le roi d'Espagne, s'il avait été habile politique, l'un des plus beaux fleurons de sa couronne.

Mais, de ces millions d'Américains, il ne sut se faire ni un ami, ni même un allié ! La cupidité, la soif de l'or et le fanatisme religieux dominaient les conquérants.

Au lieu d'apporter aux indigènes les bienfaits de la civilisation, de les gagner par la persuasion, les Espagnols voulurent les sauver de force. Ils firent d'une question sociale une question religieuse. Ils se montrèrent plus barbares que ces sauvages, et, ne pouvant parvenir à les convertir au christianisme, ils les torturèrent, les brûlèrent au saint nom de l'Inquisition.

Les résultats ne répondirent pas aux moyens mis en œuvre. Les conquérants stupéfaits s'indignèrent ! Il fallait, en vérité, que les êtres du Nouveau Monde eussent le cerveau bien étroit pour résister à de si solides arguments !

Barthélemy de Las Casas, humble prêtre espagnol, se sentit pris de pitié pour ces malheureux : il fit vœu de sacrifier sa vie à leur instruction et à leur défense. Ce vœu, il l'accomplit avec une grandeur d'âme voisine de l'héroïsme.

Las Casas était né à Séville en 1474. Il suivit, à l'âge de dix-neuf ans, son père dans le second voyage que fit Christophe Colomb en Amérique. De retour en Espagne, il résolut de se consacrer à l'œuvre des Missions, et entra, à cet effet, dans l'ordre des dominicains. Dès qu'il eut le noviciat voulu, il s'embarqua pour Hispanolia (Haïti), et peu de temps après, il était nommé curé à Cuba.

Commençant par prêcher d'exemple, il renonça à la portion d'Indiens à laquelle il avait droit, en vertu du *repartimiento* (répartition des Indiens).

Le devoir des Espagnols était, selon lui, d'instruire ces peuples, non de les dominer par la violence pour en faire des esclaves, une source de revenus. Blancs ou noirs, les hommes sont frères. Tous les hommes naissent égaux ; il n'y a pas de races inférieures : voilà ce que Las Casas proclama, à la grande colère de ses compatriotes. Il fut, dès lors, le patron déclaré des Indiens.

Il eut souvent le bonheur de prévenir les excès des conquérants, et, s'il n'y réussit pas toujours, il n'en poursuivit pas moins, avec une religieuse persévérance, son œuvre pacificatrice. Plusieurs fois, il traversa la mer pour venir plaider lui-même la cause qu'il avait embrassée et qui lui était si chère.

Le roi promettait toujours d'empêcher le retour des abus dénoncés, mais ils n'en suivaient pas moins leur cours : il avait besoin d'argent, et peu lui importait de quelle façon, par quels moyens plus ou moins sanguinaires on lui en procurait.

Ne pouvant obtenir que le gouvernement prît des mesures énergiques pour prévenir l'extermination totale des indigènes, Las Casas s'offrit à tenter seul un essai de colonisation spécial. Il espérait que, si son entreprise réussissait, si elle prospérait, le gouvernement, s'inspirant de son exemple, l'imiterait. On lui concéda la petite étendue de territoire aujourd'hui connue sous le nom de *Saint-Martin*. Il y amena des gens de toutes conditions, artisans, laboureurs, ecclésiastiques qui devaient chercher à s'enrichir par le travail, et attirer à eux par bienveillance, par un entretien continuel de rapports amicaux, les Indiens.

Afin que ceux-ci ne confondissent point les nouveaux colons avec leurs prédécesseurs, qui avaient jeté l'épouvante dans le pays, Las Casas donna à ses collaborateurs, dans cette croisade nouvelle, une marque distinctive apparente. Ils portaient sur leurs habits une croix blanche. Ainsi comprise, l'œuvre du généreux dominicain promettait d'aboutir. Elle échoua cependant. Des brigands espagnols avaient devancé Las Casas ; ils provoquèrent une révolte chez les Indiens, et l'entreprise périt avec la plupart des serviteurs dévoués qui s'y étaient associés.

Las Casas ne se rebuta pas ; il retourna en Espagne, revint en Amérique, attaqua sans ménagement les Espagnols qui, après la publication de lois nouvelles s'obstinaient à traiter les Indiens en esclaves. Du reste, sa vie est la même d'un bout à l'autre : toute de dévouement. Lui-même va nous la raconter.

Las Casas venait d'accomplir son septième voyage du Nouveau Monde en Europe. Les six premiers avaient eu le même objet : la défense des Indiens opprimés.

Cette fois, c'était sa propre cause qu'il venait défendre.

Le Conseil des Indes avait adressé contre lui trente-deux accusations ; il vint à Madrid pour y répondre et se présenta à la Cour.

« Il nous plaît, dit Philippe, d'entendre le premier votre justification. Plaidez donc sans hésitation votre cause devant nous qui n'oublions pas que, parmi les couronnes que Dieu nous a données, il y a celles de Ferdinand le Juste et de Pierre le Justicier (1). »

Il y avait quelque mérite à entendre, sans protester, ce roi invoquer le sacré nom de justice ; ce Philippe II que toute l'Europe répudiait, qui mentait, complotait, faisait assassiner ses adversaires, brûler ses sujets. Las Casas ne murmura pas ; il croisa les bras sur sa poitrine et dit d'une voix, tremblante au début, mais pénétrante comme la vérité :

« Puisqu'il plaît à Sa Majesté Catholique que je me fasse l'avocat de ma cause, je parlerai selon la vérité dont le Seigneur fut témoin et selon la justice dont mon roi est le dispensateur en ce monde. Quoique je dise de moi-même, je jure qu'il n'entre dans mon cœur aucun orgueil. Si je suis forcé d'accuser, je jure aussi que ce n'est pas pour céder à un mouvement d'envie ou de haine : il s'agit bien moins pour moi à cette heure de défendre la vie d'un pauvre moine parvenu à l'extrême limite de la vieillesse, que d'apporter au pied du trône les justes doléances d'une population innocente, indignement sacrifiée.

« Quand les conquérants, abordant la terre nouvelle, y plantèrent les glorieuses bannières de Castille et de Léon, ce ne fut pas, comme ils le disaient, la vie qu'ils y apportaient, mais la désolation ; ce ne fut pas la douceur évangélique, mais la plus odieuse tyrannie.

« Je ne parle pas ici de Colomb que j'accompagnai durant son second voyage ; il ne voulait pour lui que la gloire d'avoir fait le roi d'Espagne si puissant qu'il pût dire : « Le soleil ne se couche jamais sur mes « États. » Mais ses compagnons, ambitieux de puissance, avides de remplir la cale des caravelles de lingots d'or et de pierres précieuses, ne virent dans la conquête qu'un moyen de fortune, et, sous le prétexte d'enseigner la loi chrétienne aux Indiens, ils les opprimèrent.

« Quand j'abordai à Saint-Domingue, je compris ce qu'il fallait de zèle et de charité pour racheter le crime de ceux qui avaient dépouillé, décimé, presque anéanti une race inoffensive, disposée d'abord à nous accueillir fraternellement. La cruauté des premiers conquérants obligea les vaincus à nous redouter et à nous haïr.

« Tandis que les soi-disant propagateurs de la foi catholique annonçaient aux Indiens un Dieu de miséricorde, ils dressaient des bûchers dont les flammes dévoraient des milliers de malheureux, au nom de Jésus et des saints apôtres. »

Notons le langage héroïque de ce prêtre devant Philippe II, roi d'Espagne qui, suivant l'énergique parole de M. Laboulaye « faisait tuer des milliers d'hommes, de femmes et d'enfants, par le feu, par le fer, par la fosse, à la plus grande gloire de Dieu et sans remords. »

(1) Michel Masson, le Dévouement.

LAS CASAS
(d'après une estampe conservée à la Bibliothèque nationale)

« Ému de tant de souffrances et d'iniquités, je voulus avoir le droit d'annoncer à mon tour la parole divine sur la terre conquise. Je fus ordonné prêtre. Fort du devoir qui m'était imposé de lutter contre les oppresseurs et de leur refuser le pardon du ciel, je devins pour eux un objet de haine. Chacun des membres de la Commanderie agissait comme un chef indépendant qui pouvait à son gré disposer des biens, de la liberté et de la vie des infortunés soumis à sa puissance. Et, j'étais seul pour rappeler à ces hommes sans pitié que le sang des suppliciés criait contre eux devant le Seigneur !

« Il y avait vingt-trois ans seulement que le Nouveau Monde était découvert, et déjà il était facile de prévoir l'anéantissement prochain de la race indienne. Moi, qui voyais, qui sentais ces misères, je me dis qu'il suffirait pour y mettre un terme que quelqu'un se dévouât et vînt plaider à Madrid la cause de l'humanité. Je partis. Admis devant votre aïeul, j'implorai sa pitié en faveur des victimes, et Ferdinand V m'écouta alors, comme Philippe II daigne m'écouter aujourd'hui.

« Le roi m'écouta, il s'attendrit, et, gloire à laquelle je n'aurais osé prétendre, mais qui remplit mon cœur apostolique, j'emportai d'Espagne un titre plus précieux pour moi que toutes les dignités de la terre : celui de Protecteur universel des Indiens.

« Je me croyais dès lors investi d'un pouvoir incontestable pour assurer l'affranchissement de ce peuple qu'on voulait asservir et peut-être supprimer ; je pensais triompher de tous les obstacles. Vain espoir ! les membres de la Commanderie ne tinrent aucun compte des ordres de votre aïeul et je me vis contraint de rembarquer pour l'Espagne.

« L'illustre ministre Ximenès m'introduisit auprès de son maître ; celui-ci ne s'appelait pas Ferdinand, mais Charles-Quint. Je peignis à l'empereur la folie cruelle de ceux qui refusaient tout aux Indiens, même le titre d'hommes. Réduits à l'état de brutes, on tentait de leur voler leur âme. Je demandai la liberté de la civilisation dans une colonie que j'aurais initiée à la religion et aux travaux de l'agriculture. On m'accorda mille lieues sur la terre ferme. Mais les persécuteurs du Nouveau Monde avaient d'influents amis à la cour de Charles-Quint ; leur cabale fit réduire à cent vingt lieues l'étendue de la concession qui m'avait été promise. Qu'importe ! ce fut une victoire dont je bénis le ciel. Je pris de nouveau la mer et je me retrouvai au milieu de mes Indiens.

« Hélas ! la coupe de leur colère était pleine. Traqués, décimés, ils ne rêvaient plus que vengeance. Des flots de sang coulèrent : je vis mes compatriotes et mes fils d'adoption s'entr'égorger, et je n'obtins pas du ciel la grâce de mourir avant d'avoir été témoin de ces horribles représailles.

« Les trente-deux accusations portées contre moi tendent à me rendre responsable du mal qu'au prix de ma vie j'aurais voulu empêcher. A mes accusateurs, j'oppose soixante ans d'apostolat, consacrés au salut des âmes et à la défense de la vie humaine. S'il s'agit de prononcer entre les Indiens poussés au désespoir et leurs oppresseurs, le sang de quatre millions d'hommes massacrés sur la terre conquise prouve mieux que mes paroles laquelle des deux nations fut coupable, et doit porter le poids de la malédiction qui retombe sur les violateurs de ce précepte : « Tu ne tueras point ! »

La voix de Las Casas s'était élevée, ses yeux étincelaient d'une sainte colère, il acheva ce qu'il avait à dire au milieu des murmures poussés par les courtisans :

« Pour accomplir la mission que deux rois, prédécesseurs de Votre Majesté, m'avaient confiée, mes pieds se sont déchirés à toutes les épines des chemins ; mon cœur a saigné chaque jour pendant les laborieuses années d'une lutte de laquelle je sors vaincu, maudit comme Paul, lapidé comme Étienne, traîné de prétoire en prétoire, et accusé d'hérésie, pour avoir soutenu que les Indiens sont les enfants de Dieu, et que leur âme ne vaut pas moins que la mienne et que la vôtre.

« J'attends ma sentence de votre tribunal en ce monde, et s'il me condamne, j'en appelle au tribunal de Dieu (1). »

Dans un de ces retours de cagoterie — non de piété, le terme serait impropre — qui lui étaient familiers, Philippe II mit un genou en terre devant ce missionnaire trois fois saint :

« Bénissez-moi, mon Père », dit-il.

Puis il ordonna à Las Casas de retourner en Amérique assurer aux Indiens que le roi d'Espagne promettait d'être leur défenseur et leur père.

Soit que, suivant son habitude, Philippe II ait démenti secrètement ce qu'il avait déclaré publiquement, soit que ses ordres aient été enfreints par des représentants tout-puissants parce qu'ils étaient loin de son autorité, la conduite des Espagnols ne changea pas à l'égard des Indiens.

Abandonné de tous, Las Casas vint s'enfermer dans un couvent de son ordre, en Espagne ; c'est là qu'il mourut en 1566, âgé de quatre-vingt-douze ans, désolé de n'avoir pas été entendu.

Il avait passé les derniers temps de son existence à terminer différents ouvrages, notamment une *Histoire générale des Indes*, écrite « pour servir d'éternelle leçon aux peuples conquis et aux nations conquérantes ».

Las Casas est un de ces héros dont on peut juger le caractère par la vie entière.

(1) Masson, *le Dévouement*.

ULRICH DE HUTTEN

L'Allemagne qui subissait, sans trop se plaindre, le joug pesant de son église locale, qui acceptait la justice et l'inquisition de ses évêques, refusa de subir l'inquisition espagnole, celle des moines, que voulait lui imposer Rome.

A cela, rien que de logique.

Les génies des deux peuples, Allemagne et Espagne, diffèrent comme le jour et la nuit : entre eux nulle affinité, aucun lien de parenté. L'Allemagne repoussa cette invasion dominicaine de l'Espagne. Un des hommes les plus érudits de cette époque, Reuchlin, légiste de l'empereur, comte palatin, avait osé porter les premiers coups. Les dominicains, « avec la hauteur et l'assurance de gens qui ont de leur côté le bûcher et le bourreau » plaisantèrent lourdement Reuchlin. On leur répondit par des rires et des sifflets. Les moines furieux ne plaidèrent plus : « ils brûlèrent l'écrit, espérant pouvoir bientôt brûler l'auteur. »

C'est alors, en la mémorable année 1514, qu'intervint tout à coup, dans cette odieuse querelle, un combattant nouveau et inattendu. Dans une série de lettres publiées en trois parties et lancées une à une, sans éveiller tout d'abord l'attention, l'auteur bafouait impitoyablement les mœurs monacales du commencement du XVIe siècle. D'aimables étudiants en théologie, sous prétexte de donner à l'un de leurs chefs des nouvelles de la dispute de la faculté de théologie avec Reuchlin, y racontaient les dessous de la vie cloîtrée, les vices, les mille et une aventures des bons pères. Le public se divertit fort à ces lectures, et les coups de fouet de la satire marquèrent de bonne façon.

La publication des *Lettres des hommes obscurs* fut l'un des coups les plus terribles portés par le seizième siècle aux stupides vieilleries de la scolastique expirante.

Les deux partis en présence furent enfin dénommés : d'un côté, les hommes de la lumière ; de l'autre, ceux de la nuit, « la gent des limaçons qui traînent leur ventre à terre dans la fangeuse obscurité, et les artisans de ténèbres, les mauvaises chauves-souris qui voudraient, de leur vol sinistre, nous voiler la clarté du jour (1). »

Celui qui avait baptisé ces « obscurantistes », « obscurantins », le vainqueur des dominicains, l'intrépide héros de la presse qui brisa l'inquisition allemande, désarma Rome la veille du jour où Luther devait l'attaquer, ce Titan de la raillerie, c'était le chevalier Ulrich de Hutten.

Il était né à Steckelberg (Franconie), le 20 avril 1488, d'une famille noble qui rêvait pour lui les dignités ecclésiastiques, et l'avait fait entrer, à l'âge de onze ans, dans l'abbaye de Fulde.

« J'avais hâte, dit-il dans une de ses élégies, tandis que ma joyeuse et robuste jeunesse florissait sous l'influence des nouvelles études, comme l'année sous le souffle du printemps, de parcourir le monde et de visiter les contrées lointaines. Rien ne me convenait davantage que d'habiter partout : partout était ma patrie, ma maison, mes champs. Tandis que d'autres hésitaient à laisser les joies de la famille, à s'éloigner du sol paternel, moi, je voulais apprendre, connaître par moi-même et sauver mon nom de l'oubli. »

Esprit indépendant, il s'échappa du monastère à seize ans pour courir le monde : nul n'était moins que lui propre à faire un prêtre. Il a lui-même protesté contre cette manie qui veut imposer à un enfant le choix d'une carrière.

« Dans ma jeunesse, écrivait-il plus tard, mon père et ma mère, dans une intention pieuse, m'ont envoyé à l'abbaye de Fulde pour faire de moi un clerc ; âgé de onze ans je ne pouvais réclamer et ne réclamai point, car je n'avais pas assez d'intelligence pour comprendre ce qui m'était bon, ni à quoi j'étais propre. »

Il suivit son désir, courut de ville en ville à la recherche de science et d'aventures. Il alla d'abord étudier à Erfurt d'où il fut chassé par la contagion, puis à Cologne où il prit en haine la scolastique ; à l'université toute nouvelle de Francfort-sur-l'Oder, où, quoique âgé de dix-huit ans seulement, il fut reçu maître ès arts libéraux (1506).

Après un naufrage sur la Baltique, à Greifswald, où il fut dépouillé et battu une première fois, Hutten se fit connaître par des poésies latines où brille, comme dit Bayle, une remarquable industrie.

Le séjour de Greifswald lui étant devenu insupportable, il partit.

« Encore faible et malade, il cheminait au milieu d'un rude mois de janvier (1510), à travers un marais glacé, gagnant les doctes murs de la ville de Rostock avec quelques poésies, produit de sa fertile imagination, lorsque des cavaliers l'atteignirent, l'accablèrent de coups malgré ses cris et ses prières, le dépouillèrent de ses vêtements, lui ravirent ses vers qu'il défendit surtout, et laissèrent nu le poète, en

(1) Michelet.

l'exhortant à aller chanter ailleurs pour obtenir des vêtements et du pain (1). »

Sur le désir de son père, il poussa jusqu'en Italie pour étudier le droit. Obligé de mendier sa nourriture de maison en maison dans ce pays que ravageait la peste, Hutten s'enrôla dans l'armée de Maximilien.

Revenu en Allemagne, Hutten sut gagner en peu de temps l'amitié des hommes les plus éclairés de son époque ; il publia dès son retour une série d'opuscules politiques où il paraissait déjà tel qu'il allait se montrer : une âme ardente et un patriote plein d'audace.

« Partout, dans mes voyages, s'écriait-il, j'ai vu la vérité profanée, poursuivie et opprimée ; cette parole d'or, au nom de laquelle l'amour personnifié dans un homme est mort pour le salut de l'humanité, a été partout fondue en un mensonge de fer, grâce aux artifices infernaux des princes et des évêques. Au nom de ces mensonges, je les ai vus gouverner et tyranniser le monde ; la religion de l'amour a été profanée et sert d'instrument à l'égoïsme des scélérats et des imbéciles ; l'image de l'homme, image divine, est partout humiliée, prostituée, et ma nation, jadis si grande, chantée par les Romains mêmes, et connue par ses hauts faits, est misérablement esclave, manquant du pain spirituel aussi bien que du pain matériel. »

Cette virulence d'attaque contre les injustices sociales se trouva encore augmentée par un cruel événement : l'assassinat d'un de ses proches, dont le duc de Wurtemberg s'était débarrassé dans le dépit de n'avoir pu accomplir un dessein criminel. Ulrich demanda justice de ce crime à l'empereur Maximilien. Les discours qu'il lui adressa contre le meurtrier de son cousin sont autant de chefs-d'œuvre pathétiques ; ils lui valurent les noms de Cicéron et de Démosthène de l'Allemagne ; mais ils demeurèrent sans résultat.

Tout ce qu'il y a de colère dans l'âme de Hutten contre la dépravation et les injustices humaines se répand alors dans ses écrits.

Son amour pour l'indépendance et la justice ne s'était jusqu'à présent manifesté que par des querelles personnelles ou de famille. Dorénavant, l'Allemagne en sera l'objet : c'est avec une ardeur irrésistible qu'il s'attaque à la tyrannie politique et aux abus sociaux.

La polémique, toutefois, ne suspendit pas sa production littéraire. Sa réputation était si grande, qu'au retour de son second voyage en Italie, l'empereur Maximilien donna au poète une couronne de laurier.

Mais, en même temps, Hutten méditait d'autres triomphes ; il lança ses fameuses *Lettres des hommes obscurs*, sanglantes et immortelles satires, pleines de sarcasmes amers, qui parurent sans nom d'auteur, et dont nous avons parlé plus haut.

(1) Zeller.

ULRICH DE HUTTEN
(d'après un document conservé à la Bibliothèque nationale).

Leur retentissement obligea Hutten à se cacher en Italie ; mais son humeur batailleuse reprenant le dessus, il adressa à quelques hommes puissants des épigrammes qui lui firent courir de sérieux dangers ; il se réfugia à Venise, d'où il ne tarda pas à revenir en Allemagne.

Vieux avant l'âge, de fatigue, de misère et de maladie, il était rentré au manoir paternel, au petit château de Steckelberg, dans la Forêt-Noire. Il vivait là misérablement, écrivant, s'imprimant lui-même, lorsqu'il fut arraché de sa solitude par le jeune archevêque Albert de Brandebourg, électeur de Mayence, qui l'appelait à sa cour, comme son hôte, son conseiller et son ami. Hutten accepta cette hospitalité avec d'autant plus d'empressement qu'il la savait partagée par des amis d'élite : Albert Dürer, Grünewald, Érasme, Reuchlin, une pléiade d'humanistes, de savants et d'artistes. Il était d'ailleurs dispensé de toutes les cérémonies officielles, libre de se livrer à ses études favorites ; il était admis dans les entretiens particuliers d'un prince, homme d'esprit qui s'informait souvent des nouvelles littéraires de son temps. C'est à cette cour libérale, peuplée d'intelligences, que Hutten se lia au puissant seigneur Franz de Sickingen. Il lui inculqua ses idées de régénération politique et sociale, et lui inspira le projet d'établir l'unité de l'Allemagne sur les ruines de la féodalité princière et épiscopale.

Vers cette époque (1519), il dédia à Léon X lui-même une épître ironique jusqu'à l'audace. « Il se dédommage sur ses prédécesseurs, écrit-il, qui n'étaient ni papes, ni vicaires du Christ, qui dévoraient les brebis du Christ, qui vendaient aux évêques des palliums payés par l'Allemagne en persuadant aux peuples que, sans pallium, on n'était vraiment pas évêque, qui mettaient un prix à la rémission des péchés et qui spéculaient sur l'enfer ; qui enfin, non satisfaits de tant d'extorsions, envoyaient des collecteurs toutes les fois qu'il leur en prenait l'envie et sous n'importe quel prétexte, celui de la guerre contre les Turcs ou celui de la construction de Saint-Pierre, dont ils se souciaient fort peu et ne s'en faisaient pas moins appeler bienheureux et très saints. »

Hutten invite Léon X à réformer tout cela, et lui offre ce livre comme un public témoignage de son estime. Ce nouvel écrit mit le comble à l'exaspération du pape : celui-ci demanda à l'évêque de Mayence l'extradition du pamphlétaire. Hutten, pour éviter à son protecteur des embarras, quitta volontairement sa cour hospitalière et rentra avec ses presses au château de Steckelberg, afin d'y continuer sa lutte contre Rome dans une entière indépendance.

En 1520, il conclut, dans un de ses écrits, au mariage des prêtres : c'était s'avancer beaucoup pour l'époque.

A ce moment, Hutten perdit son père qui lui laissait un héritage considérable.

Il fut quelque temps hésitant sur le parti qu'il prendrait. Sa mère le suppliait de rester au foyer domestique, de goûter le bonheur d'une vie tranquille, exempte de persécutions, d'incessants combats.

Hutten fut sur le point de se marier ; puis, emporté tout à coup par sa nature audacieuse, il renonça à son héritage en faveur de sa mère, fit ses adieux à sa fiancée et partit pour Ebernbourg, afin de travailler à la vaste entreprise à laquelle il avait su intéresser son ami Franz de Sickingen.

Hutten crut trouver un allié en Luther dont les écrits semblaient inspirés des mêmes sentiments que les siens ; il entra en relations avec lui par une première lettre portant cette épigraphe : « Réveille-toi, noble Liberté ! » Mais Luther lui-même désapprouva formellement la révolution projetée. « Ce pieux docteur, tout confit dans ses projets de réforme religieuse, n'avait pas l'âme assez haute pour marcher avec ce doux mais grand Hutten, qui voyait pour résultat de la révolution l'union de tous les peuples, la paix, la fraternité universelles. »

Hutten s'expliqua dans le *Triade* sur la réformation du système social qu'il avait conçue et qui était une véritable révolution politique, religieuse et intellectuelle.

« L'Empire affranchi de la consécration romaine, onéreuse et humiliante cérémonie, ne relève plus du droit divin et reprend son indépendance et sa force sur des bases vraiment séculières et nationales. L'Allemagne, par la sécularisation des biens de l'Église, devient un État tout laïque, où le pouvoir spirituel n'entre plus avec le temporel en partage de l'autorité et des domaines sous un empereur tout puissant, sorti d'une élection toute séculière.

« L'Église allemande, séparée de Rome où ses grands dignitaires ne vont plus acheter l'ordination, se retrempe aussi dans une élection libre et nationale.

« Une existence modeste, exempte des tentations de la richesse et des privations de la pauvreté, est assurée au clergé, et ramène dans son sein la vertu et la science absentes ; le célibat ne lui est plus imposé. Les ordres religieux, les couvents, dont le nombre et la richesse dépeuplent l'Allemagne, sont diminués ou même abolis ; le clergé ne forme plus un ordre à part, indépendant, il rentre dans le siècle et vit de la vie commune. Les pratiques sous lesquelles la religion et la morale étaient étouffées, les messes privées, les indulgences, l'adoration des saints, la confession cessent d'être des lois religieuses ; la lecture et l'explication des paroles de la Bible, la prière adressée à Dieu dans la langue nationale, deviennent le fond d'un culte plus populaire et plus simple.

« Avec le produit des biens ecclésiastiques sécularisés, on fonde des universités nouvelles, indépendantes, où la science humaine se développe désormais sans entraves ; et l'on entretient les humanistes, les savants dont le talent honore le pays, et les lettres fleurissent sur le sol libre de l'Allemagne (1). »

Unir la bourgeoisie, le peuple et la haute noblesse dans une action commune contre les princes et les évêques régnants, telle fut la révolution que Hutten proposa à l'Allemagne.

Il savait que cette lutte à laquelle il se vouait en avait conduit bien d'autres au bûcher ; cela ne l'y fit point renoncer.

Sickingen, ce chevalier vengeur des opprimés, et Hutten, délaissés par Luther, résolurent de tenter seuls l'entreprise.

Dans les premiers mois de l'année 1522, une foule de seigneurs venus des diverses contrées de l'Allemagne, de la Franconie, de la Souabe et du Rhin, se rassemblèrent à Landau et conclurent un pacte offensif et défensif pour six ans : Sickingen fut élu pour chef.

En même temps, Hutten, par ses pamphlets, essayait de soulever les villes libres, la bourgeoisie, la noblesse de second ordre, les paysans. La guerre éclata. Hutten venait d'être envoyé en Suisse pour y recruter des soldats lorsqu'il apprit la mort de Franz de Sickingen. A cette nouvelle, il tomba comme foudroyé : « Avec Franz s'écria-t-il, mon âme est morte : il ne me reste qu'à le suivre. »

Il se rendit auprès de ses amis de Bâle qui l'avaient appelé pour le distraire de sa douleur ; à peine fut-il dans cette ville que le clergé le fit expulser.

Pauvre et découragé, ayant vu ruiner sa seule ambition, la liberté de sa patrie, Hutten dédaigna la pension, le titre de conseiller, toutes les offres magnifiques qui lui étaient faites par François Ier, et reprit son existence vagabonde. Mais ses dernières infortunes avaient achevé d'épuiser sa constitution. Envoyé par Zwingle auprès du médecin Schneeg à Pfarrdorf, dans l'île d'Ufinau, il y succomba bientôt le 29 août 1522, à l'âge de trente-cinq ans.

« C'est à douter de la Providence ! s'écria l'un de ses amis en apprenant cette mort. Hutten avec Sickingen auraient changé la face de l'Allemagne et peut-être celle de l'humanité.

Libre penseur hardi, patriote passionné, apôtre enthousiaste du vrai, qui aurait pu soulever la moitié d'un monde, Hutten fut, selon l'expression de Michelet, une guerre, un combat.

« A la fois humaniste, écrivain politique, théologien, homme de guerre, il a touché à tout et soutenu maintes luttes de la plume et même de l'épée.

« Longtemps, et parce qu'on ne le jugeait que sur un seul de ses écrits, on n'a vu en lui que le bohême friand d'aventures, le joyeux buveur qu'il avait été dans sa prime jeunesse ; on a oublié de lire ou on n'a lu qu'imparfaitement ses autres satires qui renferment encore pour l'historien des renseignements graves et féconds (2). »

(1) Zeller.
(2) Michelet.

N'oublions pas non plus qu'Ulrich de Hutten a remporté la première victoire de la presse, et certes, une des plus grandes, quand, ayant secoué de sa rude main la robe blanche des dominicains, il eut montré que c'était « une guenille, un blanc chiffon à épouvanter les oiseaux (1). »

« Ce qui a manqué à son esprit, c'est la mesure ; à son cœur, c'est la règle, précieuses qualités sans lesquelles les autres souvent ne sont rien. Mais il faut pardonner beaucoup à celui qui a encouragé Érasme, qui a protégé Reuchlin et qui a consolé Zwingle, à celui qui a tant aimé, tant combattu, tant souffert Une confiance naïve, illimitée dans les hommes et dans les choses, un dévouement sans bornes aux idées, accompagné d'une ardeur passionnée pour tout embrasser et tout entreprendre, peuvent être la source de grandes actions comme de bien des fautes, et constituent un caractère qui serait plus à plaindre qu'à blâmer, s'il n'était la cause d'écarts souvent désastreux pour l'individu comme pour la société. Qui s'est, plus vivement que Hutten, intéressé aux travaux de l'esprit humain, à ses luttes, à ses dangers ? Qui s'est plus sincèrement attaché à tous les génies qu'un même élan entraînait vers les régions nouvelles de la pensée ? Quel cœur l'amour du pays a-t-il fait battre plus fortement, à une époque où le patriotisme ne faisait que de naître ? Quelle âme généreuse, quoique susceptible d'égarements et de chutes, a éprouvé plus de dégoût pour l'hypocrisie, ce masque de la vertu, plus d'indignation contre la superstition, contre l'ignorance, ces fléaux de la raison, contre cet abus, ce commerce des choses les plus sacrées qui menaçaient de perdre alors la religion et les mœurs ? Celui-là mérite bien quelque indulgence qui a dépensé ses jours sans les compter, qui a affronté mille périls sans les voir pour le succès de la cause qu'il avait embrassée (2). »

Le jour de la justice est enfin venu pour cet *Éveilleur du genre humain*, comme on l'appelait au xvie siècle, et la voix des prêtres et des princes ne peut plus couvrir celle de la vérité qui proclame Hutten « le plus grand, le plus vrai, le plus énergique restaurateur de la liberté moderne ».

---

(1) Michelet.
(2) Le beau livre de M. Zeller, dont nous avons donné plusieurs extraits dans le cours de cette étude, a pour titre : *Ulrich de Hutten, sa vie, ses œuvres, son époque*, 1 vol. in-8°, Paris, 1869.

JEAN DE PADILLA [1]

Charles-Quint, dès son avènement au trône d'Espagne, avait froissé l'esprit national par de graves atteintes à l'indépendance des corps municipaux et des Cortès. Les communes ne tardèrent pas à manifester leur mécontentement par une révolte générale dont Tolède donna le signal, entraînant après elle Burgos, Ségovie, et un grand nombre d'autres villes.

Les bourgeois de Tolède, en vertu des privilèges dont ils jouissaient, se regardaient comme les gardiens des libertés des communes de Castille ; ils se soulevèrent les premiers, se saisirent du gouverneur et destituèrent tous les fonctionnaires qu'ils soupçonnaient d'être attachés à la cour. Ils établirent une forme de gouvernement populaire, composé des députés de chaque paroisse de la ville, et levèrent des troupes pour se défendre.

Le principal chef du peuple dans ce soulèvement était don Juan de Padilla, fils aîné du commandeur de Castille, « jeune gentilhomme qui joignait à une âme fière et à un courage indomptable, tous les talents et toute l'ambition qui, dans un temps de troubles et de guerre civile, peuvent élever un homme à un degré éminent de pouvoir et d'autorité ».

Le ressentiment des habitants de Ségovie eut encore des suites plus funestes. Tordesillas, un de leurs représentants à la dernière assemblée, avait voté pour l'octroi d'un don gratuit. C'était un homme audacieux et hautain ; il osa, à son retour, assembler ses concitoyens dans l'église cathédrale, pour leur rendre compte de sa conduite, suivant la coutume. Mais le peuple, indigné de son insolence, se saisit de Tordesillas, le traîna le long des rues avec la dernière violence ; voyant qu'il avait enfin expiré, on le pendit au gibet public, la tête en bas.

---

[1] Les principaux éléments de cette biographie ont été empruntés à l'éloquente *Histoire de Charles-Quint*, de William Roberson.

La même fureur s'empara des habitants de Burgos, de Zamora et de plusieurs autres places ; et, comme leurs représentants, avertis par la malheureuse destinée de Tordesillas, avaient eu la précaution de s'enfuir, on brûla leurs effigies, on rasa leurs maisons jusqu'aux fondements et l'on jeta au feu tous leurs effets.

Telle était l'horreur de la population pour ces hommes qu'elle accusait d'avoir vendu la liberté publique, que, dans cette multitude déchaînée, il n'y eut personne qui voulût toucher à rien de ce qui leur avait appartenu, bien qu'il s'y trouvât des choses précieuses.

Ce respect de la propriété est commun à toutes les révoltes populaires : c'est là une constatation qu'on prend plaisir à enregistrer. En France, comme en Angleterre, comme en Espagne, le peuple, soulevé et irrité, peut détruire ; il ne s'approprie pas.

Adrien, qui était alors régent d'Espagne, venait seulement d'établir à Valladolid le siège de son gouvernement, lorsqu'il reçut la nouvelle alarmante de ces soulèvements. Il donna ordre à Ronquillo, un des juges du roi, de se rendre, sur-le-champ, à Ségovie, qui avait été l'une des premières à lever l'étendard de la révolte, et de procéder contre les coupables dans toute la rigueur des lois. Il fit marcher à sa suite un corps de troupes considérable.

Les Ségoviens se défendirent avec vigueur, et, ayant reçu de Tolède un renfort considérable conduit par Padilla, ils forcèrent Ronquillo à se retirer et lui enlevèrent ses bagages et sa caisse militaire.

Après cet insuccès, Adrien ordonna à Antoine de Fonseca, que l'empereur avait nommé commandant en chef des troupes d'Espagne, d'assembler une armée. Celui-ci n'ayant pu se rendre maître de Medina-del-Campo, où était établi un vaste magasin de munitions de guerre, réduisit cette ville en cendres.

C'était une des plus considérables de l'Espagne, le principal entrepôt des manufactures de Ségovie et de plusieurs autres cités. Un moyen si violent porta la fureur des Castillans jusqu'à la frénésie. Fonseca devint l'objet de l'indignation universelle et fut flétri du nom d'*ennemi* et d'*incendiaire de sa patrie*.

Ces soulèvements des communes n'étaient pas le simple effet d'une fureur populaire et séditieuse. Leur but était d'obtenir la réforme de plusieurs abus et d'établir la liberté publique sur une base solide.

Ces objets, sans doute, étaient dignes de tout le zèle que le peuple mit à leur poursuite. Les circonstances paraissaient très propres à faire valoir les prétentions des communes. Le souverain était loin de ses États, la mauvaise conduite de ses ministres lui avait fait perdre l'estime et l'affection de ses sujets. Le trésor royal était épuisé ; il n'y avait point de troupes dans le royaume et le gouvernement était confié aux mains d'un étranger qui avait des vertus, mais pas assez de talents pour soutenir un pareil fardeau.

Le premier soin de Padilla et des autres chefs de la révolte qui observaient attentivement les circonstances, dans le dessein d'en tirer tout l'avantage possible, fut d'établir entre les mécontents une forme d'union et d'association qui les mît en état d'agir avec ordre et de diriger toutes leurs démarches vers un même but.

On indiqua une assemblée générale à Avila. Les députés y parurent au nom de presque toutes les villes qui avaient droit d'envoyer des représentants aux États. Ils s'engagèrent tous par serment à vivre et à mourir pour la défense des privilèges de leur ordre; et prenant le nom de Sainte-Ligue, ils commencèrent à délibérer sur l'état de la Nation, et sur la conduite qu'il fallait tenir pour réformer les abus.

Padilla, après avoir délivré Ségovie, marcha droit sur la ville de Tordesillas et se rendit maître de la personne de la reine, qui avait l'esprit troublé depuis la mort de son époux. Elle eut devant Padilla quelques instants de bon sens que celui-ci, trop prompt à croire ce qui favorisait ses désirs, prit pour le retour parfait de sa raison.

La Ligue continua dès lors ses délibérations au nom de la reine. Voyant la puissance que cet événement lui avait acquise, elle requit Adrien de résigner son office de régent; elle envoya Padilla à Valladolid pour se saisir de tous les membres du conseil et s'emparer des sceaux du royaume, des archives publiques et des registres du trésor.

Cependant, Charles-Quint, informé de ce qui se passait dans ses États de la Péninsule, tenta de faire rentrer les mécontents dans l'ordre en leur promettant la suppression des abus qu'ils avaient signalés; mais la Ligue, fière de ses premiers succès, mit à son obéissance des conditions que Charles-Quint ne crut pas de sa dignité d'accepter. Il fit avancer des troupes pour dissoudre l'Union, et les Castillans coururent aux armes.

Don Pedro de Giron, qui s'était déclaré depuis peu pour les mécontents, fut nommé général en chef de l'armée de l'Union; mais les revers qu'il éprouva par suite de son inexpérience l'obligèrent à se démettre d'une charge supérieure à ses talents, et il fut remplacé par Padilla, qui inspirait plus de confiance aux bandes castillanes. D'autre part, les quelques concessions consenties par Charles-Quint avaient détaché de la Ligue quelques nobles et une partie du clergé irrités d'ailleurs de la tournure démocratique prise par le mouvement.

Depuis que l'Union ne pouvait plus se couvrir de l'autorité royale, elle avait beaucoup perdu de son crédit.

Padilla manquait donc d'argent pour payer ses soldats; dans cette extrémité, sa femme, Maria Pacheco, qui l'égalait en courage et en habileté, se mit à la tête d'une procession, se jeta aux pieds des saints et les pria de se laisser dépouiller momentanément de leur riche parure. Padilla eut bientôt ainsi les fonds nécessaires pour tenir la campagne.

Cet acte vigoureux lui aliéna définitivement le clergé et même un grand nombre de soldats. Il n'en marcha pas moins contre les troupes royales et obtint quelques succès, dont il ne put profiter par l'irré-

JEAN DE PADILLA

solution des députés de la Ligue, qui ne s'arrêtèrent à aucun plan.

La désertion éclairait de plus en plus ses bandes; elles furent mises complètement en déroute à Villaflor (1522).

En vain Padilla, avec un courage et une activité extraordinaires, s'efforçait de les rallier, la frayeur ne leur permit d'écouter ni ses instances, ni ses menaces; enfin, ne voyant plus aucune ressource, il résolut de ne pas survivre au malheur de cette journée et à la ruine de son parti; il se précipita au milieu des ennemis; mais, étant à la fois blessé et démonté, il fut fait prisonnier.

Dès le lendemain, ses ennemis le condamnèrent à avoir la tête tranchée, sans aucune procédure régulière, supposant la notoriété de son crime suffisante pour dispenser de toute forme de procès.

Il vit les apprêts de son supplice avec un calme héroïque et consola ses compagnons d'infortune, en les invitant à faire le sacrifice de leur vie au bien de leur pays.

On lui permit d'écrire à sa femme et à la ville de Tolède, lieu de sa naissance; la première lettre est pleine d'une tendresse mâle et vertueuse; la seconde respire la joie et les transports que ressent un homme qui se regarde comme martyr de son pays.

Lettre de don Juan de Padilla à sa femme.

« Madame,

« Si vos peines ne m'affligeaient pas plus que ma mort, je me trouverais parfaitement heureux. Il faut cesser de vivre, c'est une nécessité commune à tous les hommes; mais je regarde comme une faveur distinguée du Tout-Puissant, une mort comme la mienne, qui ne peut manquer de lui plaire, quoiqu'elle paraisse déplorable aux hommes. Il me faudrait plus de temps que je n'en ai pour vous écrire des choses qui pussent vous consoler; mes ennemis ne me l'accorderaient pas et je ne veux pas différer de mériter la couronne que j'espère. Pleurez la perte que vous faites; mais ne pleurez pas ma mort: elle est trop honorable pour exciter des regrets. Je vous lègue mon âme; c'est le seul bien qui me reste, et vous le recevrez comme la chose que vous estimiez le plus dans ce monde. Je n'écris point à mon père Pero Lopez, je n'ose le faire; car, quoique je me fusse montré digne d'être son fils en sacrifiant ma vie, je n'ai pas hérité de sa bonne fortune. Je n'ajouterai rien de plus; je ne veux pas fatiguer la patience du bourreau qui m'attend, ni me faire soupçonner d'allonger ma lettre pour prolonger ma vie.

« Mon domestique Sossa, témoin oculaire de tout, et à qui j'ai confié mes plus secrètes pensées, vous dira ce que je ne peux vous écrire. C'est dans ces sentiments que j'attends le coup qui va vous affliger et me délivrer. »

Lettre de Padilla à la ville de Tolède.

« A toi, la couronne d'Espagne et la lumière du monde; à toi, qui fus libre dès le temps des puissants Goths, et qui, en versant le sang des étrangers et celui des tiens, as recouvré ta liberté pour toi et pour les cités voisines : ton enfant légitime, Juan de Padilla, t'informe comment, par le sang de ses veines, tu dois renouveler tes anciennes victoires. Si le sort n'a pas voulu que mes actions soient placées au nombre des exploits fortunés et fameux de tes autres enfants, il faut l'imputer à ma mauvaise fortune et non pas à ma volonté. Je te prie, comme ma mère, d'accepter la vie que je vais perdre, puisque Dieu ne m'a rien donné de plus précieux que je puisse perdre pour toi. Je suis bien plus jaloux de ton estime que je ne le suis de la vie. Les révolutions de la fortune, toujours inconstante et mobile, sont infinies. Mais ce qui me donne la consolation la plus sensible, c'est de voir que moi, le dernier de tes enfants, je vais souffrir la mort pour toi, et que tu en as nourri d'autres dans ton sein qui seront en état de me venger. Plusieurs langues feront le récit du genre de mort qu'on me destine et que j'ignore encore; ce que je sais, c'est que ma fin est prochaine : elle montrera quel était mon désir. Je te recommande mon âme, comme à la patronne de la chrétienté. Je ne parle point de mon corps, il n'est pas à moi. Je ne peux en écrire davantage, car dans ce moment même, je sens le couteau près de mon sein, plus touché du déplaisir que tu vas ressentir que de mes propres maux. »

Après avoir écrit ces deux lettres, il se soumit tranquillement à sa destinée.

Son héroïque veuve tint longtemps tête dans Tolède aux royalistes. Lorsque la ville fut prise, elle parvint à s'enfuir sous un déguisement et se réfugia en Portugal où elle mourut dans la misère et l'obscurité.

ÉTIENNE DOLET

Étienne Dolet, une des lumières de la Renaissance, une des gloires de l'Imprimerie, qui mourut sur le bûcher, martyr de la philosophie, de la Raison, naquit à Orléans, le 3 août 1509.

La rareté de ses ouvrages l'a jeté dans l'oubli. Et cependant, Dolet mérite d'être mieux connu, à la fois pour l'énergie de son caractère et le nombre, la valeur de ses productions. Les historiens du xvie siècle voyaient en lui l'un des écrivains les plus érudits et les plus courageux de leur époque, et M. J. Boulmier a pu l'appeler pittoresquement, et avec raison : « le Christ de la pensée libre. »

Jusqu'à ce jour, ses premières années n'ont guère été éclairées. Lui-même s'en est tû, ce qui a laissé le champ libre à toutes les conjectures. Sa famille fut-elle obscure et pauvre ? Cela paraît assez vraisemblable. Quant aux récits qui font descendre le savant imprimeur de François Ier, ils reposent sur des bases toutes d'imagination ; ils n'ont donc aucune valeur historique. Ce qui est à peu près établi, c'est qu'il perdit ses parents de bonne heure et qu'il dut à la bienveillante protection d'un haut et puissant seigneur de venir continuer ses études à Paris.

Après avoir suivi assidûment les cours de Nicolas Bérauld, qui tenait alors la chaire d'éloquence latine, Étienne, animé du désir de se perfectionner dans l'éloquence, se rendit à Padoue, où il s'arrêta trois ans. Il reçut là les leçons de Simon de Villeneuve, avec lequel il contracta l'amitié la plus étroite, et auquel il témoigna ensuite sa reconnaissance en insérant son éloge dans plusieurs de ses ouvrages.

Voici la traduction d'une des poésies latines qu'il adressait au Maître préféré, et qui montre que le savant avait du cœur au milieu de sa science, ce qui n'arrive pas toujours :

« O toi, qu'une vie toute de probité, toute de candeur, avait fait mon ami ; toi qui m'étais lié d'une chaîne indissoluble, et que la Fortune, dans un de ses jours de clémence, m'avait donné pour frère; compagnon qu'une mort cruelle m'enlève, eh quoi ! te voilà plongé dans une éternité de sommeil, dans un abîme de ténèbres! C'est donc en vain qu'à présent je te consacre mes tristes vers : ce chant de ma tendresse te trouvera sourd, peut-être ; mais, dans un devoir, il n'y a pas de honte à pécher par excès. Adieu, cher !... toi que j'aimais uniquement, que j'aimais plus que mes yeux, et que cet amour m'ordonne d'aimer toujours davantage. Que tes nuits soient tranquilles, que ton sommeil soit calme ; jouis d'un silence éternel, d'un éternel bonheur. Et, si les ombres conservent un peu de sentiment, ne méprise pas ma prière : aime qui, en retour, t'aimera sans fin. »

Ce touchant hommage ne suffisait point encore à la piété filiale de Dolet ; il fit à son cher Villeneuve l'épitaphe suivante, qui fut, par ses soins et à ses frais, gravée sur une table d'airain.

« Salut, voyageur, et détourne un peu ton attention sur cette tombe. Ce que vous autres mortels regardez comme un malheur, mourir jeune, je le regarde, moi, comme le bonheur suprême. Félicite-moi donc d'être mort, et abstiens-toi de me plaindre ; car, par la mort, j'ai cessé d'être mortel. Adieu, et souhaite-moi un bon repos. »

Jean de Langeac, ambassadeur de France, l'appela alors à Venise en qualité de secrétaire. Il profita de cette nouvelle situation, qui lui laissait une liberté relativement grande, pour cultiver les belles-lettres, et principalement les orateurs fameux de l'antiquité.

De retour en France, vers 1530, Dolet commença de recueillir les matériaux qui devaient lui servir à composer ses deux immenses volumes de *Commentaires sur la langue latine*, source principale de sa célébrité.

Absorbé par ces divers travaux, et ne s'occupant pas de l'avenir, il était resté sans profession. Ses amis, plus prévoyants, y songèrent à sa place; ils lui conseillèrent de faire choix d'une carrière et d'y attacher sa fortune. Il tourna ses vues du côté de l'étude du droit, et se mit en route, à cette fin, pour Toulouse, dans le courant de l'année 1531.

Cette ville fut le premier théâtre de ses infortunes.

Il s'y trouvait des étudiants de presque toutes les nations de l'Europe, attirés par le renom de cette école de droit. Ceux d'un même pays étaient groupés à part en une assemblée bien distincte et autonome. Le Parlement de Toulouse voulut intervenir contre cet état de choses et dissoudre, comme dangereuses, toutes les associations du même genre.

Les étudiants, soucieux de leur indépendance, protestèrent.

C'est sur ces entrefaites qu'arriva Dolet. Sa réputation d'orateur l'avait sans doute précédé à Toulouse, car, dès qu'il parut, il fut choisi par les Français pour remplir dans leur assemblée le poste d'Orateur. Il en prit possession par un discours de pensée très élevée, vraie charte de la liberté de conscience et d'association.

« A moins de vivre exilé à l'autre bout du monde, s'écriait-il dans son audacieuse catilinaire, personne n'ignore quelle affluence de jeunes gens et d'hommes de tout âge l'étude du droit attire à Toulouse, des pays les plus divers et les plus éloignés. Et puisque, arrachés des bras qui leur sont chers, ils se trouvent en présence de visages étrangers, puisqu'ils ont quitté le toit natal pour des demeures inconnues, et la société des humains pour celle des barbares (au fait, pourquoi hésiterais-je à les stigmatiser du nom de barbares, ceux qui préfèrent la sauvagerie primitive à la libre-pensée qui crée l'homme ?) enfin, puisqu'ils ont émigré d'amis à ennemis, le consentement unanime des dieux immortels et des hommes n'approuve-t-il pas l'amour de la patrie, que cette tendresse réciproque, qui date du berceau, s'établisse entre eux, de Français à Français, d'Italiens à Italiens, d'Espagnols à Espagnols ? N'ont-ils pas le droit, au nom de cet amour éternel, de s'unir, de s'embrasser, de ne former respectivement qu'un seul corps ? Non !... Car là-dessus, le Parlement s'inquiète, Toulouse tout entière est en ébullition. De là viennent ces tragédies dont nous sommes les héros, de là, ces décrets officiels qui nous poursuivent, de là, ces sentences prétoriennes qui nous accablent. Et quel est notre crime, après tout ? Notre crime, c'est de nous unir, de vivre ensemble comme bons compagnons, de nous secourir mutuellement comme frères. Dieux immortels ! dans quel pays sommes-nous ? Chez quelles gens vivons-nous ? La grossièreté des Scythes, la monstrueuse barbarie des Gètes, ont-elles fait irruption dans cette ville, pour que les pestes humaines qui l'habitent haïssent, persécutent ainsi la sainte pensée ? »

Il alla plus loin et poussa l'audace jusqu'à traiter d'« ignorants » les magistrats de Toulouse, « apportant ainsi le premier fagot à l'horrible bûcher qui devait le dévorer plus tard (1). »

Il déchaîna contre lui tant de colère, qu'un matin on l'emmena prisonnier. Il fut banni un mois après. Il avait dû auparavant s'humilier publiquement dans les principales rues de Toulouse, et faire amende honorable aux magistrats dont il s'était raillé. Sa verve satirique lui permit de soutenir gaiement cette première épreuve ; il en consigna les incidents dans une ode où ses juges furent fort malmenés.

Dolet trouva un asile à Lyon, où il fit imprimer chez le célèbre Sébastien Gryphius, les discours qu'il avait prononcés à Toulouse. Poursuivi par la calomnie, on l'accusa d'y avoir introduit des opinions favorables à celles de Luther. Le savant Dolet ne croyait pas encourir un pareil reproche qu'il considérait comme mal fondé et injuste. Il réfuta ses calomniateurs dans un écrit qui était à l'impression quand son médecin lui prescrivit, pour la guérison d'une maladie qu'il venait de contracter, un changement d'air. Dolet s'en fut à Paris.

Il s'y occupa très activement de ses *Commentaires sur la langue latine*, cet étonnant prodige de patience et d'érudition, où l'on trouvait, semés çà et là, des aperçus ingénieux sur les hommes et les choses du XVIe siècle.

(1) J. Boulmier, *Étienne Dolet*.

ETIENNE DOLET
(d'après la statue de Guilbert érigée place Maubert à Paris).

Dolet s'en retourna à Lyon avec son précieux manuscrit ; il fit paraître le premier volume en 1536 et le second, deux ans après, chez Sébastien Gryphius. Cet ouvrage eut un succès retentissant ; il consacra le talent de Dolet.

A peine goûtait-il les fruits de son laborieux travail qu'une sorte de fatalité jalouse le contraignit encore à fuir.

Le 31 décembre 1536, *il luy advint*, dit une des pièces de son procès, *une fortune et malheur de commectre homicide en la personne* d'un peintre nommé Compaing. « Ennemi mortel de Dolet, cet homme avait voulu l'assassiner ; mais, non moins habile à tenir l'épée qu'à manier la plume, aussi calme, aussi impavide que le juste d'Horace, l'étudiant orléanais se défendit avec tant de vigueur et de sang-froid que l'assassin tomba, victime de son propre guet-apens (1). »

Dolet, avec l'aide de quelques amis, sortit de la ville pour éviter les poursuites de la justice. Il prit la route d'Auvergne, vint ensuite à Orléans, et, de là, à Paris. Présenté à François Ier, par le cardinal de Tournon, il obtint sa grâce et la liberté de retourner à Lyon.

Tous les amis de Dolet, c'est-à-dire ceux qui composaient l'élite intellectuelle de la France, Budé, Clément Marot, Rabelais, Bérauld, Danès, Casanus, Macrin, Bourbon, Dampierre, Voullé, lui offrirent un banquet, pour célébrer l'heureux dénouement de cette affaire.

Il n'en fut pas moins incarcéré aussitôt son arrivée à Lyon, malgré la haute clémence du protecteur des lettres. Ce ne fut que grâce à l'intercession de ses amis qu'il put sortir et reprendre ses occupations littéraires.

Il se maria alors (1538), et, assagi par ses captivités multiples, par l'âge, les conseils, il eut quelques mois de tranquillité d'esprit dont il profita pour solliciter et obtenir un privilège d'imprimeur (2). Il s'établit à Lyon, rue Mercière, *à l'enseigne de la Dolouëre d'or*. En même temps qu'il composait ses ouvrages, il pouvait les publier. La *boutique* de Dolet, comme lui-même l'appelle, se trouva bientôt parfaitement achalandée.

Livres nouveaulx, livres vielz et antiques,

sortirent de ses presses, qu'il vendit bien et vite,

Tant que souvent ne m'en demeuroit un,

nous dit-il.

Il publia, en 1539, un recueil de vers latins, puis une histoire de François Ier, de 1515 à 1539, sous ce titre : *Les Gestes de François de Valois, roy de France.*

---

(1) J. Boulmier.
(2) C'est à Étienne Dolet que nous sommes redevables de l'usage du *tréma* et de l'*apostrophe*.

Il édita également les œuvres de plusieurs de ses amis, notamment celles de Marot, dont il donna trois éditions successives, en 1538, 1542, 1543.

La prospérité de la *boutique* du savant imprimeur excita la jalousie des autres imprimeurs qui le dénoncèrent à la fois comme « hérétique et athée », à la Sainte Inquisition. De plus, il avait « mengé chair ès jours prohibés par l'Église » ! Une pareille accusation aujourd'hui fait sourire. Elle était en ce temps-là terriblement grave. Enfin, des haines d'une autre nature, et qui méritent que nous donnions à celui qui les mérita, une admiration particulière, s'étaient jointes aux haines religieuses.

C'est plaisir, en effet, que de voir un si grand esprit prendre, dès cette époque, la défense des petits, des déshérités. Ce coin de la vie d'Étienne Dolet, éclairé au flambeau de l'histoire, nous montre ce qu'il y avait de bonté compatissante dans le cœur de ce turbulent écrivain.

Nous l'avons vu réclamer de toutes ses forces, à Toulouse, la liberté de réunion pour les étudiants ; le voici maintenant poursuivi, et près d'être puni, pour avoir pris la défense des ouvriers et appuyé leurs légitimes revendications.

Les imprimeurs de Lyon, ses confrères, lui en voulaient « pour avoir soutenu, contre eux, les ouvriers coalisés afin d'obtenir plus gros gages et nourriture plus opulente (1). »

Il fut donc traduit devant l'inquisiteur général Ory, assisté de maistre Estienne Faye, official et vicaire de l'archevêque et comte de Lyon, qui le déclarèrent, le 2 octobre 1542, « maulvais, scandaleux, schismaticque, héréticque, faulteur et deffenseur des hérésies et erreurs », et comme tel, le délaissèrent, « réaulment au bras séculier ». Or, on sait ce que signifiaient ces paroles. Le Parlement de Paris fit brûler ses livres (14 février 1543). « Sa personne fut sauvée, cette fois, par l'intercession du lecteur du roi, du Châtel, évêque de Mâcon, qui lutta courageusement contre l'impitoyable cardinal de Tournon.

« Comment, lui dit le cardinal, vous, évêque catholique, osez-vous défendre des luthériens et des athées ?

— Je suis évêque et je parle en évêque ; et vous, vous agissez en bourreau (2) ! »

Toutefois, il avait fallu, pour l'arracher à ses juges, que le roi donnât successivement des lettres de rémission (15 juin 1543), des lettres d'ampliation (1er août), et des lettres patentes (21 septembre).

Dolet recouvra sa liberté après quinze mois d'emprisonnement, tant le Parlement avait apporté de mauvaise grâce et de lenteur à cette affaire. Il ne devait pas longtemps demeurer libre. Ses confrères, poussant leur indigne jalousie jusqu'à l'infamie, concertèrent une nouvelle

---

(1) *Anciennes Lois françaises*, liv. XII, p. 761, cité par H. Martin.
(2) Citation de H. Martin, dans le tome VII de son *Histoire de France*.

machination destinée à perdre irrémédiablement Dolet. Ils imaginèrent d'expédier à Paris, sous son nom, un ballot de livres dont la plupart venaient de Genève, et étaient par conséquent suspects d'hérésie.

Repris, une seconde fois, comme faisant commerce de livres dangereux, il crut prudent — bien que le moyen grossier employé contre lui ne lui semblât pas de nature à tromper ses juges — de mettre, entre eux et lui, une certaine distance. Il trouva, au bout de trois jours, par un stratagème ingénieux, le moyen de s'évader.

Il se réfugia alors dans le Piémont, où il rejoignit son ami Clément Marot. Dans sa retraite, il recourut à sa plume pour tracer, au moyen d'épîtres en beaux vers français, à ses protecteurs et à François Ier, l'historique de ses malheurs et l'apologie de sa conduite (1).

Ce sont ces épîtres qui composent son *Second Enfer*. Il espérait que la découverte des procédés de ses ennemis édifierait suffisamment le roi, et qu'il lui rendrait justice avec la permission de reprendre son imprimerie.

Il se croyait si sûr de son salut, que, devançant et préjugeant la décision royale, il revint secrètement à Lyon, pour embrasser sa femme et son enfant, et imprimer différentes pièces, parmi lesquelles la traduction de deux dialogues attribués à Platon.

Dénoncé aussitôt par ses confrères, les maîtres imprimeurs et libraires de la ville de Lyon, il fut ressaisi et conduit à Paris, à la Conciergerie. Cette fois, il ne devait pas échapper à ses persécuteurs. « Son procès, qui dura près de deux ans, lui fut fait avec beaucoup de rigueur », dit Bayle; il eût pu ajouter : avec beaucoup de partialité.

Enfin, une phrase de sa traduction de *l'Axiochus*, de Platon, contraire à l'immortalité de l'âme, servit de prétexte à une accusation capitale.

Le passage incriminé, et qui était mis dans la bouche de Socrate : « Après ta mort, tu ne seras rien du tout », fut déféré à la Sorbonne, qui condamna la traduction. Le Parlement, « pour ce cas et aultres », condamna Dolet à être brûlé avec ses livres « dans un lieu commode et convenable ».

Ah ! qu'en termes galants ces choses-là sont mises !

L'arrêt ajoutait : « *Il sera mis en torture et question extraordinaire pour enseigner ses compaignons.* »

« L'infortuné, voué au bourreau pour athéisme et matérialisme, répondit à l'horrible arrêt, en vrai fils de la Gaule, par un chant d'immortalité (2). »

> Si au besoin le monde m'abandonne...
> Dois-je en mon cœur pour cela mener deuil ?

(1) D'après la citation de H. Martin.
(2) H. Martin.

> Non ! pour certain, mais au ciel lever l'œil,
> Sans autre égard.
>
> . . . .
> Si sur la chair les mondains ont pouvoir,
> Sur vous, esprit, rien ne peuvent avoir !
>
> . . . .
> Soit tôt ou tard, ce corps deviendra cendre ;
> Car à nature il faut son tribut rendre.....
> Il faut mourir.
> Quant à la chair, il lui convient pourrir ;
> Et, quant à vous, vous ne pouvez périr ;
> Mais avec Dieu toujours devez fleurir
> Par sa bonté.
>
> . . . .
> Sus, mon esprit, montrez-vous de tel cœur ;
> Votre assurance au besoin soit connue !
> Tout gentil cœur, tout constant *belliqueur* (1),
> Jusqu'à la mort sa force a maintenue (2).

Le 3 août 1546, le fatal tombereau le conduisit au supplice.

Malgré ce qu'ont pu dire quelques-uns de ses biographes, il ne se rétracta pas ; il récita bien la courte prière que voici : « Mon Dieu, vous que j'ai tant offensé, soyez-moi propice; et vous aussi, Vierge Marie, je vous en conjure, ainsi que saint Estienne : intercédez là-haut pour moi, pauvre pécheur ! » Mais c'était, sentiment assez explicable, pour n'avoir pas « la langue coupée et être brûlé tout vif », suivant ce que la cour avait ordonné en cas de blasphème.

Et, comme dit M. J. Boulmier, *il aura trouvé sans doute qu'il lui suffisait d'être simplement pendu, et de n'être brûlé du moins qu'après sa mort.*

Un instant après, il était, suivant la teneur de sa sentence, pendu d'abord et brûlé ensuite, sur cette place Maubert, de sinistre mémoire.

L'infortuné martyr avait juste trente-sept ans. « Ces choses se passaient, dit M. Taillandier, sous le règne de celui qu'on a appelé *le Père des Lettres*.

« Il était bon époux, bon père. Il était dévoué à ses amis jusqu'à la passion, et au nombre de ses amis, il comptait les hommes les plus considérables de la république des lettres. Quel était donc son crime ? Son crime ! ses juges l'ont tué pour une phrase de Platon qu'il avait traduite, et cependant sa traduction était éxacte et fidèle. »

Ce drame épouvantable eut un profond retentissement dans le xvie siècle. De nos jours, grâce à l'initiative d'un vaillant publiciste républicain, Armand Lévy, à l'active propagande du député Anatole de la Forge, et aux efforts dévoués des conseillers municipaux du ve arrondissement, où se trouve la place Maubert, un monument a été élevé à Étienne Dolet sur le lieu même de son exécution.

(1) Guerrier.
(2) *Cantique d'Estienne Dolet, prisonnier en la Conciergerie*, 1546.

Ce martyr de la libre pensée se dresse auprès de Notre-Dame, comme une énergique et permanente protestation contre les persécutions et l'intolérance religieuses.

Sa mort, aux yeux du vulgaire, fut sans doute bien cruelle.

« Mais il ne sait pas, ce lâche vulgaire, il ne saura jamais combien il est doux aux grands hommes de mourir pour une conviction. Ils ont tous la consolation suprême qu'après eux leur idée ne sera pas perdue ; ils savent d'avance qu'elle germera dans le monde, et que tôt ou tard, elle produira ses fleurs et ses fruits; ils savent enfin que l'erreur tombe et que la vérité se lève, que les tyrans passent et que la liberté demeure (1) ! »

Quelle voix serait assez puissante, assez éloquente pour flétrir comme elles le méritent de pareilles iniquités ! Quel jugement prononcer contre les auteurs de ces atrocités calculées ? Il n'en est pas besoin. Qu'il nous suffise d'évoquer ce sombre passé pour en prévenir le retour.

(1) J. Boulmier.

GIORDANO BRUNO

Encore une victime de la philosophie, un des plus ardents apôtres de la liberté.

Quoi donc ! marcherons-nous ainsi, et toujours, sans repos, d'une étape sanglante à une autre plus sanglante ? Hélas ! la route de la pensée libre,

Comme une voie antique est bordée de tombeaux !

Le soleil du xviie siècle se lève pour illuminer un nouveau bûcher : celui du célèbre penseur italien Giordano Bruno.

Il était né, à Nola, vers 1548, dans la terre de Labour, « province de ce royaume de Naples qui avait déjà produit saint Thomas et où bientôt allaient naître Campanella et Vanini [1] ».

« La destinée qui plaça son berceau au pied du Vésuve et le fit grandir sous un ciel de feu, lui avait donné, dit M. Saisset, une âme ardente, impétueuse, une inquiète et mobile imagination. »

On ignore quelles causes le déterminèrent à prendre l'habit de dominicain, qu'il ne garda que peu de temps.

Éloquent, enthousiaste, il bouleversa bientôt, par la nouveauté et la hardiesse de ses opinions, tous ses compagnons. Ne pouvant plus vivre parmi eux, il s'échappa du cloître, « prison étroite et noire, dit-il dans un sonnet, où l'erreur m'a tenu si longtemps enchaîné ».

C'est qu'il ne s'embarrassait pas de rhétorique ; il ne s'inclinait point devant le formidable appareil de l'Église, sans oser y toucher, sans chercher à en connaître les dessous. Esprit indocile, il émet des doutes sur les fondements du christianisme, et, ainsi, il est en avance de deux siècles, puisque ses idées n'ont été reprises, soutenues que par les philosophes et les savants du dix-neuvième.

[1] A. Franck, *Dictionnaire des sciences philosophiques*.

De la ferveur extatique du moine, il passe aux dernières limites du doute.

Il est incrédule. Tous ces mystères auxquels l'Église ordonne de croire, sans les examiner, justement parce que *mystères*, il ne veut les accepter que si sa raison le lui permet, et « sa raison le mène au scepticisme ».

C'est Voltaire, mais avec ces deux armes, plus solides que l'esprit : la philosophie profonde et la science.

Il a soif de nouveautés, de découvertes, et, à travers toutes ses questions hardies, ses explications plus hardies encore, percent « le pressentiment confus et l'enthousiasme de l'avenir ».

Débarrassé du froc, il commença sa vie errante, aventureuse. Jeune (il avait une trentaine d'années), doué de ces mille qualités que recherche le monde, spirituel, avide de gloire, il avait de quoi faire bonne mine et y remporter des succès. Mais les luttes oratoires le passionnaient ; il se plaisait au milieu des orages. Il partit donc à travers l'Italie pour prêcher la croisade de la libre pensée et exposer le système social qu'il avait conçu, et qu'il croyait devoir faire, s'il était mis en pratique, le bonheur des hommes. « N'étant pas de ceux qui ferment la main quand ils tiennent la vérité, il voulait la propager dans le monde.

« La tâche était dure en ce temps : voyager de ville en ville, s'arrêter dans chaque Université, défier ses adversaires, gagner les indifférents, amasser sur sa tête les haines de l'intolérance et les rancunes de la fausse science, s'enfuir aussitôt comme pour courir à d'autres luttes, à d'autres dangers jusqu'à une catastrophe trop facile à prévoir.

« Rien n'est beau comme ce dévouement nourri par une conviction profonde et couronné par une mort héroïque (1). »

Naples, Gênes, Nice, Milan, Venise, entendent successivement sa parole ardente, intéressante, qui souvent même inquiète.

Forcé de quitter sa patrie, il va, dans toute l'Europe, semer ses idées réformatrices. Sans autre appui que son audacieuse éloquence, il déclare la guerre à « toutes les autorités établies ».

Devant tant de fougue, devant la fureur de cet apostolat, on se demande quelle ambition agitait ce cerveau. La réponse est simple. Chevalier errant de la libre pensée, il avait hâte de détruire dans le monde les faux principes qui avaient guidé l'humanité jusqu'alors et la tenaient asservie sous le joug de la religion. Il voulait que chacun fût l'arbitre de sa croyance et n'adorât que ce que sa raison lui dirait d'adorer et rien autre, et qu'au besoin il n'adorât rien du tout, si tel était son sentiment. Il va, audacieux, révolutionnant toutes les idées, frappant ce qui lui semble mauvais, niant tout ce qui n'est pas prouvé.

C'est donc bien un précurseur du xixe siècle. Au christianisme, il

(1) Franck.

GIORDANO BRUNO
(d'après une estampe conservée à la Bibliothèque nationale).

oppose le culte de la nature, se raillant des miracles, qu'il explique par la physique, « et ne voyant dans les religions qu'un amas de superstitions et de symboles ».

L'intolérance calviniste l'obligea de s'échapper de Genève, où il avait commencé ses prédications. Il se rendit à Toulouse et n'y reçut pas un meilleur accueil. La ville qui avait vu les premiers malheurs de Dolet ne pouvait être bien hospitalière à la philosophie. Bruno ne s'arrêta pas à Lyon; il se dirigea sur Paris, où il résida de 1582 à 1586. Il y trouva des protecteurs haut titrés, parmi lesquels Henri d'Angoulême et J. Moro, ambassadeur de Venise, qui le présenta au roi Henri III.

Giordano Bruno eut de ce prince la permission d'enseigner la philosophie à l'Université de Paris. Il aurait pu même occuper une chaire, comme professeur titulaire, « s'il avait voulu aller à la messe ».

Il remporta à Paris de grands succès. Il les devait à sa merveilleuse abondance oratoire, à son physique sympathique, à l'auditoire de jeunes gens qui se pressaient pour l'écouter.

Il profita d'un voyage qu'il fit en Angleterre, en 1584, pour publier une partie de ses ouvrages, écrits, les uns en italien, les autres en latin, en vers ou en prose, dédiés pour la plupart à Michel de Castelnau, ambassadeur de France, son hôte et son ami. On désigna ces ouvrages comme suspects dès qu'ils parurent, ce qui les rendit bientôt introuvables. Sa pensée s'y porte vers deux points : la guerre sans merci à l'intolérance, et la conquête de la liberté.

On peut juger de l'impression que produisaient sur un public indépendant, fatigué des vieilles querelles de la scolastique, les discours de Bruno, par la simple lettre — qui est en soi-même un discours — qu'il écrivit au recteur de l'Université de Paris, lors de son second voyage en cette ville.

« Pourquoi, dit-il, invoquer toujours l'autorité? Entre Platon et Aristote, qui doit décider ? Le juge souverain du vrai : l'évidence. Si l'évidence nous manque, si les sens et la raison se taisent, sachons retenir notre jugement et attendre. L'autorité n'est pas hors de nous, mais au dedans. C'est la lumière divine qui brille en nos âmes pour diriger et inspirer nos pensées. »

Lorsque Bruno dit : « Prenons l'évidence pour juge unique du vrai, et, si l'évidence nous manque, sachons douter, » ne croit-on pas entendre Descartes?

De pareilles idées devaient ameuter contre lui toute l'Église, tous les adorateurs de la tradition, tous les amis des ténèbres, alors malheureusement en majorité. Aussi ne faisait-il que poser le pied où il passait, suspecté qu'il était partout. Le découragement ne s'emparait pas de lui. Adversaire résolu de l'enseignement officiel du passé, il continuait sa mission de propagande, se donnant à lui-même le nom de *Réveilleur*.

Il se risqua en Allemagne, à Marbourg, d'abord, dont il fut expulsé, *pour des motifs graves*, sur la demande du recteur de l'Université. Il arriva à Wittemberg (1588), y trouva un moment de repos, puis s'en fut à Prague, rompre des lances contre le catholicisme. Il passa ensuite successivement à Helmstædt, où le duc de Brunswick lui confia l'éducation du prince héritier, et enfin à Francfort-sur-le-Mein. Il y était occupé à l'impression de plusieurs de ses ouvrages, quand un riche Vénitien, Mocenigo, qui avait entendu vanter ses talents, le demanda comme précepteur. L'offre était tentante. Revoir ce *doux ciel* dont il parle dans ses écrits, était le premier et le plus cher de ses vœux; il avait la nostalgie du pays. Mais le péril était grand, l'entreprise téméraire. Il ne craignit pourtant pas de remettre les pieds dans cette Italie dont il avait été banni.

Pour comble d'imprudence, c'est à Padoue qu'il se rendit, Padoue dominée par Venise, où l'inquisition romaine tend ses lacets et pensionne ses geôliers ! Il semble qu'une fatalité ennemie fût attachée à ce génie hasardeux et mobile, et le poussât de témérité en témérité jusqu'à l'abîme.

Il ne tarda pas, hélas ! à s'apercevoir de la faute qu'il avait commise. Il ne fut pas plutôt dans la ville, que, trahi, dénoncé, par celui-là même qui l'avait engagé à venir, on l'arrêta (septembre 1592), sur l'ordre du père inquisiteur de Venise. Conduit aux Plombs, prison que la République vénitienne prêtait obligeamment au Saint-Office, Bruno attendit, dans une longue et pénible captivité, que ses juges décidassent sur son sort.

Ne se tenant plus de joie d'une si belle prise, le grand inquisiteur siégeant à Rome, ordonna que, sur-le-champ, on lui envoyât le prisonnier, sous bonne escorte. Le jugement, dans son esprit, était tout prononcé : il avait hâte de le voir exécuter.

Les choses ne se passèrent pas aussi vite qu'il le souhaitait. Il délégua alors un père inquisiteur au Conseil de la République de Venise, avec mission de solliciter l'extradition du philosophe.

Le Conseil, peu enclin à indisposer le Saint-Office, et cependant retenu par quelques scrupules, se trouvait fort perplexe. Il employa des moyens dilatoires, évitant de se prononcer, de livrer le prisonnier, puis se reprenant. Finalement, il répondit au représentant de Rome, qui était revenu et insistait : « L'affaire étant considérable et de conséquence, et les occupations de la République nombreuses et graves, on n'a pu, pour le moment, prendre aucune résolution. »

C'était une forme de refus. Ces hésitations, ces réticences, cette vague réponse valaient à Giordano Bruno, à défaut de supplice immédiat, un supplice cellulaire journalier qui dura six ans pour se terminer par le procès du captif et sa condamnation.

L'Inquisition, en effet, n'oubliait pas son ennemi, et toujours plus instamment redemandait son extradition. En 1598, enfin, on lui remit Giordano Bruno.

On n'avait pas veillé sur lui avec tant de constance pour ignorer ou discuter ce qu'on en ferait, quand il serait livré. On abrégea considérablement les formalités ordinaires du procès, qui fut vite terminé.

Quand tout fut à peu près achevé, on voulut faire revenir le philosophe sur ses opinions, mais vainement. On le somma d'avouer *ses erreurs*, que ses ouvrages étaient contraires à la vraie doctrine de l'Église... Il pouvait, par cette rétractation générale, sauver sa vie. Il ne le voulut pas. Il refusa avec une fermeté héroïque de démentir une seule ligne de ses écrits, un seul mot de ses discours. Il offrait de discuter, non de se soumettre.

Exaspérée, la Sainte-Inquisition précipita la fin de ce drame. Bruno fut conduit le 9 février 1600 au palais du grand inquisiteur, qui lui lut la sentence d'excommunication ; on l'avait préalablement forcé à s'agenouiller pour l'entendre.

Après quoi, il fut abandonné au bras séculier « pour être puni avec autant de clémence qu'il se pourrait et sans effusion de sang », formule que nous retrouvons dans toutes les sentences du tribunal de l'Inquisition et qui désigne, d'une façon si hypocritement ironique, le supplice du feu.

Un délai de huit jours lui fut accordé « pour la confession de ses crimes ».

Ses crimes ! c'était d'avoir voulu affranchir l'esprit humain du joug de l'ignorance cléricale.

Il refusa d'en reconnaître aucun, et le 17 février 1600, il fut mené en grande pompe au champ de Flore, et livré aux flammes.

Jusqu'à son dernier moment, il resta inflexible, et fidèle à ses convictions. Aux suppôts du Saint-Office qui l'entouraient, il dit, d'une voix calme : « La sentence par laquelle vous m'avez condamné vous cause peut-être plus de trouble qu'à moi-même. »

Il supporta, avec un courage sans égal, le supplice qui lui était réservé et, « jusqu'au milieu des flammes, ce noble front garda sa sérénité ».

On a cherché à savoir quelle avait été la cause exacte de sa condamnation ; il n'a pas été possible de retrouver les considérants du jugement. Il est pourtant à peu près établi que Bruno a été frappé, non pas ainsi qu'on l'a cru pendant un certain temps comme athée, mais comme libre penseur.

Ses juges ont poursuivi en lui le partisan du mouvement de la terre et de la pluralité des mondes.

« Si Bruno n'a pas toujours été un serviteur fidèle de la vérité, toujours du moins, il l'a cherchée d'un cœur sincère ; toujours surtout il a été un amant passionné de sa grande sœur, la noble et sainte liberté. Dors en paix, infortuné génie, dans la tombe où le fanatisme t'a précipité vivant. Si le sentiment de l'harmonie universelle t'a quelquefois enivré, c'est un noble délire et la postérité te le pardonnera. La gloire, que tu as si ardemment aimée, ne manquera pas à ton nom. Tes écrits, consacrés par tes malheurs, seront pieusement recueillis. Tu as vécu, tu as souffert, tu es mort pour la philosophie : elle protégera ta mémoire (1). »

(1) Emile Saisset, *Revue des Deux-Mondes*, 1847.

THOMAS CAMPANELLA

Ce philosophe italien, l'un des plus grands réformateurs dont le monde s'honore, naquit le 5 septembre 1568, à Steynano, petit bourg de Calabre, non loin de Stylo.

Il étonnait dans son enfance par sa prodigieuse intelligence. Ses dispositions naturelles furent encore développées par sa ferveur pour l'étude ; à treize ans, il était poète et faisait des vers avec une merveilleuse facilité.

Destiné par ses parents à la carrière judiciaire, il refusa de s'y engager : il était entraîné vers les sciences philosophiques.

Il observait, questionnait sans cesse. Il eût voulu, en une heure, saisir ce que d'autres mettaient des années à concevoir.

A quinze ans, il obtenait d'entrer chez les dominicains pour profiter de l'enseignement d'un moine éloquent, mais sa vocation était plus scientifique que pieuse.

Devinant chez cet ardent novice une gloire future de leur ordre, les moines satisfirent avec empressement sa soif de savoir. Le jeune Campanella sut bientôt tout ce qu'on apprenait alors. Cela ne le contenta pas ; il ne trouvait pas la lumière qu'il cherchait dans cet amas d'écrits, de connaissances. « Tous les livres que contient le monde ne sauraient rassasier mon avidité, s'écrie-t-il désespérément ; que n'ai-je pas dévoré ?... Et pourtant je meurs, faute d'aliments !... Désirant et cherchant, je tourne en tous sens, et plus je comprends, plus j'ignore... »

Ainsi, jeune encore, Campanella savait tout ce que ses maîtres et les livres pouvaient lui enseigner ! Il ne lui restait plus, comme plus tard, à Pascal, qu'à poursuivre lui-même des vérités nouvelles : il était sur le chemin de la liberté philosophique.

Un grand philosophe, Télésio, qui était en même temps son compatriote, répandait alors, au milieu des persécutions, ses doctrines philosophiques fondées « sur ce qu'il faut partir des êtres réels et non pas d'abstractions, et que l'expérience est la règle unique à laquelle il faut s'attacher ».

La lecture de ses ouvrages enthousiasma Campanella. Il le confesse lui-même : « Entre tous, j'ai aimé ce Télésio qui tire ses doctrines de la nature des choses, et non des vains discours des hommes. »

Il l'avait même, étant jeune encore, en 1590, défendu avec éclat, et publiquement, bien qu'il ne partageât pas toutes ses idées.

Cet esprit d'examen, cette recherche des théories scientifiques suscita à Campanella, comme elle en avait suscité à Bacon, des ennemis nombreux. Ce fut chez les moines de son couvent qu'il rencontra les plus implacables. On ne pouvait lui pardonner d'abandonner la route suivie jusqu'alors et de s'en frayer une autre, où, seule, la raison lui servait de guide. On le traitait d'orgueilleux; on l'accusait de magie et d'hérésie (c'était à cette époque la meilleure accusation pour en finir avec un homme gênant). Obligé, pour plus de sûreté, de quitter Naples, il s'abrita quelque temps sous le toit hospitalier de son ami, le marquis Lavello, puis il alla combattre à travers l'Italie les vieux préjugés, au nom des idées nouvelles, « rappelant, comme il l'a écrit, les nations, des écoles humaines à l'école de la suprême intelligence, et réformant toutes les sciences suivant la nature ».

Au cours de ses voyages, il se lia d'amitié avec un grand nombre d'hommes célèbres de l'époque, entre autres Fernand Ier, duc de Toscane, qui lui accorda sa protection et qui eût été très flatté que Campanella restât près de lui à un titre quelconque, celui de précepteur par exemple. Le philosophe refusa ces offres. Un vaste projet avait germé en son cerveau. A côté de la réforme philosophique, il avait conçu le projet de délivrer son pays de la domination espagnole. Il entra à Stylo, organisa dans toute la Calabre un vaste complot composé de moines et de gentilshommes qui enserrait tout le pays. D'après Giannone, « plus de trois cents moines augustins, dominicains et cordeliers, en faisaient partie »; des prédicateurs avaient été envoyés parmi le peuple pour l'exhorter « à ressaisir sa liberté, à mettre fin aux vexations des ministres du roi qui vendaient à prix d'argent le sang humain et écrasaient les pauvres et les faibles ». Enfin, le mouvement devait être secondé par une armée navale turque. Relever, affranchir son pays, tel était le premier vœu de Campanella. Mais sa pensée embrassait un plus vaste horizon, et c'est en cela surtout que ce philosophe appartient au monde contemporain. Le réformateur touchait à l'organisation sociale de son pays ; il voulait le doter d'institutions démocratiques capables de réaliser l'émancipation de l'humanité. Il avait imaginé une cité parfaite, idéale, la *Cité du soleil*, comme il l'avait appelée dans un livre qui porte ce titre.

La *Cité du soleil* tient beaucoup de Sparte. La religion de la nature, le culte du soleil, des arts, des héros et des vertus se mêlent à la pratique et à la foi du catholicisme. A la tête de la cité, trois ministres représentent, l'un la Force, l'autre la Sagesse, le troisième l'Amour : tout l'être humain. L'administration militaire est confiée au premier, les arts, les sciences, l'éducation, dépendent du second, le troisième veille sur les mariages et sur la génération des enfants. Et Campanella écrit, à ce propos, une phrase qu'on croirait pensée d'hier. « Il est juste que l'amélioration des races d'hommes soit l'objet d'autant de soins que celle des races d'animaux. »

Pour Campanella, tous nos maux viennent de notre égoïsme : il est d'accord, en cela, avec la plupart des penseurs modernes. Chacun ne vise que son intérêt particulier, personne l'intérêt de la collectivité, parce que l'amour de nos semblables va s'amoindrissant de jour en jour. C'est la raison qui lui fait préconiser l'harmonie des forces pour le bien-être général.

Puisque nous reconnaissons que l'intérêt personnel est le seul but de nos actions, c'est donc lui qui est la cause de tous nos maux ; il faut le remplacer par un mobile plus élevé, l'intérêt général, ce qui amènerait, selon Campanella, la suppression de la propriété et l'utilisation de toutes les forces productives au profit de la communauté.

Mais, comme il ne suffit pas de vouloir changer un sentiment mauvais, qu'il est nécessaire de lui en substituer un bon ; qu'on admet généralement que le stimulant du travail est la propriété individuelle, Campanella mettait dans le cœur de l'homme, à la place de cet amour d'appropriation, un sentiment d'une autre élévation, le dévouement à la collectivité, disons le mot, la *solidarité*.

En outre de la propriété, le mariage et la famille abolis doivent entraîner l'extinction des crimes, tous produits par le froissement des intérêts individuels.

Campanella voulait que le travail ne fût ni dur ni pénible, mais attrayant et tellement simplifié, que quatre heures par jour, bien employées, eussent suffi à créer des jouissances centuplées et réparties entre tous.

En plaçant les enfants, dès leur jeune âge, au milieu des instruments de tous les arts et de tous les métiers, il éveillait les vocations et facilitait l'éclosion des talents. Il cherchait à relever le travail, auquel nous attachons trop souvent une idée de bassesse, tandis que l'oisiveté nous semble très noble.

L'égalité était établie entre toutes les professions, considérées comme des fonctions, et une importance considérable accordée à l'agriculture.

En résumé, Campanella, dans l'organisation de sa cité idéale, ne reconnaissait aucun droit à la naissance ou à la richesse, et, posant en principe la supériorité de la science, il distribuait les fonctions, suivant les capacités, à tous les degrés de la hiérarchie.

Ces théories, traitées alors d'utopies, en partie reprises aujourd'hui par des esprits sérieux, propagées, répandues, discutées, sont-elles

THOMAS CAMPANELLA
(d'après une estampe conservée à la Bibliothèque nationale).

véritablement irréalisables ? Pour leur donner un corps et les faire passer du domaine des chimères dans celui de la réalité, ne suffirait-il pas d'un effort de volonté ?

Ce simple aperçu des idées sociales de Campanella montre suffisamment jusqu'à quel point il a devancé les plus hardis penseurs de son temps, et combien il devait paraître dangereux aux maîtres d'alors.

La conspiration dont il avait été l'âme ayant été découverte, il fut conduit à Naples, en prison. Les haines politiques s'ajoutant aux haines religieuses, il comparut devant les tribunaux sous la double accusation de crime contre l'État et de crime contre l'Église. On le soumit aux tortures les plus épouvantables. Il n'y échappa que pour être enfermé vingt-sept ans dans une cellule.

Un auteur contemporain, digne de foi, raconte que « toutes les veines et artères qui sont autour du siège ayant été rompues, le sang qui coulait des blessures ne put être arrêté et que, pourtant, il supporta cette torture avec tant de fermeté que, pas une fois, il ne laissa échapper un mot qu'on pût tourner contre lui. »

Campanella, du fond de son cachot, a retracé ses tourments dans des vers éloquents ; en voici la traduction :

« Voici douze ans que je souffre et que je répands la douleur par tous les sens. Mes membres ont été martyrisés sept fois, les ignorants m'ont maudit et bafoué, le soleil a été refusé à mes yeux, mes muscles ont été déchirés, mes os brisés, mes chairs mises en lambeaux, je couche sur la dure, je suis enchaîné, mon sang a été répandu, j'ai été livré aux plus cruelles terreurs. Ma nourriture est insuffisante et corrompue ; n'en est-ce pas assez, ô mon Dieu, pour me faire espérer que tu me défendras ! Les puissants de ce monde se font un marchepied des corps humains ; des oiseaux captifs, de leur âme ; une boisson, de leur sang ; de leur chair, une pâture à leurs cruautés ; de leurs douleurs et de leurs larmes, une joie pour leur rage impie ; de leurs os, des manches aux instruments de torture usés à nous faire souffrir ; et de nos membres palpitants, des espions et des faux témoins qui nous font nous accuser quand nous sommes innocents. Ils veulent que toute langue maudisse la vertu et exalte leurs vices ; mais du haut de ton tribunal, tu vois tout cela mieux que moi, et, si la justice outragée et le spectacle de mon supplice ne suffisent pas pour t'armer, que du moins, Seigneur, le mal universel t'émeuve, car ta providence doit veiller sur nous ! »

Pour une nature aussi fortement trempée que la sienne, pouvoir vivre avec sa pensée, la répandre au dehors, c'était le salut. On lui donna de quoi lire et écrire ; il ne demanda jamais d'autre grâce et se livra aux travaux de l'intelligence. Philosophie, poésie, morale, politique, économie, il touchait à tout. Ses manuscrits, confiés à des amis qui en surveillaient l'impression, étaient par eux lancés dans le monde, et c'est ainsi que les appels à la liberté venaient d'une voix de prison.

Après un certain nombre d'années, aux rigueurs des premiers temps avait ainsi succédé une tranquillité relative. Le régime auquel Campanella était soumis avait été adouci ; on lui avait accordé la permission de correspondre avec les savants de son siècle et il pouvait les recevoir.

L'intercession généreuse, patiente du pape Urbain VIII lui ouvrit enfin les portes de sa prison. Pour célébrer cette délivrance, toute récente encore, Naudé, alors bibliothécaire de Louis XIII, adressa au pape un panégyrique latin, dont le style un peu affecté manquait d'élégance, mais qui, dans le cas présent, composait « une très belle et très noble action, à savoir la défense et l'apologie, aux pieds du Saint-Siège, de la science et de la philosophie, hier encore persécutées (1). »

Les ennemis de Campanella recommencèrent à l'attaquer ; il lui fallut répondre à de nouvelles accusations. Sa douloureuse captivité ne l'avait pas abattu, et, pour confondre ses ennemis, il retrouva l'énergie de sa jeunesse. Il y avait, selon lui, à procéder à une refonte générale des connaissances humaines, non à une réforme partielle, et il fallait y faire prédominer les sciences naturelles. Il étayait ses réfutations de si solides arguments, empruntés aux Écritures et aux ouvrages des philosophes, que le pape prononça en sa faveur et lui donna liberté absolue.

Il reçut, à Aix-en-Provence, chez le savant Peiresc, une hospitalité magnifique. Louis XIII lui accorda une pension de mille livres, Richelieu l'admit dans le Conseil du roi pour le consulter sur les affaires d'Italie. Ami des Pithou, des La Mothe le Vayer, des Gassendi, des Guy Patin, des Merseur, des Naudé, il acheva paisiblement, le 21 mars 1639, sa vie si agitée et si laborieuse.

Comme Bacon, Campanella attachait une importance capitale à la philosophie de l'histoire et défendait de se former une opinion sur un sujet avant d'avoir recherché dans le passé les solutions diverses qu'il avait reçues. Il voulut fonder les connaissances humaines sur la nature et l'expérience, et soumettre les sciences à une classification nouvelle. Il employa à cette entreprise une ardeur infatigable, un grand amour de la vérité, une pénétration lumineuse, une érudition très vaste.

Par la multiplicité de ses travaux, par son esprit qui était de premier ordre, Campanella, dont le nom est rehaussé par la persécution, brille d'un éclat presque égal à celui de ces deux illustres novateurs : Bacon et Descartes.

(1) Sainte-Beuve.

HAMPDEN

Défenseur convaincu et dévoué, jusqu'à la mort, des libertés, des droits de la nation contre l'usurpation monarchique, Hampden est, pour l'Angleterre, la personnification de l'opposition légale. Aussi, son nom est il cher à ses compatriotes.

Ce grand citoyen qui, avec le droit pour tout appui, ne cessa de marcher vers l'affranchissement de ses concitoyens, mérite d'autant plus les éloges qu'ils lui prodiguèrent de son vivant et après sa mort, que ses biens immenses le mettaient à l'abri des misères dont pouvait souffrir, de par la politique royale, la masse du peuple.

Hampden naquit à Londres en 1594. Il perdit son père de très bonne heure, et commença d'étudier à Thames : il termina son éducation scolaire au collège de la Madeleine, à Oxford; puis il alla suivre les cours de droit d'Inner-Temple.

Sa jeunesse se passa dans l'étude et la réflexion ; aussi, l'un de ses biographes a-t-il pu dire : « Il se garda pur pour son pays et pour la liberté. »

L'austérité de ses mœurs, jointe à la variété de ses connaissances, lui valurent d'entrer très jeune dans la carrière politique. A vingt-cinq ans, il prit place au Parlement, comme représentant du bourg de Grampound. Il commença dès ce moment à soutenir que « le pouvoir de donner aux peuples des institutions politiques, de les détruire ou de les refuser, ne réside pas exclusivement et perpétuellement dans les rois ; que le roi n'est pas le maître, en tout temps, et par sa seule volonté, d'abolir le droit public de son pays, d'en substituer un autre ou de n'en substituer aucun, ce roi s'appelât-il Jacques Ier ou Charles Ier ».

S'inspirant de ses principes, il vota naturellement, le 18 décembre 1621, la *solennelle* protestation des Communes, qui formulait les principaux griefs et proclamait les droits et privilèges du pays.

Hampden fut, pour Charles Ier, monté sur le trône en 1625, un adversaire aussi redoutable qu'il l'avait été pour Jacques Ier. Dès l'ouverture du premier Parlement, à Westminster, le 18 juin 1625, il se rangea ostensiblement du côté des adversaires du trône. Il prit vite parmi eux la place que ses talents et ses vertus lui faisaient mériter, et il s'y maintint avec éclat dans les Parlements suivants.

Calme, ferme, intrépide, toujours un des premiers dans l'attaque, il eut pourtant cette singulière fortune de mériter l'estime et le respect de ses adversaires les plus violents.

Plusieurs Parlements furent tour à tour convoqués, puis dissous par Charles Ier qui voulait briser leur résistance. Toute la lutte pouvait se résumer en ceci : les esprits libéraux du Parlement avaient pris la résolution de ne rien accorder au prince indigent, sans lui arracher quelques concessions en faveur de la liberté civile.

Ce prince eût voulu qu'on lui abandonnât entièrement les privilèges du peuple, et, dès que le Parlement mettait au vote des subsides demandés quelque condition favorable à la liberté, Charles Ier prononçait sa dissolution, espérant qu'un nouveau Parlement lui serait plus soumis.

« Or, accorder ou refuser des subsides était un privilège incontestable des Communes, et, comme tous les gouvernements humains, particulièrement ceux d'une nature mixte, sont dans une continuelle agitation, il était aussi naturel, suivant leurs idées, aussi légitime aux assemblées populaires de prendre avantage des incidents favorables pour assurer la condition des sujets, qu'aux monarques pour étendre leur autorité (1). »

Devant ces refus réitérés des Communes, Charles usa d'expédients, de mesures violentes pour remplir ses coffres. Il exigea de la ville de Londres un prêt de cent mille livres sterling, et ordonna à chaque ville d'armer, avec l'assistance du Canton, un certain nombre de vaisseaux. C'est l'origine de cette taxe qui produisit, dans la suite, de si furieux mécontentements. Pour la justifier, il invoqua un statut extrêmement ancien, que nul ne connaissait, et, qu'à défaut d'abrogation, sa caducité eût défendu d'employer.

Bien que l'Angleterre fût ainsi en butte à l'arbitraire le plus violent, l'esprit national n'était heureusement pas subjugué. Une sourde résistance se fit sentir d'une extrémité du royaume à l'autre, et malgré les instructions sévères données aux commissaires des impositions, beaucoup de citoyens refusèrent le prêt et invitèrent leurs voisins à les imiter.

Parmi eux Hampden et quatre autres chevaliers déployèrent, dans leurs protestations, une ardeur remarquable ; ils furent emprisonnés.

Ils étaient décidés, Hampden surtout, à risquer leurs intérêts, la sécurité de leur vie, par une résistance effective, pour la défense des libertés publiques. Ils souhaitaient de voir évoquer leur cause publiquement ;

---

(1) Hume, *Histoire de la maison de Stuart.*

les échos, se répercutant ainsi dans la nation entière, devaient l'instruire de la fermeté de ses représentants et de l'accueil qu'il fallait faire aux impôts nouveaux répartis arbitrairement, sans avoir été soumis aux délibérations du Parlement.

Charles ne se dissimula pas le danger qui résulterait pour lui de cette agitation, entreprise par Hampden, sur une question de légalité, dans un pays où le citoyen, plus peut-être que partout ailleurs, est jaloux de ses moindres droits et place toute sa confiance dans ses représentants. Cependant, n'osant pas reculer, il accepta la lutte et commença l'action contre Hampden et ses compagnons.

L'affaire fut portée solennellement devant la cour du *Banc du Roi*, cour souveraine de justice qui se tient à Westminster, et toutes les communes furent attentives aux débats d'une cause qui intéressait si fort les libertés publiques.

Hampden, condamné par des juges complaisants, — on avait déplacé ceux qui paraissaient peu favorables aux vues de la cour, — devint l'idole de la nation. En signe de protestation, le peuple l'envoya derechef au Parlement. Il y continua la lutte contre le pouvoir tyrannique de Charles Ier. Las enfin de la contrainte où il se voyait en Angleterre, Hampden, plusieurs années après, mit à la voile, avec quelques amis, pour l'Amérique, où ils voulaient aller fonder un gouvernement libre. Un ordre du Conseil les empêcha d'exécuter leur projet, mais ils n'en furent que plus aigris contre la Cour.

Charles Ier, plus tard, dut amèrement regretter cet acte arbitraire, car, parmi les voyageurs qui s'expatriaient ainsi avec Hampden, se trouvait Olivier Cromwell !

Dans l'année 1637, Hampden vit justement s'accroître sa popularité. « Il mérita une réputation distinguée dans la postérité, par la fermeté avec laquelle il soutint les lois et la Constitution de sa Patrie (1). »

Charles Ier, en imposant une nouvelle taxe sur les vaisseaux, s'était retranché derrière un avis des juges, par lequel ceux-ci disaient servilement, que « dans les cas de nécessité, le roi pouvait imposer cette taxe et qu'il était le seul juge de cette nécessité ».

Le fisc n'avait demandé que 20 schellings à Hampden pour une terre qu'il possédait dans le comté de Buckingham. Cette taxation tout arbitraire pouvait être considérée, dans le cas présent, comme une faveur. Mais Hampden, voyant seulement la question de principe, ne se préoccupa point de savoir s'il aurait contre lui la Cour, les juges et le Parlement : il refusa de payer un impôt illégal, un impôt que le Parlement n'avait pas voté.

Le procès vint à la *Chambre de l'Échiquier*, devant tous les juges de l'Angleterre ; il dura douze jours, pendant lesquels il concentra toute l'attention du pays.

(1) David Hume.

HAMPDEN
(d'après un document conservé à la Bibliothèque Nationale).

Malgré l'éloquence du conseil d'Hampden et les arguments de droit qu'il avait fait valoir, « une troupe de juges prostitués », à l'exception de quatre, se rangèrent à l'avis de la couronne et condamnèrent le courageux représentant. Le résultat que cherchait Hampden était atteint. Le peuple, enfin éclairé, s'aperçut que la Constitution menaçait de devenir le jouet de l'autorité royale; il secoua l'engourdissement qui l'avait tenu si longtemps et commença de réagir.

Dans le Parlement que, pour donner à ses actes un semblant de légalité, Charles Ier convoqua, au moment du soulèvement de l'Écosse, Hampden prit sa part de la grande lutte entreprise contre tous les actes et les agents de ce pouvoir décrié, lutte qui se termina par la mise en accusation de lord Strafford, de l'archevêque Laud; la suppression de la taxe des vaisseaux, reconnue arbitraire, la révocation de la sentence prononcée contre Hampden, l'abolition de la Cour d'York.

Enfin, la Chambre adopta toutes les mesures qui pouvaient mortifier la Couronne.

Un instant, grâce à l'entrée aux affaires d'un homme populaire, plein de prudence et de modération, la royauté sembla marcher avec la majorité; Hollis, Pym, lord Cottington, devaient être promus à différents postes importants; Hampden était désigné comme précepteur du prince de Galles. Mais ces projets, retardés, ne furent pas exécutés.

Suivant une promesse qu'il avait faite aux habitants de l'Écosse, Charles Ier partit pour ce pays vers la fin de l'été de l'année 1641. Les deux Chambres décidèrent qu'une commission, à la tête de laquelle on plaça Hampden, accompagnerait le roi afin d'en surveiller les actes, et en réalité, pour éclipser la majesté royale, en relevant le prestige du Parlement.

La vigilance de ces gardiens de la constitution anglaise déjoua les mauvais desseins du prince. Celui-ci, dépité de ses fréquents insuccès, comprenant qu'il se heurterait toujours à cette barrière du Droit que lui opposaient ses ennemis, résolut de tenter contre eux un coup de force. Le 3 janvier 1642, le procureur général vint, en son nom, sommer la Chambre haute de lui livrer, comme coupables de haute trahison, cinq de ses membres, au nombre desquels Hampden. L'accusation ne reposait sur aucune base; elle étonna et indigna profondément le Parlement et le pays.

Le lendemain, le roi vint lui-même pour procéder violemment à l'arrestation de ceux que, disait-il, sa justice attendait. Mais Hampden et ses amis, avertis de la résolution de Sa Majesté royale par la comtesse de Carlyle, eurent le temps de se retirer avant l'arrivée de la troupe et du roi, qui essuya ainsi un nouvel échec. Les accusés avaient été mis sous la protection armée de la cité de Londres. Charles, insulté dans son carrosse, et redoutant les excès de la foule, quitta la capitale, où il s'était créé une situation insoutenable, et se retira au château d'Hamptoncourt.

Les pétitions contre les prérogatives et le despotisme de la Couronne affluèrent au Parlement. Les mendiants, les porte-faix, les apprentis, les femmes même en adressèrent séparément. Six mille personnes du comté de Buckingham ne se bornèrent pas à pétitionner, promettant de vivre et de mourir pour la défense des droits en cause : elles se rendirent en armes à la porte du Parlement, pour témoigner du concours qu'elles apportaient à Hampden, leur représentant, dont elles approuvaient, sans réserve, la conduite, si le roi cherchait à mettre ses menaces à exécution.

Le Parlement, ayant refusé avec raison de laisser à Charles le commandement des armées, celui-ci crut que le prestige de la monarchie entraînerait les provinces de son côté. Il marcha vers le sud, et arbora son étendard à Nottingham ; c'était le signal annonçant l'ouverture des hostilités.

Hampden alors se fit d'orateur soldat, contribua, pour une forte somme, à alimenter le budget, et fut nommé colonel dans l'armée que le Parlement avait confiée au comte d'Essex. Il apporta, dans cette guerre, les qualités qui lui avaient conquis une place si importante à la Chambre, et nul doute que, s'il avait été le commandant en chef, il eût remporté des avantages décisifs.

Ce fut lui qui, par son audace calculée et mesurée, décida du gain de la bataille d'Edge-Hill (23 octobre 1642) ; ce fut lui encore qui rallia à Rondway-Down les troupes parlementaires.

Le 19 juin, Hampden, trouvant les royalistes près de Chalgrave-Field, les attaqua vigoureusement et poussa au plus fort de la mêlée, comme un simple volontaire.

Grièvement blessé de deux balles qui lui avaient fracassé l'épaule, il fut contraint de quitter le champ de bataille. Quelques jours après il mourait, sans haine contre ses ennemis, en émettant le vœu que le cœur du roi et de ses ministres fût éclairé. Charles Ier, au contraire, manqua de générosité envers l'adversaire qui l'avait toujours combattu si loyalement ; il ne cacha pas la satisfaction que lui causait cette mort pleurée par toute l'Angleterre.

« Jamais homme, dit M. Guizot, n'avait inspiré à un peuple tant de confiance. Les plus modérés croyaient à sa sagesse, les plus emportés à son dévouement patriotique, les plus honnêtes à sa droiture, les plus intrigants à son habileté. »

Le grand historien de l'Angleterre, David Hume, porte, à son tour, le jugement suivant :

« On admirait, dans ce fameux personnage, beaucoup de talents et de vertus, et sa valeur dans cette guerre avait brillé avec autant d'éclat que toutes les autres perfections par lesquelles il s'était distingué. La douceur dans le commerce de la vie, la modération, l'art et l'éloquence dans les débats de la Chambre, la pénétration et le discernement dans les conseils, l'industrie, la vigilance et la chaleur dans l'action sont autant d'éloges que les historiens des partis les plus opposés lui accordent sans exception. L'honnêteté même de sa conduite et de ses principes dans les devoirs de la vie privée est à couvert de reproches. »

Clarendon, de son côté, achève, en trois lignes, de nous peindre ce défenseur dévoué de la liberté : « On peut, écrit-il, lui appliquer ce qu'on a dit de Cinna, qu'il avait un esprit pour tout inventer, une langue pour tout persuader et un bras pour tout exécuter. »

WASHINGTON

La vie de Washington a été si intimement liée aux événements qui assurèrent l'indépendance des États-Unis, elle se confond avec eux d'une façon si indissoluble, que parler de l'homme qui présida, un moment, aux destinées de ce peuple, c'est raconter l'histoire même de ce peuple.

« C'est de l'année 1776, du 4 juillet, jour de la déclaration d'Indépendance qu'on date la Révolution américaine. C'est ce jour-là, en effet, que les Colonies rompirent l'allégeance (1) et se mirent en guerre avec la Métropole »; mais on se tromperait étrangement si l'on supposait que cette grande révolution éclata soudainement, sans avoir été précédée de tempêtes, de présages avant-coureurs. Il y avait trente ans que les nuages s'amoncelaient et que l'orage, près d'éclater, était signalé par les gens réfléchis. L'abandon du Canada par la France, en 1763, à la suite de la guerre de Sept Ans, prépara la catastrophe finale. Cette guerre avait épuisé l'Angleterre qui maintenant payait cher ses triomphes. Elle songea alors à faire contribuer les colonies d'Amérique à ses lourdes dépenses. N'était-ce pas pour les défendre qu'avait été entreprise la conquête du Canada?

D'ailleurs, par l'accroissement de leurs forces et l'extension commerciale qui en était la conséquence naturelle, elles commençaient à inspirer quelques craintes; elles auraient pu, un jour, se jeter dans les bras de la France; or, l'occupation des colonies françaises détruisait toutes ces craintes et permettait de ne plus ménager désormais les colons dont on n'avait plus rien à redouter.

Le commerce, atteint par de nombreuses mesures restrictives, se plaignait violemment de la Métropole, lorsqu'en 1764, le Parlement rendit le fameux bill du timbre. Jamais jusqu'alors, les Colonies n'avaient payé à l'Angleterre aucun impôt direct. Les lois anglaises ne

---

(1) Obligations du sujet envers le roi, en Angleterre.

reconnaissaient, d'ailleurs, que l'impôt consenti. La colère fut donc universelle. Cependant, on commença par des réclamations. Elles furent vaines; toutefois nul ne se soumit à l'impôt nouveau, quoique bientôt il eût été remplacé par d'autres sur le thé et le papier. Mais le principe même de la taxation des Colonies était maintenu, la tyrannie anglaise se montrait vivace et prête à tout envahir : les Colonies ne cessèrent de protester et finirent par s'armer.

Les intentions de la Métropole n'étaient pas douteuses : la première mesure qu'elle avait prise avec le bill des timbres était une mesure d'essai qui devait bientôt être suivie d'autres; il s'agissait de tondre l'Amérique, on ne s'en cachait plus.

Le docteur Samuel Johnson, qui avait mis sa plume au service du ministère anglais, n'écrivait-il pas, dans un pamphlet : « Les colons n'ont point été taxés, dans les premiers temps, qu'est-ce que cela prouve ? *Nous ne mettons pas le veau à la charrue; nous attendons qu'il soit bœuf* (1). »

Jusqu'en 1773, les Colonies usèrent de patience envers la Métropole, refusant, il est vrai, de se soumettre aux nouvelles taxes, combattant au besoin les troupes anglaises, mais ne cessant cependant de protester de leur fidélité envers le roi et la mère-patrie. Les Américains demandaient seulement à être traités non pas en fils mineurs, mais en frères.

Au Congrès de 1775, la voix de Patrick Henry s'éleva contre cette réconciliation à outrance que prêchaient quelques membres. Depuis trop longtemps, selon lui, on s'abandonnait aux illusions de l'espérance ; il n'y avait plus qu'un parti à prendre : vaincre ou mourir.

Les cœurs furent gagnés par sa mâle éloquence : ses résolutions furent votées.

A quelque temps de là, le 26 mai, le Congrès, invoquant la situation critique des Colonies, les actes du Parlement, le sang versé, l'arrivée prochaine de renforts anglais, déclara que « pour défendre les Colonies, et les mettre à l'abri de toute tentative à main armée, afin d'exécuter les actes du Parlement, *il fallait placer les Colonies sur le pied de défense.* »

En d'autres termes, le Congrès levait une armée. Qui mettrait-il à la tête de cette armée, du sort de laquelle allait dépendre la vie d'un peuple? Il hésita un moment, puis par un vote unanime, le 15 juin 1775, Georges Washington fut nommé général en chef de toutes les forces levées ou à lever, pour la défense des Colonies, avec appointement de 500 dollars par mois.

Quel était cet homme qui allait prendre une si grande place dans l'Histoire ?

L'éminent historien des États-Unis, Laboulaye, va nous répondre.

« Georges Washington avait alors quarante-trois ans; il était né en

(1) Cité par Ed. Laboulaye.

Virginie, le 11 février 1732 ; son arrière-grand-père, John Washington, était un gentleman anglais qui, quatre-vingts ans plus tôt, était venu s'établir en Virginie. Son éducation avait été des plus simples ; la géométrie, la trigonométrie, l'arpentage y avaient tenu la plus grande place. Sa mère, qu'il aimait tendrement, avait refusé d'en faire un marin ; il s'était destiné à la profession d'arpenteur, profession qui ne ressemble à rien de ce que signifie ce nom pour les habitants de l'ancien monde. En Amérique, dans ce pays où le désert recule chaque jour, l'arpenteur est le pionnier de la civilisation. C'est lui qui parcourt le désert, le découvre, le mesure et prépare ainsi les voies de colonisation. A l'époque de Washington, il y avait, de plus, les rapports avec les Indiens, le charme de l'inconnu et même du danger.

« Depuis un mois, écrit-il en 1748, je n'ai pas couché quatre nuits dans un lit ; je marche tout le jour ; le soir, je me mets auprès du feu avec un peu de paille ou de foin, ou sur une peau d'ours, à côté du mari, de la femme, des enfants, comme des chiens et des chats, et heureux celui qui a le coin du feu. »

En vrai citoyen américain, son père lui avait donné une instruction non pas classique, mais solide, qui pût lui servir utilement dans les besoins journaliers de la vie. Il ne connaissait qu'une langue, l'anglais, et, si plus tard, il parvint à comprendre un peu le français, ce fut par la fréquentation assidue de nos compatriotes pendant la guerre d'Indépendance. La jeunesse de Washington se ressentit de son éducation première. Il laissa de côté la vie spéculative pour la vie au grand air, pour la vie active. Ce qu'il lut le plus, ce fut le livre de la Nature, toujours plein d'enseignements. Son étude favorite, c'est le désert ; il le traverse en tous sens, par amour de voyageur, puis, plus tard, il entre dans la milice, où il continue de mener une existence aventureuse.

De bonne heure, il s'était habitué à marcher droit devant lui, vers le but qu'il s'était assigné. Il ne songe aux obstacles que quand il les rencontre. Alors, il s'arrête, il réfléchit, il agit.

Il prit du service militaire, car le métier de soldat convenait bien à ses habitudes, et il se distingua, de bonne heure, contre les Français, dans la lutte pour la délimitation des frontières franco-anglaises. Washington avait alors le grade d'adjudant général des milices de Virginie ; il déploya, dès cette époque, la froide audace, l'énergie physique et morale dont il fit preuve pendant toute sa carrière.

Dans cette expédition, où périt, victime de son imprudente bravoure, le général Braddock, Washington conquit l'admiration de l'armée.

Les officiers, ses camarades, tombaient les uns après les autres, tués ou blessés ; Washington lui-même reçut quatre balles, qui, heureusement, ne trouèrent que ses vêtements, et il eut deux chevaux tués sous lui.

Très calme, il examina la situation ; et, grâce à sa connaissance du terrain, à son sang-froid qui ne l'empêcha pas d'être parmi les plus vaillants, il rallia les troupes de Braddock, parvint à reprendre les restes de ce général, donnant aux Américains cette joie secrète, qu'au milieu de la défaite des Anglais, un citoyen d'Amérique s'était conduit en héros.

C'est à la suite de cette campagne glorieuse que Washington fut nommé colonel et mis à la tête de l'armée de Virginie. La droiture de son caractère, son expérience des choses militaires lui gagnèrent l'affection et le respect de ses subordonnés. A vingt-sept ans il avait les qualités d'un homme supérieur.

Il quitta l'armée en 1775, et épousa une jeune veuve, charmante et très riche, mistress Cartha Curtis.

La mort de son père, puis celle de son frère survenue quelque temps après, avaient augmenté ses biens, en sorte qu'il se trouvait être l'un des plus grands propriétaires de la Virginie.

Mistress Cartha Curtis avait, de son premier mariage, deux enfants qu'adopta Washington; elle n'en eut pas de la seconde union. Washington l'aimait tendrement, et dès que les affaires de son pays lui laissaient quelques loisirs, il s'abandonnait aux douces joies du foyer domestique.

Washington fut appelé, comme représentant, à l'Assemblée, qui siégeait à Williamsbourg. La Chambre, sur l'initiative d'un grand nombre de ses membres, avait décidé de remercier, par une manifestation publique, le jeune colonel qui avait déjà rendu tant de services à sa patrie. A peine fut-il entré que le président, M. Robinson, se fit, dans un discours fort éloquent, l'interprète des sentiments de la Chambre, en souhaitant au nouvel élu une cordiale bienvenue, et en le félicitant de son dévouement et des succès qu'il avait obtenus dans la défense des intérêts nationaux.

Washington voulut répondre; mais l'émotion le gagna et il resta debout dans l'impossibilité de prononcer une phrase.

L'aimable président, M. Robinson, voyant son embarras, l'en tira aussitôt, aux applaudissements de la Chambre.

« Asseyez-vous, Monsieur Washington, dit-il en souriant, votre modestie égale votre valeur, elle en dit plus que toutes mes paroles (1). »

C'est ainsi que Washington débuta comme orateur. Dans le cours de sa carrière politique, il lui arriva de prononcer de temps à autre quelques paroles; mais il eut ce mérite de ne jamais abuser du discours.

Jusqu'en 1773, il joua un rôle tout à fait effacé, partageant son temps entre ses fonctions de député et ses occupations de famille dans ses belles propriétés de Mont-Vernon. Aussi fut-il étonné, en apprenant que c'était lui que le Congrès avait choisi pour diriger les opérations militaires.

Non seulement il n'avait pas brigué cet honneur, mais il l'avait

---

(1) Ed. Laboulaye.

repoussé, parce que, dans sa modestie, il croyait trop lourde pour ses capacités la tâche qu'on lui offrait. Il l'accepta néanmoins, non avec enthousiasme, mais presque par devoir, comme le soldat obéit à qui le commande. Il s'inclinait devant la volonté du Congrès, tout en protestant de son insuffisance personnelle.

« Simple soldat, dit excellemment Lafayette en le caractérisant, il eût été le plus brave; citoyen obscur, tous ses voisins l'eussent respecté. Avec un cœur droit comme son esprit, il se jugea toujours comme les circonstances. En le créant exprès pour cette révolution, la nature se fit honneur à elle-même, et pour montrer son ouvrage, elle le plaça de manière à faire échouer chaque qualité, si elle n'eût été soutenue de toutes les autres. »

Voilà bien le portrait de cet homme d'une simplicité antique, de ce grand citoyen, si digne d'être surnommé le Fabius américain.

Sa simplicité se révèle dans les quelques paroles par lesquelles il remercia le Congrès du témoignage de considération et de confiance qu'il venait de lui donner :

« Je suis vraiment touché de l'honneur qu'on m'a fait, mais j'éprouve une grande inquiétude; je sens que mes talents et mon expérience militaire peuvent ne pas répondre à l'étendue et à l'importance de la mission qu'on me confie. Cependant, puisque le Congrès le désire, j'accepte ce devoir difficile; je ferai tout mon possible pour le service du Congrès, pour le soutien d'une glorieuse cause. Je prie le Congrès de recevoir mon remerciement cordial pour ce beau témoignage de son approbation.

« Mais s'il arrive quelque événement malheureux qui soit défavorable à ma réputation, je prie tous les membres de cette assemblée de se souvenir qu'aujourd'hui, je déclare, avec la plus entière sincérité, que je ne me crois pas égal au commandement dont on m'honore.

« Quant à la solde, je prie le Congrès de croire qu'aucune considération pécuniaire ne m'aurait fait accepter cet emploi difficile, au prix de mon bien-être et de mon bonheur domestiques ; je ne veux donc point tirer un revenu de mon commandement. Je tiendrai un compte exact de mes dépenses. Je ne doute pas que le Congrès ne les acquitte : c'est tout ce que je désire. »

Le Congrès répondit à ce discours si simple en remettant à Washington, avec le brevet de commandant en chef, des instructions qui se résumaient en ces paroles mémorables :

« Autorité vous est donnée de disposer de l'armée sous votre commandement de la façon que vous jugerez la plus avantageuse pour arriver au but que nous proposons; dans cette grande mission qui vous est confiée, que votre soin principal soit : *que les libertés d'Amérique ne reçoivent pas de détriment.* »

La situation était difficile ; le succès de la cause américaine, plus que douteux. Il n'y avait point d'armée, point d'argent; les quelques milliers de soldats qui étaient sous les armes se trouvaient sans chaussures, sans vêtements, sans solde, disposés à se mutiner. Washington ne regarda pas le danger, mais son devoir. Esprit d'ordre, il organisa rapidement la résistance, et, par sa fermeté, diminua les embarras du dedans. Il ne se hasarda point dans les entreprises qui peut-être lui eussent valu des succès brillants, qui peut-être aussi, eussent compromis, d'un coup, la cause qu'il avait à défendre. Il ménagea ses soldats, les habitua peu à peu au feu de l'ennemi, qu'il ne cessait de harceler. Dans un tel moment, en effet, temporiser, c'était vaincre.

C'est contre Boston qu'il tourna d'abord ses efforts. Il fut assez heureux pour débuter par un succès; Boston succomba, le 17 mars 1776. Les Américains s'enthousiasmèrent de ce premier résultat, dans lequel ils virent l'augure de leur délivrance.

L'approche de nouvelles forces britanniques, loin d'abattre le courage des colons, détermina la proclamation de l'Indépendance, qui eut lieu le 4 juillet 1776.

C'était une ère nouvelle qui s'ouvrait pour les Américains. Ils avaient encore à lutter, afin de garantir cette liberté que l'Angleterre prétendait leur ravir; mais, du moins, la proclamation équivalant, dans de telles circonstances à un serment, était faite. De ce jour-là, ils s'appelèrent *Américains*, et, pour que rien ne restât de leur sujétion passée, le nom de *Colonies* disparut et fit place à celui d'États-Unis.

Dans cette déclaration, les représentants des États-Unis disent qu'ils croient devoir exposer aux yeux du monde et déclarer les motifs qui forcent le peuple américain à la séparation. Suit l'énumération des justes griefs des États-Unis contre les Anglais; l'oppression croissante de ceux-ci, *qui ont été sourds à la voix de la justice et de la parenté*, etc.

Le *Credo* des Américains, qu'on trouve en tête de la déclaration d'Indépendance, peut se résumer ainsi :

« Dieu a fait tous les hommes originairement égaux; il leur a donné le droit de vivre, d'être propriétaires, et autant de liberté qu'il est possible d'en avoir, sans empiéter sur les droits d'autrui. Tout gouvernement n'est qu'un établissement politique, un contrat tacite entre gens naturellement égaux, établissement fait pour servir au bonheur de toute la communauté, et non pas à l'agrandissement d'un seul homme ou de quelques privilégiés (1). »

Voici quelle était la fin de cette déclaration immortelle :

«... En conséquence, nous, les représentants des États-Unis d'Amérique, assemblés en Congrès général, en appelant au Juge suprême de l'Univers qui connaît la droiture de nos intentions, nous publions et déclarons solennellement, au nom de l'autorité du bon peuple de ces colonies, que ces Colonies Unies sont et ont droit d'être des *États libres et indépendants*; qu'elles sont dégagées de toute obéissance envers

(1) Ramsay, citation de M. Laboulaye.

WASHINGTON
(d'après la statue, par Daniel French, offerte à la Ville de Paris par la République américaine et érigée place d'Iéna).

la couronne de la Grande-Bretagne; que toute union politique entre elles et l'État de la Grande-Bretagne est et doit être entièrement rompue, et que, comme les États libres et indépendants, elles ont pleine autorité de faire la guerre, de conclure la paix, de contracter des alliances, d'établir le commerce et de faire tous les autres actes ou choses que des États indépendants ont droit de faire. Et, pleins d'une ferme confiance dans la protection de la divine Providence, nous engageons mutuellement au soutien de cette déclaration, notre vie, nos biens et notre honneur. »

Au moment même où les colonies d'Amérique se constituaient en État, une armée considérable s'avançait pour étouffer l'insurrection. Les troupes anglaises, aguerries, vainquirent d'abord ce peuple qui n'avait pas encore d'armée organisée. Le général Howe s'empara de Long-Island, gagna la bataille de Brooklyn, occupa New-York, centre du commerce américain, et chassa Washington de l'île, tandis que les tribus indiennes, soudoyées par l'Angleterre, portaient partout le carnage et l'horreur d'une guerre de sauvages.

La position de Washington était très critique et, sur ses justes plaintes, le Congrès donna l'ordre de former une armée permanente, investit Washington, pour six mois, de pouvoirs extraordinaires, et lui confia, bientôt après, la conduite souveraine de la guerre.

Ces heureuses décisions portèrent leurs fruits. Washington, par les victoires de Trenton et de Princeton (25 décembre 1776), mérita le titre de sauveur de la patrie; l'enthousiasme se ranima et de nombreuses milices accoururent à son camp.

Décidé à ne pas commettre au hasard d'une bataille la liberté de son pays, et posté dans les montagnes de Gersey, Washington tint pour ainsi dire la guerre en suspens.

L'année suivante, l'Angleterre avait concentré en Amérique trois armées pour étouffer enfin l'insurrection. Jamais la liberté américaine n'avait couru pareil danger, lorsqu'un événement inattendu exalta tous les courages et sembla décider la question.

En septembre 1776, trois personnes, parmi lesquelles Franklin, avaient été envoyées en mission secrète, pour tâcher d'attirer au secours de l'Amérique les peuples d'Europe qu'elle savait mal disposés à l'égard de l'Angleterre. Franklin réussit à intéresser la France dans cette querelle.

Le 16 décembre 1777, les Commissaires des États-Unis furent informés que Louis XVI était décidé à reconnaître l'indépendance des États-Unis et à faire un traité avec eux.

Ce fut, dans toute l'armée américaine, une explosion d'enthousiasme. Les cris de : « Vive la France ! » éclatèrent de toutes parts; des discours furent prononcés, des feux de joie furent allumés. La Fayette, qui, le premier, avait reçu dans le camp la nouvelle du traité, courut l'annoncer à Washington, qu'il embrassa en pleurant de joie. Le peuple sentait qu'avec l'appui de la France, il était sauvé.

« Ce sont là de grands et beaux souvenirs pour nous, des souvenirs qu'il ne faut pas laisser perdre. Nos histoires sont pleines de guerres avec l'étranger, de haines et de violences séculaires : cela entretient chez nous un patriotisme ombrageux qui a son bon et son mauvais côté, mais il y a aussi des pages, qui sans nous rendre moins patriotes, nous laissent de plus douces émotions. Plus d'une fois, la France a été au dehors, sans autre intérêt que de servir l'indépendance d'un peuple opprimé. La Grèce, l'Italie, l'Amérique ont vu nos soldats arriver et sortir en amis ; ce sont nos trophées les plus glorieux et les plus purs ; ne les perdons pas (1). »

Avec le secours de la France, Washington put frapper des coups décisifs.

Poursuivi par le glorieux général américain, qui avait sous ses ordres les officiers français La Fayette et Rochambeau, le général anglais Cornwallis fut obligé de s'enfermer dans York-Town et de s'y fortifier ; les efforts combinés des Américains et des Français amenèrent la reddition de la place : les troupes de terre prisonnières des États-Unis, les troupes de mer prisonnières de la France.

La défaite de lord Cornwallis, c'était la fin de la guerre d'Amérique. L'heure de la justice était sonnée ; le droit primait enfin la force.

Après de longs préliminaires de paix, le traité définitif fut signé, le 3 septembre 1783, à Versailles. L'indépendance des États-Unis était solennellement reconnue par l'Angleterre.

La mission de Washington était terminée, et combien plus heureusement qu'il ne l'espérait ! Après avoir vu triompher la cause qu'on l'avait chargé de soutenir, fêté, acclamé, il allait reprendre la vie commune. Rentrer dans la foule au-dessus de laquelle on se tint si longtemps, s'y perdre avec le souvenir, accablant comme une obsession, des joies, des succès, de la gloire de l'époque triomphale... dure épreuve pour les grands hommes ! Nul n'en sortit jamais mieux que lui.

Des occasions s'étaient présentées dont il n'avait qu'à profiter ; il ne voulut pas abuser de la puissance qu'il avait acquise, de la confiance qu'il avait su inspirer à ses compatriotes.

Il n'avait qu'un mot à dire, et tous, citoyens et soldats, l'eussent salué et suivi avec empressement. Des officiers étaient même venus lui offrir leur concours pour l'élever à la magistrature suprême. Washington, songeant avant tout à sa patrie, avait répondu :

« Je cherche en vain, dans ma conduite, ce qui a pu encourager une proposition qui me paraît renfermer les plus grands malheurs. Laissez-moi vous conjurer, si vous avez quelque amour pour votre pays, quelque respect pour moi, quelque égard pour vous-même et pour la postérité, de bannir ces pensées de votre esprit. »

Les adieux de Washington aux soldats qui avaient été les compa-

---

(1) Ed. Laboulaye.

gnons de sa fortune eurent lieu le 4 décembre 1783. Les officiers s'étaient rassemblés à Franc-Tavern. Washington parut au milieu d'eux et fit apporter un verre de vin.

« Mes amis, dit-il, c'est avec un cœur plein d'amour et de reconnaissance qu'aujourd'hui je prends congé de vous. Puissent les jours qui vont suivre être aussi heureux pour vous que les premiers ont été honorables et glorieux (1). »

Il but ensuite et ajouta : « Je ne puis aller à chacun de vous lui dire adieu, mais je serais reconnaissant si chacun de vous veut venir me donner la main. »

Le général Knox s'avança le premier.

« Washington, ému, incapable de parler, l'embrassa. Les officiers se présentèrent les uns après les autres; on se serra la main sans dire un mot; les larmes étaient dans tous les yeux (2). »

Ainsi que Washington l'avait annoncé en recevant le commandement de l'armée américaine, il soumit *l'état justifié des sommes qu'il avait employées pendant sa dictature*, remit ses pouvoirs au Congrès et accepta, pour toute récompense de ses services, l'exemption de la taxe des lettres (3).

Il n'avait été soldat que par occasion, pendant une crise; il était heureux de laisser l'épée et de se reposer après tant de gloire.

Toute sa modestie éclate dans la lettre qu'il écrivit le 1er février 1784 à La Fayette, aussitôt après la résignation du commandement:

« Enfin, mon cher marquis, je suis, à présent, un simple citoyen, sur les bords du Potomac, à l'ombre de ma vigne et de mon figuier... » On est dans Plutarque, dit Sainte-Beuve, on est aussi dans la réalité moderne.

Washington n'eut pas le loisir de rester à l'ombre de son figuier.

Nommé député, sans l'avoir aucunement sollicité, par l'Assemblée de la Virginie, il contribua, pour une grande part, à la rédaction de la Constitution du pays qu'il avait sauvé, et, pour ainsi dire, fondé. Appelé à la présidence de l'Union en 1789, il fut réélu quatre ans après. La troisième fois qu'on voulut le porter, il refusa formellement et rentra dans la vie privée, afin de ne pas paraître établir l'inamovibilité pour la première fonction du pays. Cet acte de sage politique et de ferme républicanisme contribua plus à consolider la constitution nouvelle que tous les articles de lois. Il apprit aux Américains à se défier de l'enthousiasme, même justifié, et de la déification des individus.

« Homme unique dans l'histoire jusqu'à ce jour, homme de gouvernement, de pouvoir, de direction nationale et sociale, et, en même

---

(1) Ed. Laboulaye.
(2) *Idem.*
(3) Cette faveur a, depuis, été accordée aux présidents, à l'expiration de leur mandat.

temps, homme de liberté, d'une intégrité morale inaltérable. Le nom de Washington va rejoindre, à travers les siècles, ces noms presque fabuleux, des Épaminondas et des héros de la Grèce. »

« Quelque chose de silencieux, a dit Chateaubriand, enveloppe les actions de Washington ; il agit avec lenteur : on dirait qu'il se sent le mandataire de la liberté de l'avenir et qu'il craint de la compromettre. Ce ne sont point ses destinées que porte ce héros d'une nouvelle espèce, ce sont celles de son pays ; il ne se permet pas de jouer ce qui ne lui appartient pas. Mais de cette profonde obscurité, que de lumière va jaillir ! Cherchez les bois inconnus où brilla l'épée de Washington. Qu'y trouverez-vous ? Des tombeaux ? Non, un monde ! Washington a laissé les États-Unis pour trophée sur son champ de bataille. »

Quand il mourut, au milieu de ces hommages officiels qui, d'ordinaire, passent si vite, s'éleva la voix du Congrès en deuil, proclamant Washington, « l'homme qui avait été le premier dans la guerre, le premier dans la paix, le premier dans le cœur de ses compatriotes (1). »

(1) Ed. Laboulaye.

KOSCIUSZKO

C'est, pour nous autres Français, un double plaisir que parler de Kosciuszko. Cela, en effet, nous donne l'occasion de glorifier cette liberté pour laquelle il est mort, et de revivre quelques instants avec un peuple malheureux qui nous est toujours cher.

D'autres furent aussi vaillants, a dit Michelet, d'autres plus grands peut-être, ou plus exempts de faiblesse. Kosciuszko fut, entre tous, éminemment bon.

« Un héros, un saint, un simple : voilà tout Kosciuszko. »

Il naquit à Sichnowiezc, en Lithuanie, le 12 février 1746. Placé à l'école des cadets, à Varsovie, il en devint bientôt, par son application au travail, l'un des meilleurs élèves. Pour combattre le sommeil, afin de poursuivre plus avant dans la nuit ses études, il se plongeait les pieds dans l'eau froide. Redoutable épreuve dans un tel climat !

Il traversa les différentes villes militaires ou maritimes de l'Europe, s'arrêta à Versailles, Brest, Paris, et revint à Varsovie où le brevet de capitaine lui fut conféré.

Les colonies d'Amérique luttaient pour conquérir leur indépendance. Kosciuszko, qui avait puisé en France les principes d'humanité et de liberté que les philosophes y répandaient alors, s'embarqua pour aller se ranger sous les drapeaux de Washington.

Il mit au service de la cause américaine, ses qualités d'ingénieur, de militaire, son intrépidité native.

Les États-Unis étaient fondés. Kosciuszko retourna en Pologne; elle se mourait.

Il entra dans l'armée, comme général, et soutint contre les Russes une lutte héroïque, mais inutile. Le faible roi de Pologne accepta par un décret le second partage de ce pays.

Kosciuszko dut s'exiler. La Convention venait de lui accorder le titre de citoyen français, mais il ne voulut pas venir habiter la France. Prévoyant que sa patrie ne supporterait pas longtemps la domination

KOSCIUSZKO
(d'après un document conservé à la Bibliothèque Nationale).

russe, et qu'il aurait bientôt à reprendre son épée, Kosciuszko se fixa à Dresde. C'est là qu'au commencement de l'année 1794, les conjurés polonais vinrent le chercher pour l'amener à Cracovie, où les troupes insurrectionnelles l'acclamèrent comme chef. Il accepta, prêta serment à la Nation et nomma un Conseil national pour l'assister.

Ses premiers actes furent simples et grands ; il décréta la levée générale de toute la jeunesse polonaise, sans distinction de classes, et adressa une proclamation touchante, qui devait aller au fond de tous les cœurs :

« ... Persuadés que le succès de notre grande entreprise dépend surtout de notre étroite union, nous renonçons à tous les préjugés de l'opinion et des distinctions qui ont partagé ou qui ont pu séparer jusqu'à présent les citoyens, habitants d'une même terre, et, les fils d'une même patrie. »

Malheureusement ces belles paroles ne furent pas longtemps écoutées.

Après une résistance désespérée, l'armée polonaise fut écrasée à Podzmance par des forces presque quadruples.

Il ne survécut que peu d'officiers à cette terrible journée. Kosciuszko avait été blessé à la poitrine; il fut conduit avec les autres prisonniers à Pétersbourg où ils restèrent deux ans au secret, traités avec une véritable barbarie.

Quand l'un d'eux, le banquier Kaposta, reprocha au procureur général Samoïloff que, selon la capitulation de Varsovie et d'après la parole d'honneur de Souvarow qui garantissait, au nom de sa souveraine une amnistie complète aux citoyens de cette capitale, il ne s'attendait jamais à se voir saisi et enfermé dans un cachot, Samoïloff, avec une franchise vraiment admirable, lui répondit par ces mots : « Les raisons d'État ne connaissent ni bonne foi, ni justice ! (1) »

A la mort de Catherine II (1796), Kosciuszko revit la liberté. Il se rendit à New-York, où le Congrès lui vota une pension en récompense de ses anciens services.

Mais il était trop loin de la Pologne. Il se retira en France, à Fontainebleau, dans une solitude profonde.

On raconte sur ce séjour une anecdote qui montre bien quel respectueux amour il avait su inspirer à ses compriotes.

Un régiment polonais qui formait l'avant-garde de l'armée russe dans la campagne de 1814, marchait sur Fontainebleau; les soldats bivouaquaient dans un village voisin et y commettaient beaucoup de désordres; ils coupaient des arbres fruitiers, ils lâchaient la bonde des étangs empoissonnés. Leurs officiers les laissaient faire sans mot dire. Tout à coup, un fermier du bourg s'approche et, d'un ton de commandement, d'une voix sévère, leur ordonne, dans leur langue, de cesser un brigan-

---

(1) Mickiewicz, *Histoire populaire de la Pologne*.

dage, une dévastation sans objet. « Je n'aurais pas souffert, dit-il, cette conduite lorsque vous serviez sous mes ordres. » Les Polonais étonnés d'entendre parler leur langue, et bien plus surpris encore du ton d'autorité de l'étranger, s'arrêtent et demandent son nom. « Je suis Kosciuzsko. » A cette réponse, le mouvement fut électrique ; les soldats jetèrent leurs armes, et se prosternèrent à ses pieds. Le lendemain, le général trouva une garde d'honneur russe placée chez lui par un ordre de l'empereur Alexandre.

Après le congrès de Vienne, Kosciuszko comprit qu'il n'y avait plus rien à espérer pour la Pologne. Découragé, il accepta l'hospitalité que lui offrait à Soleure son ami Zetner et consacra ses derniers jours à des actes de solidarité.

Il partait à cheval, le matin, pour aller secourir les malheureux, encourager les enfants, assister les malades.

Il termina par un bel acte de justice sa vie si noblement remplie. Il affranchit les paysans de ses domaines de Lithuanie, et abandonna une partie de sa fortune pour l'instruction des noirs en Amérique.

L'Europe tout entière et les États-Unis s'associèrent aux honneurs funèbres que lui rendit la Pologne. Son corps fut déposé en grande pompe près de ceux de Sobieski et de Poniatowski.

« Mais ce monument n'était pas assez populaire. On travailla trois années pour lui en élever un plus digne de lui ; monument gigantesque, grand comme l'amour du peuple, vraie montagne bâtie de sa main et du plus pur des matériaux ; — de marbre ? — non, ni de granit ; mais de la terre de la patrie, de la terre qu'il avait aimée (1). »

(1) Michelet, *Légendes démocratiques du Nord*.

DANTON

Nous sommes ici en présence d'un grand calomnié, qui a dû attendre près de quatre-vingts ans pour que des historiens prissent à cœur de le laver des souillures de ses détracteurs.

Danton est une des plus belles figures de la Révolution, et, par un phénomène assez bizarre, explicable de nos jours, — les pygmées s'attaquent aux colosses morts, — il eut la gloire de compter pour ennemis, avec les royalistes, contre-révolutionnaires, une grande partie des révolutionnaires !

Mais, s'il y a, en ce monde, des gens qui ne craignent point, par politique, intérêt, jalousie ou dépit, de répandre la calomnie, il en est d'autres, heureusement, portés à rechercher la vérité, toujours et partout; qui ne reculent devant aucune fatigue, aucun labeur, feuilletant tous les documents historiques, remontant à la source des faits, pour la seule satisfaction de réhabiliter une de nos gloires nationales, pour le seul plaisir — et quel autre est meilleur, plus doux ! — de dire : « France ! toi qui n'es plus à compter tes grands hommes, en voilà encore un, digne du Temple que tu leur consacres. »

C'est grâce à deux de ces amis posthumes (1) que nous pouvons, aujourd'hui, reproduire exactement la physionomie du patriote Danton.

Georges-Jacques Danton naquit à Arcis-sur-Aube, de Jacques Danton, procureur en ce pays, et de Marie-Madeleine Camut, son épouse, le vingt-six octobre mil sept cent cinquante-neuf.

« Georges-Jacques Danton avait deux sœurs et un frère. Le père de Danton était mort jeune. Sa mère s'était remariée à un fabricant d'Arcis-sur-Aube, qui possédait et qui dirigeait une petite filature. On voit encore près de la rivière, hors de la ville, dans un site gracieux,

---

(1) M. A. Bougeart et M. le Dr Robinet.

la maison, moitié citadine, moitié rustique, et le jardin, au bord de l'Aube, où s'écoula l'enfance de Danton (1). »

Son beau-père, M. Récordain, soigna son éducation, comme il eût soigné celle de son propre fils. L'enfant était ouvert, communicatif. « On l'aimait, malgré sa laideur et sa turbulence ; car sa laideur rayonnait d'intelligence, et sa fougue s'apaisait et se repentait, à la moindre caresse de sa mère (2). »

Il grandit à la campagne, dans toute la liberté de la vie de nature, et son enfance, qui, semble-t-il, aurait dû être paisible comme le milieu où elle s'écoulait, fut cependant marquée par une série d'accidents qui mirent plusieurs fois sa vie en danger.

Dès cet âge, il paraît destiné à la lutte audacieuse ; le danger ne l'arrête pas. Il ne cherche ni à l'éviter ni à le fuir. Loin de s'en détourner, il court au-devant de lui, et, plus ce danger est pressant, plus il se plaît à l'affronter.

Deux fois, il eut affaire à des taureaux. L'un, échappé et furieux, lui fendit la bouche d'un coup de corne, l'autre, avec lequel il avait voulu lutter, lui écrasa le nez. Un jour, s'étant élancé sur des porcs, il fut renversé et grièvement mordu. Enfin, une variole très intense acheva de le défigurer et de donner à sa physionomie, cette monstrueuse, mais imposante laideur, dont on a tant parlé.

Il avait l'humeur indépendante et l'amour des exercices violents ; les accidents dont il fut victime, et que nous venons d'énumérer, en témoignent. Comme presque tous les gens forts, il était très doux, plein d'amitié pour ses camarades. Un fait bien remarquable et que l'historien ne peut pas nier, c'est que tous ceux qui approchèrent Danton dans l'intimité, en devinrent et en restèrent l'ami jusque dans la mort. Énergique, mais affectueux, il était le meilleur des hommes, le plus dévoué des camarades.

Une anecdote originale et curieuse sur Danton collégien fait pressentir le Danton de la Révolution.

Danton était au collège de Troyes, au moment du sacre de Louis XVI, en 1775 ; le professeur qui, sans doute, aimait l'actualité, avait donné cette cérémonie comme texte d'amplification. L'écolier, sous prétexte de se mieux pénétrer de son sujet, paria à ses camarades qu'il s'échapperait du collège et irait assister au sacre « afin de voir comment se fait un roi ». Le pari fut tenu. Chacun délia les cordons de sa bourse, et remit ses économies à Danton, qui partit. Il fit vingt-huit lieues à pied, passa dans son pays, sans même s'arrêter chez ses parents, et, arrivé à Reims, il sut si bien s'introduire, se glisser dans le cortège officiel, qu'il saisit les moindres détails de la fameuse cérémonie.

(1) A. Bougeart, *Documents authentiques pour servir à l'Histoire de la Révolution française*.
(2) Lamartine.

Ce spectacle, paraît-il, ne l'avait ni émerveillé, ni impressionné. Il donna, il est vrai, une très bonne narration qui fit pardonner son escapade, mais ce fut tout, et l'auguste fête ne lui fournit auprès de ses camarades qu'un sujet aux contes les plus amusants.

« Un de ses parents, curé de Barberey, près de Troyes, désirait qu'il embrassât l'état ecclésiastique pour lui succéder, mais le neveu préféra la carrière judiciaire, et il partit pour Paris où l'attendait un procureur au Parlement, chez lequel il commença une cléricature laborieuse (1). »

Ceux qui ont voulu faire du Danton de la Révolution un viveur aux goûts licencieux n'ont pas manqué de nous le montrer en étudiant, aux mœurs non moins déréglées. La vérité, est que Danton fut alors ce qu'il resta plus tard, un joyeux compagnon, aimant les plaisirs de son âge, — assurément pas puritain, — et recherché de ses camarades pour sa bonne humeur et l'excellence de son cœur.

Il entra au barreau vers 1780, et, en juin 1787, il épousait Mlle Charpentier, fille du propriétaire d'un café où se réunissaient ordinairement les avocats. Danton profita de la nouvelle situation qui lui était faite pour acheter une charge aux Conseils du roi.

Très bon avocat, il attira une clientèle nombreuse, et son cabinet était si prospère, qu'à l'époque de la Révolution il lui rapportait de vingt à vingt-cinq mille livres par an. Et cependant, il n'était pas rare qu'à l'aspect de clients malheureux, il tirât sa bourse pour les secourir, au lieu d'en recevoir le prix de son office.

Il s'était acquis au barreau une telle réputation que le ministre Barentin lui proposa à deux reprises, en 1787 et 1788, la place de secrétaire du Sceau qu'il refusa, persuadé que le Gouvernement n'acquiescerait jamais aux réformes qu'il voudrait introduire.

Telle était la situation de Danton à la veille de la Révolution, situation brillante, on le voit, et plus propre à porter celui qui en jouissait du côté du Gouvernement établi, que dans les tourbillons de la tourmente révolutionnaire.

Danton cependant se jeta dès 1789 dans l'action. Comme Marat, comme Camille Desmoulins, il était membre de ce district des Cordeliers qui a joué un rôle si actif dans la Révolution. C'est en qualité de Président de ce district que Danton nous apparaît d'abord. Son éloquence fit bientôt impression sur le peuple, et sa réputation augmenta rapidement.

On voyait déjà aux Cordeliers quelques-unes de ces figures d'hommes énergiques qui devaient paraître avec éclat dans le fort du drame révolutionnaire : Camille Desmoulins, Legendre, Fréron, Robert, Fabre d'Églantine, Marat, Marmoro.

« Dès ce moment, on peut faire sur Danton une première remarque

---

(1) Notice de M. Béon.

que de nombreuses citations vont bientôt confirmer. Pendant que des révolutionnaires d'un génie incontestable, d'une bonne foi évidente, vont lutter à la Constituante, à la Municipalité, à la tête de la garde civique pour les droits du tiers, lui semble déjà pressentir que ces affranchis de fraîche date ne tarderont pas à se constituer en privilégiés d'un troisième ordre, à vouloir parler en maîtres à leur tour; c'est pourquoi, dès 89, nous allons le voir combattre au nom du plus grand nombre, au nom du peuple, de la populace si l'on veut, contre les envahissements de ce nouveau corps qui, plus tard, s'appellera bourgeoisie. On l'accusera d'ambition, on lui reprochera de vouloir devancer les plus avancés pour se faire un nom populaire, on l'appellera avec colère : démagogue ; avec dédain : le Mirabeau des Halles ; on le calomniera même au besoin. Eh bien ! dirai-je, je veux admettre pour un moment toutes ces suppositions gratuites, toujours est-il que vous ne pourrez pas faire que dès 89, Danton n'ait défendu plus hautement que tout autre le vrai principe des sociétés modernes, celui qui devait caractériser plus spécialement la Révolution française, celui qui gouverne la France aujourd'hui, je veux dire l'égalité des droits (1). »

Danton ne modifia donc pas ses principes avec les circonstances. Ce qu'il fut en 93, il l'était en 89.

« Toujours le même en tout état de choses, sa politique fut d'avoir foi au peuple pris dans son acception la plus large, et de ne l'avoir pas craint ; deux qualités plus rares qu'on ne le pense communément (2). »

La première intervention, officiellement constatée, de Danton dans un débat public, l'est par *le Moniteur* du 30 novembre 1789, à propos des municipalités.

Il s'agissait de la responsabilité des députés, de leur révocabilité, de la nécessité des mandats impératifs.

Le 14 novembre 1790, il est nommé commandant du bataillon des Cordeliers, à la majorité des voix.

Publication du Livre Rouge, abolition des lettres de cachet, cession faite à l'Assemblée du droit de paix ou de guerre, indemnité aux protestants victimes de la révocation de l'édit de Nantes et finalement, départ définitif de Necker et retraite du ministère : à tous ces succès de détail de l'année 1790, de l'aveu même de Lafayette, son ennemi personnel, et de Fréron, rédacteur de *l'Orateur du Peuple*, Danton n'avait pas été étranger.

En février 1791, Danton est nommé avec Anson et Sieyès, administrateur du département de Paris. A cette occasion, dans la lettre de remerciements par lui adressée au corps électoral, le lendemain de sa nomination, il prenait l'engagement de « n'opposer à ses détracteurs que ses actions elles-mêmes et de ne se venger qu'en se signalant de plus en

---

(1) Alfred Bougeart.
(2) *Idem.*

plus par son attachement à la Nation, à la Loi, et par son dévouement éternel au maintien de la Constitution (1). »

Son échec à la députation fut compensé par sa nomination, en novembre 1791, comme substitut adjoint du procureur de la Commune. Le discours qu'il prononça alors est une véritable profession de foi politique. En voici un extrait :

« La nature m'a donné en partage les formes athlétiques et la physionomie âpre de la Liberté. Exempt du malheur d'être né d'une de ces races privilégiées suivant nos anciennes institutions, et par cela même, presque toujours abâtardies, j'ai conservé, en créant seul mon existence, toute ma vigueur native sans cependant cesser un seul instant, soit dans ma vie privée, soit dans la profession que j'avais embrassée, de prouver que je savais allier le sang-froid de la raison à la chaleur de l'âme et à la fermeté du caractère. Si, dès les premiers jours de notre régénération, j'ai éprouvé tous les bouillonnements du patriotisme, si j'ai consenti à paraître exagéré pour n'être jamais faible, si je me suis attiré une première proscription pour avoir dit hautement ce qu'étaient les hommes qui voulaient faire le procès à la Révolution, pour avoir défendu ceux qu'on appelait les énergumènes de la liberté, c'est que je vis ce qu'on devait attendre de traîtres qui protégeaient ouvertement les serpents de l'aristocratie. . . . . . .
. . . .

« Je périrai s'il le faut, s'écriait-il en terminant ce discours, pour défendre la cause du peuple; lui seul aura mes derniers vœux, lui seul les mérite. Ses lumières et son courage l'ont tiré de l'abjection du néant; ses lumières et son courage le rendront éternel (2). »

Après le 10 août 92, Danton fut nommé par l'Assemblée législative ministre de la Justice, par 222 voix sur 284 votants. Tout le monde se souvient que lui-même a dit hyperboliquement qu'il avait été porté au ministère par un coup de canon. Il appela à lui les principaux de ses amis, Camille Desmoulins et Fabre d'Églantine, tout d'abord, et, secondé par leurs capacités, qu'augmentait encore leur dévouement à sa personne et à la Révolution, il se mit résolument à l'œuvre.

Dès le 11, montant à la tribune pour prêter le serment d'usage, il prend l'engagement de faire respecter la Justice :

« Dans tous les temps et surtout dans les débats particuliers, là où commence l action de la justice, là doivent cesser les vengeances populaires. Je prends devant l'Assemblée nationale l'engagement de protéger les hommes qui sont dans son enceinte (3). Je marcherai à leur tête, et je réponds d'eux (4). »

Ainsi donc, cet homme qu'on a représenté comme un égorgeur,

(1) Fréron, Extrait de l'Orateur du Peuple.
(2) Révolution de Paris, n° 128.
(3) Il s'agissait des Suisses arrêtés.
(4) Moniteur du 13 août 1792.

GEORGES JACQ. DANTON
Député à la Convention Nationale
Né à Arcis, Dépt. de l'Aube le 26. 8bre 1759

énonçait sa volonté formelle, en arrivant au ministère, de voir établir une justice énergique, mais régulière. Il vengera le peuple, mais il le vengera armé du glaive de la justice.

L'état de la France ne permettait pas de tergiverser ; il fallait prendre les mesures nécessaires pour sauver la République, c'est ce que voulait Danton : tel fut le motif déterminant de l'établissement du Tribunal extraordinaire du 17 août. Quand l'édifice brûle, il faut savoir faire la part du feu, pour éteindre l'incendie.

La France était alors dans une situation terrible. D'un côté, les étrangers menaçants, de l'autre les contre-révolutionnaires, se tendant les mains à travers la France palpitante : l'ennemi du dedans nous poussait sur l'ennemi du dehors. Et les chefs de nos armées pactisant avec tous les deux ! Partout, trahisons et complots. L'opinion publique alarmée commençait à désespérer, et s'affolait...

Danton, au milieu de l'effarement général, fit preuve d'un calme, d'une habileté, d'une vigueur d'esprit extraordinaires. Ses harangues véhémentes, après avoir rassuré, enflammèrent bientôt le peuple d'une noble ardeur pour la défense de la Patrie et de la Révolution ensemble menacées. Le 31 août 92, Danton demande « qu'on mette à la disposition des municipalités tout ce qui sera nécessaire, en prenant l'engagement d'indemniser les possesseurs. *Tout appartient à la patrie, quand la patrie est en danger* (1). »

Sur sa proposition, des commissaires sont envoyés en province pour soulever et enthousiasmer les populations ; bref, presque toutes les mesures énergiques capables de porter le patriotisme au plus haut point de surexcitation furent décrétées par l'Assemblée, sur ses propositions.

Le 2 septembre, une proclamation de la Commune répandit l'effroi dans toutes les âmes : « Citoyens, l'ennemi est aux portes de Paris. Verdun, qui l'arrête, ne peut tenir que huit jours... Aujourd'hui même, à l'instant, que tous les amis de la liberté se rangent sous les drapeaux ; qu'une armée de soixante mille hommes se forme sans retard, et marchons à l'ennemi (2) ! »

Et, pour appeler les patriotes de Paris et des départements circonvoisins à se réunir, la Commune va faire sonner le toscin.. c'est un frémissement général. Danton paraît à la tribune nationale pour jeter au patriotisme la dernière étincelle d'exaltation.

« Il est satisfaisant, Messieurs, pour les ministres du peuple libre, d'avoir à lui annoncer que la patrie va être sauvée.

« Tout s'émeut, tout s'ébranle, tout brûle de combattre... Une partie du peuple va se porter aux frontières, une autre va creuser des retranchements, et la troisième avec des piques, défendra l'intérieur de nos

---

(1) *Moniteur* du 31 août 1792.
(2) Cité par MM. Henri Bordier et Édouard Charton.

villes... Nous demandons que quiconque refusera de servir de sa personne ou de remettre ses armes, soit puni de mort.

« Le tocsin qu'on va sonner n'est point un signal d'alarme, c'est la charge sur les ennemis de la patrie. Pour les vaincre, Messieurs, il nous faut de l'audace, encore de l'audace, toujours de l'audace, et la France est sauvée (1) ! »

Infatigable, Danton court au Champ de Mars exalter le courage des volontaires qui y affluent.

Nommé représentant à la Convention nationale, — le *Moniteur* annonce sa nomination le 8 septembre 92, — Danton prit place à la Montagne, et donna immédiatement sa démission de ministre de la Justice.

Il prit une grande part aux travaux de l'Assemblée, et fit décréter notamment qu'il n'y aurait point de Constitution qui n'eût été ratifiée par le peuple. Après son intervention en faveur du projet sur l'élection des magistrats, la Convention déclara que les juges pourraient être indistinctement choisis parmi tous les citoyens (23 septembre 93).

Aux premières attaques des Girondins, le tribun populaire fit appel à la conciliation ; il tenta par tous les moyens de retenir ces dissidents de la cause révolutionnaire, il leur fit des avances. Un historien l'a dit : « Il était admirablement doué pour servir de lien, de trait d'union, entre les deux grands partis qui divisaient la République, et l'histoire lui doit cette justice qu'il avait compris ce rôle et qu'il ne négligea rien pour le remplir. »

C'est précisément après un discours de Danton, provoqué par ces dissensions intestines au sein de l'Assemblée, et où se trouvaient ces paroles : « La France doit être un tout indivisible. Elle doit avoir unité de représentation. Les citoyens de Marseille veulent donner la main aux citoyens de Dunkerque », que l'Assemblée déclara à l'unanimité la République française *une et indivisible* (2).

Et quand les Girondins furent abattus, au moment où tout allait être fini pour eux, alors qu'ils n'appartenaient plus qu'au bourreau, le puissant tribun qu'ils avaient si souvent calomnié et tenté de perdre, déplorait désespérément leur chute.

La preuve en est dans les *Mémoires* du ministre Garat, qui appartenait au côté droit de l'Assemblée, mais qui était plus impartial que ses collègues.

« J'allai chez Danton, raconte-t-il, il était malade; je ne fus pas deux minutes avec lui sans voir que sa maladie était surtout une profonde douleur et une grande consternation de tout ce qui se préparait. *Je ne pourrai pas les sauver !* furent les premiers mots qui sor-

(1) *Moniteur* du 4 septembre 1792.
(2) *Moniteur* du 26 septembre 1792.

tirent de sa bouche; et, en les prononçant, toutes les forces de cet homme, qu'on a comparé à un athlète, étaient abattues ; de grosses larmes tombaient le long de ce visage dont les formes auraient pu servir à représenter celui d'un tartare. »

Ce récit fait songer involontairement aux paroles que prononça Danton, le 21 janvier 1793 : « Les véritables amis du peuple sont à mes yeux ceux qui veulent prendre toutes les mesures nécessaires pour que le sang du peuple ne coule pas; que la source de ses larmes soit tarie, que son opinion soit ramenée aux véritables principes de la morale, de la vérité et de la justice. »

Le 1er décembre 1792, par ordre de l'Assemblée, le grand tribun avait été envoyé comme commissaire en Belgique, avec Lacroix, afin de surveiller les opérations de l'armée : il n'avait nullement sollicité cet honneur.

De retour, le 14 janvier 1793, il motive ainsi son vote pour la mort du roi : « Je ne suis point, dit-il, de cette foule d'*hommes d'État* qui ignorent qu'on ne compose point avec les tyrans, qui ignorent qu'on ne frappe les rois qu'à la tête, qui ignorent qu'on ne doit rien attendre de ceux de l'Europe que par la force de nos armées. Je vote pour la mort du tyran. »

Le 31 janvier, le président de la municipalité de Liége venait d'écrire que, sur 9700 votants, 9660 avaient demandé la réunion à la République française; quelques députés timorés craignaient qu'en décrétant cette réunion on s'attirât la vengeance des rois. Danton, faisant allusion à Louis XVI récemment décapité, s'écrie : « On nous menace des rois ! Vous leur avez jeté le gant. Ce gant est la tête d'un roi, c'est le signal de leur mort prochaine. »

Le même jour, sur un nouvel ordre de la Convention, il fut renvoyé en Belgique, et alla rejoindre ses collègues Gossuin, Treilhard et Merlin de Douai. Il laissait sa femme gravement malade.

« Informé par une lettre de son beau-frère Charpentier, que la maladie faisait craindre un dénouement fatal, Danton était reparti précipitamment de Condé pour venir recueillir le dernier soupir de la compagne de sa jeunesse. La mort l'avait devancé. En descendant de voiture, à la porte de sa maison, on lui annonça que sa femme venait d'expirer. On voulut l'éloigner de ce funèbre spectacle, mais Danton, qui, sous l'impétuosité de ses passions politiques et sous le débordement de sa vie, nourrissait une tendresse mêlée de respect pour la mère de ses deux enfants, écarta les amis qui lui disputaient le seuil de sa maison, monta éperdu dans la chambre, se précipita vers le lit, souleva le linceul et, couvrant de baisers et de larmes le corps à demi refroidi de sa femme, passa toute la nuit en gémissements et en sanglots (1). »

(1) Lamartine, *les Hommes de la Révolution*, p. 287.

Voilà l'homme qu'on nous a peint comme étant sans entrailles, sans mœurs, et perdu de réputation !

Peu de temps après, — suivant le désir exprimé par sa pauvre femme qui avait elle-même préparé cette union, pour assurer l'éducation des enfants qu'elle laissait et dans l'espoir de sortir son mari du gouffre révolutionnaire, — Danton se remaria avec M{}^{lle} Gély, fille d'un ancien huissier-audiencier.

Ces événements de famille troublèrent l'âme du conventionnel, et il se trouva plongé, peu à peu, dans un énervement difficile à combattre. Il semblait fatigué de la lutte : cependant, il ne dormait pas, il n'était qu'assoupi, et se montrait quelquefois encore le Danton des grands jours.

Les désastres se succèdent ; Liége est occupée par les ennemis, le siège de Maëstricht a dû être levé ; Dumouriez manque de soldats... Danton se charge de ranimer les courages abattus et de trouver les moyens d'avoir de l'argent et des hommes.

« Faites donc partir vos commissaires : soutenez-les par votre énergie ; qu'ils partent ce soir, cette nuit même ; qu'ils disent à la classe opulente : il faut que l'aristocratie de l'Europe, succombant sous nos efforts, paye nos dettes ou que vous les payiez ; le peuple n'a que du sang, il le prodigue. Allons, misérables, prodiguez vos richesses. »

En toute occasion éclate son esprit de liberté, de tolérance, quand ce n'est pas de bonté.

Marat vient d'être assassiné. Un membre de l'Assemblée dénonce Fauchet comme complice de Charlotte Corday. Le représentant visé va se disculper : on veut l'en empêcher. Danton, pour qui cet homme qu'il traite d'*apostat de la liberté* est absolument coupable, Danton demande qu'on l'entende.

« Un autre jour, un marchand de vins avait été soupçonné d'accaparement ; la mort l'attendait. On reconnut qu'il n'était pas coupable. La Convention, à l'unanimité, déclara qu'il fallait surseoir au décret lancé contre lui (1). »

Danton s'écrie de sa place : « On s'honore quand on sauve un innocent ; je vole signifier moi-même le décret que la Convention vient de rendre. »

Il sort, et la salle retentit d'applaudissements. Le 25 juillet 93, il est nommé président de la Convention.

C'est encore à lui qu'est due la motion et la mise en œuvre de la levée en masse, ou de la *grande réquisition*, qui consolida définitivement l'armée sans-culotte, avec laquelle les généraux de la Montagne firent la terrible guerre intérieure et extérieure de l'an II, en Vendée et sur le Rhin, à Toulon, aux Alpes et aux Pyrénées, et mirent la République hors de page (2). »

(1) Alfred Bougeart.
(2) D{}^r Robinet, *le Procès des Dantonistes*.

Cette mesure, à elle seule, et de l'avis des écrivains impartiaux qui ont travaillé à l'histoire de la Révolution française, suffirait à montrer en Danton un grand homme d'État.

Le jour même où il armait les frères aînés pour la défense de la patrie de nouveau menacée, il faisait décréter, et en quel langage élevé, que l'instruction serait donnée gratuitement aux plus jeunes !

« C'est le peuple qu'il faut doter de l'éducation nationale. Quand vous semez dans le vaste champ de la République, vous ne devez pas compter le prix de cette semence. Après le pain, l'éducation est le premier besoin du peuple. »

Il commit une première faute en n'acceptant pas de faire partie du Comité de Salut public; il en commit une seconde — celle-ci aux yeux de ceux qui l'accusèrent — en paraissant regretter la mort des Girondins, en voulant arrêter l'action du Tribunal révolutionnaire. Il se lassait de la Terreur, dédaignait les victoires de tribune. A ses amis qui essayaient de lui démontrer que son silence le conduirait à l'échafaud, il répondait : « Il faudrait donc encore verser du sang ? Il y en a assez comme ça ; j'en ai répandu quand je l'ai cru utile ; aujourd'hui, j'aime mieux être guillotiné que guillotineur. » Et, convaincu qu'il était de sa perte prochaine, il ne voulait pas même s'y dérober par la fuite : « Est-ce qu'on emporte la patrie à la semelle de ses souliers ? » C'est par ce mot sublime qu'il répondit à ceux qui lui conseillèrent de se sauver.

C'est pour avoir eu un moment de pitié et de lassitude, c'est pour avoir voulu calmer la Révolution que Danton se perdit et qu'on l'impliqua avec ses amis dans je ne sais quelle conspiration !

Camille Desmoulins, dans son *Vieux Cordelier*, s'inspirant des idées de son puissant ami, demanda la création d'un Comité de clémence et l'ouverture des prisons...

Cette proposition, qui honore infiniment les dantonistes, en précipita la chute.

« Saint-Just, Robespierre, Barrère, le Comité de Salut public savaient qu'une surprise de l'éloquence de Danton pouvait ébranler la Convention et reconquérir un ascendant mal éteint sur la Montagne. Ils voulaient désarmer le géant avant de le combattre. Le hasard d'une séance leur parut trop grand pour être affronté. Aucune voix alors, pas même celle de Robespierre, n'avait l'entraînement de la voix de Danton. Le silence était prudent et le mystère plus sûr. Ils agirent comme le Sénat de Venise et non comme les Comices de Rome ; le cachot au lieu de la tribune (1). »

Prévenu par un de ses amis de ce qui se tramait contre lui au Comité, supplié par sa jeune femme de s'abriter quelques jours en lieu sûr, Danton ne sembla pas ému.

(1) Lamartine.

Il lut quelques pages et il s'endormit. A six heures du matin, le 31 mars 1794, les gendarmes frappèrent à sa porte et lui présentèrent l'ordre du Comité : « Ils osent donc ! dit il, en froissant l'ordre dans sa main, eh bien ! ils sont plus hardis que je ne le supposais ! »

Il s'habilla, embrassa convulsivement sa femme, la rassura sur son sort, la conjura de vivre, et suivit les gendarmes, qui le conduisirent à la prison du Luxembourg.

Là, dans un corridor, il aperçut Thomas Payne, le démocrate américain ; il s'approcha de lui, et lui dit avec tristesse : « Ce que tu as fait pour le bonheur et la liberté de ton pays, j'ai tenté de le faire pour le mien. J'ai été moins heureux que toi, mais non plus coupable. On m'envoie à l'échafaud ; eh bien ! mes amis, j'irai gaiement. »

Le procès des dantonistes ne fut qu'une monstruosité judiciaire. Les jurés avaient été choisis, triés, et, suivant l'expression de Lamartine, l'œil du Comité planait sur eux et plongeait sur toutes ces consciences. On n'attendait pas d'eux la justice, mais la mort.

On ne permit pas même à ces accusés de produire leurs témoins ; on fit pis : craignant que leur défense émouvante n'amenât quelque mouvement populaire, le Comité de Salut public, falsifiant des textes et invoquant une pseudo-conspiration dans les prisons, fit décréter par la Convention apeurée que *tout accusé révolté contre ses juges pourrait être mis hors des débats.*

Ainsi armé, le Tribunal put à son aise et *légalement* étouffer le débat. Il fut impossible aux accusés de se disculper des accusations dirigées contre eux.

Condamnés à mort, ils marchèrent courageusement au supplice. Près de l'échafaud, Danton et Camille Desmoulins eurent cependant un moment de faiblesse — faiblesse bien humaine ; — ils pensèrent à leur famille, et ce sujet les attrista. Mais ils reprirent vite leur sérénité et moururent en dignes martyrs de la Liberté.

Au moment de l'exécution, Hérault de Séchelles s'étant penché vers Danton pour l'embrasser, l'exécuteur les sépara. Danton dit à cet homme : « Veux-tu te faire plus cruel que la mort ? Va, tu n'empêcheras pas nos têtes de se baiser dans le panier. »

Et, près de s'incliner sous le couperet, il se tourna vers le bourreau et lui dit avec fermeté : « Tu montreras ma tête au peuple : elle en vaut la peine. »

« L'exécuteur, obéissant, la releva en effet, la promena sur l'échafaud, la montra des quatre côtés.

« Il y eut un moment de silence... Chacun ne respirait plus... Puis, par-dessus la voix grêle de la petite bande payée, un cri énorme s'éleva et profondément arraché...

« Cri confus des royalistes soulagés et délivrés, simulant l'applaudissement : « Qu'ainsi vive la République ! »

« Cri sincère et désespéré des patriotes atteints au cœur : « Ils ont « décapité la France (1) ! »

Ainsi périt, victime des haines de parti, le grand citoyen Danton, qui avait deux fois sauvé la France de l'invasion.

Puisse le souvenir de sa mort rappeler aux vrais républicains que la discorde est mauvaise conseillère et que, hors l'union qui fait la force des partis comme celle des peuples, il n'y a point de salut pour la République.

(1) Michelet, *Révolution française*.

CAMILLE DESMOULINS

Benoît-Camille Desmoulins naquit le 2 mars 1760, à Guise, en Picardie.

Il montra une intelligence très vive et très précoce. Sa famille le chérissait et fit tout pour lui créer une situation honorable.

Un de ses parents, M. Deviefville des Essarts, qui fut, en 1789, représentant aux États généraux, lui avait fait obtenir une place de boursier. C'est en cette qualité qu'il entra à Louis-le-Grand, où il eut pour condisciple Robespierre. « Il fit de solides études classiques et savait de l'antiquité tout ce qu'un jeune homme instruit, un des bons élèves de l'Université, pouvait en savoir alors (1). »

Il se nourrit de la forte lecture des historiens grecs et romains et apprit à aimer la république dans leurs ouvrages. Déjà, il s'enflammait au seul nom de cette Liberté pour laquelle il devait si courageusement combattre et mourir.

Ses études terminées, Desmoulins se fit recevoir avocat; mais, outre que cette profession ne lui plaisait guère, un vice de prononciation, un bégaiement assez marqué, lui en rendait l'exercice impossible. Il végétait donc, en tête à tête avec ses chimères de rénovation sociale, quand la Révolution éclata, qui donna un aliment à sa verve.

Jeune, rempli d'admiration pour les temps héroïques d'Athènes, de Sparte et de Rome, animé d'une généreuse ambition, celle de faire le bonheur de sa patrie, comment ne se serait-il pas jeté impétueusement dans le courant révolutionnaire ?

Le chaos au milieu duquel on vivait, l'impossibilité naturelle d'aborder la tribune, pour Camille, dont la tête bouillonnait d'idées, firent de lui un pamphlétaire.

Depuis longtemps, le métier de journaliste l'attirait; il s'y adonna dès lors avec autant d'entrain que de passion.

(1) Sainte-Beuve, *Causeries du Lundi.*

Les plaintes, les doléances qui retentissaient d'un bout de la France à l'autre, annonçaient le réveil d'un peuple prêt à réclamer, à exiger tous ses droits : Desmoulins sonna « la diane de la Liberté » avec sa première brochure, *la France libre*.

Citant quelques vers de son *Ode aux États généraux*,

> Pour les nobles, toutes les grâces,
> Pour toi, Peuple, tous les travaux.
> L'homme est estimé par les races,
> Comme les chiens et les chevaux.

« Montrons, s'écrie-t-il, que nous sommes des hommes et non des chiens et des chevaux. »

Après avoir indiqué le vice originel de la Monarchie, fait le tableau des orgies, des crimes, des dilapidations de nos rois, Camille termine son pamphlet par cet admirable acte de foi :

« A l'exemple de ce Lacédémonien, Otyrhades, qui, resté seul sur le champ de bataille et blessé à mort, se relève, de ses mains défaillantes dresse un trophée et écrit de son sang : *Sparte a vaincu* ! je sens que je mourrais avec joie pour une si belle cause, et, percé de coups, j'écrirai aussi de mon sang : *La France est libre* ! »

Cette brochure eut un très vif succès... elle fut même brûlée par le Parlement de Toulouse. Loin de s'irriter de cet arrêt, Camille, au contraire, s'en égaie. Il annonce à son père, en la commentant, cette nouvelle : « J'attends, dit-il, le réquisitoire que je suis curieux de lire. Cela me vaudra une édition de plus, s'il n'y a pas eu de contrefaçon dans ce pays-là. »

Camille ne se contenta pas de parler au peuple du fond de son cabinet de travail ; il descendit sur la place publique et y joua un rôle actif.

C'est lui, le 12 juillet, alors que le peuple s'indignait du renvoi de Necker en même temps que des mesures menaçantes que la Cour avait prises à cette occasion, donna le signal de la prise de la Bastille.

Il se trouvait dans le jardin du Palais-Royal, au milieu de la foule surexcitée. « Aux armes, s'écrie-t-il, aux armes ! Prenons tous des cocardes vertes, couleur de l'espérance ! »

A cet appel de Desmoulins, la foule défeuille les arbres, on enfonce les boutiques d'armuriers, les théâtres sont fermés, des effigies de Necker promenées par les rues. Le lendemain, on sonne le tocsin ; le surlendemain, on va aux Invalides où se trouvent des magasins de fusils ; il n'y a plus qu'un cri dans Paris : « A la Bastille ! » et la place est prise en deux heures et demie, « chose qui tient du prodige », comme l'écrit Desmoulins.

Le 28 novembre 1789 parut le premier numéro des *Révolutions de France et de Brabant*, qui le plaça hors de pair comme journaliste.

Elles cessèrent de paraître le 25 juillet 1791. Le massacre du Champ de Mars affecta douloureusement Camille, le frappa dans ses espérances et dans ses convictions. Poursuivi comme Danton, comme tous les patriotes influents, il suspendit la publication de son journal dans le dernier numéro duquel il adressa des adieux touchants au public.

Faisant allusion aux malheureuses victimes de la loi martiale, Camille écrit tristement : « On n'a point renversé la Bastille, on n'a point affranchi de la prison ceux qui regimbaient contre l'ancien régime, pour fusiller et éventrer ceux qui, soumis au nouveau et en vertu des décrets, signent une pétition. »

Il continua néanmoins à s'occuper des affaires politiques et à fréquenter les réunions populaires.

Peut-être même éprouvait-il quelque plaisir à se reposer un peu. La tranquillité, en effet, ne pouvait lui déplaire, car il avait rencontré le bonheur domestique dans l'union qu'il avait contractée avec une jeune fille qu'il chérissait depuis près de huit ans, Lucile Duplessis.

Il l'avait connue au temps où, étudiant au quartier Latin, il allait, à l'ombre des marronniers du Luxembourg, feuilleter quelque livre de droit ou relire quelque discours de Cicéron. Le premier jour qu'il la vit, elle était avec sa mère ; toutes deux étaient assises sur un banc. Il ferma son livre et ne le rouvrit plus de la journée. Il revint au même endroit le lendemain et les jours suivants, et chaque fois que le visage gracieux de celle qu'il attendait sans qu'elle s'en doutât peut-être, apparaissait dans une allée, le livre, comme par enchantement, se fermait. Adieu les Pandectes !

Un jour, Camille, quoiqu'il n'eût pas une position bien enviable — son talent d'écrivain était toute sa fortune — demanda la main de celle qu'il suivait pas à pas depuis des années. Le père résista longtemps : sa fille était riche, Desmoulins était pauvre. Mais Mme Duplessis connaissait le jeune homme, elle intercéda en sa faveur et le mariage fut décidé.

Camille, à qui il en avait coûté de quitter la plume, la reprit du 30 avril au mois de mai 1792 pour rédiger avec Fréron, *la Tribune des Patrioles*, qui n'eut que quelques numéros.

Bientôt commença entre la Montagne et la Gironde ce duel à mort qui devait se terminer par la disparition des deux partis. Camille Desmoulins ne fut pas de ceux qui portèrent les moindres coups. Son *Jean-Pierre Brissot démasqué* et son *Histoire des Brissotins*, contribuèrent pour beaucoup à la perte de la Gironde. On sait que Camille, en plein Tribunal, regretta ces deux ouvrages dans lesquels il avait fustigé les Girondins : « Ah ! malheureux, s'écria-t-il, quand le jury rapporta l'arrêt de condamnation, c'est mon *Histoire des Brissotins* qui les tue ! »

Les ennemis de Camille, et la postérité, qui se plait trop souvent à vouloir juger en souveraine, à trancher dans le vif des imbroglios historiques que les contemporains n'ont pas même pu débrouiller, les ennemis de Desmoulins et la postérité, disions-nous, lui ont fait de ces deux ouvrages un crime impardonnable.

Mais on semble aussi oublier à dessein quelle était la note dominante de ses adversaires et que ce furent eux qui accouplèrent les noms de représentants du peuple et de galériens ; transformèrent une question de légalité, une simple consultation d'avocat donnée par Desmoulins, sur les droits et la compétence de la police correctionnelle en matière de jeux, en une scandaleuse apologie des jeux de hasard, et enfin, que ce furent eux encore qui terminaient un article par ces mots qu'ils avaient dix mille raisons de savoir injustes et cruels : « Cet homme (Camille) ne se dit patriote que pour calomnier le patriotisme ! »

D'ailleurs, si Robespierre, Saint-Just, ne se repentirent pas du 31 mai, de cette chute des Girondins, Camille, lui, en eut du remords. A partir de cette date, il s'arrête et réagit. Il n'assiste plus aux séances des Jacobins, de la Convention. A la lecture de la condamnation, il avait pleuré comme un enfant : ses larmes excusent bien des fautes ; son sang, à nos yeux, les rachète toutes.

En juillet 92, un fils lui était né auquel il avait donné le nom d'Horace. Rompant avec des habitudes invétérées, il ne le fit pas baptiser, et libella ainsi, sur les registres de l'état civil, devant l'officier municipal, la déclaration de naissance :

« ... Le comparant, voulant user des dispositions de la loi constitutionnelle (sur la liberté des cultes), et voulant s'épargner un jour de la part de son fils, le reproche de l'avoir lié par serment à des opinions religieuses qui ne pourraient pas encore être les siennes, et de l'avoir fait débuter dans le monde par un choix inconséquent entre neuf cents et tant de religions qui partagent les hommes, dans un temps où il ne pouvait pas seulement distinguer sa mère :

« En conséquence, il nous requiert, etc... »

Si Camille avait voulu se retirer de la lutte, il eût pu jouir d'une vie domestique pleine de douceur, pleine de charme. Nul n'eût été plus heureux que lui, entre sa femme qu'il aimait tendrement, et le berceau de son enfant : tout son bonheur et tout son espoir !

Mais, l'un des premiers au combat, aucune préoccupation ne pouvait le faire déserter. Il semble que la joie qu'il goûte à son foyer le console des amertumes de la lutte, lui redonne une ardeur nouvelle, et grandit son dévouement à la cause populaire.

L'étranger est en marche, et, sous prétexte de secourir Louis XVI, veut se saisir de la France comme d'une proie que chacun se partagera en insultant à la Liberté vaincue. Insolent et sûr du succès, Brunswick, le porte-parole des rois, lance son manifeste audacieux.

...Mais le peuple, mais la Convention, mais Danton, tous ceux qui de leur sang ont conquis cette Liberté qu'on veut leur ravir, sont là, debout, prêts à la défendre jusqu'à la mort : Camille Desmoulins est à son poste.

La France entière réclamait la déchéance du pouvoir exécutif, complice de la coalition. L'Assemblée hésite... Des troupes royales sont

CAMILLE DESMOULINS
(d'après le monument élevé dans le jardin du Palais Royal, à Paris).

dirigées sur Paris. L'émotion est à son comble : le 10 août, le peuple fait l'assaut des Tuileries. C'est la chute de la Royauté.

Camille avait pris part, le fusil à la main, à ce mouvement. Après la victoire, — une fois n'est pas coutume, — ceux qui avaient été à la peine furent à l'honneur. L'Assemblée nationale nomma à une majorité imposante, Danton, ministre de la Justice, qui prit aussitôt pour secrétaire général son plus intime ami, Camille Desmoulins. « La cause de la liberté a triomphé, écrit celui-ci à son père. Il nous reste à rendre la France heureuse et florissante autant que libre. C'est à quoi je vais consacrer mes veilles. »

Ce qu'il désirait depuis longtemps, et dont il s'était ouvert à son père arriva enfin : les électeurs de Paris le nommèrent député à la Convention nationale. Il alla siéger à la Montagne et vota la mort du roi, sans appel ni sursis. Il participa aux travaux de divers comités, mais ne prit que rarement la parole. On sait pour quels motifs : ce sont les mêmes qui lui rendaient si difficile l'exercice de sa profession d'avocat. A ceux qui lui reprochaient son silence, il répondait ironiquement qu'il y avait assez de « *robinets d'intarissables paroles* » dans l'Assemblée. Nous avons dit plus haut quelle influence il exerça, quels coups terribles il porta dans la lutte émouvante entre la Montagne et la Gironde, quelle tristesse l'envahit après la chute de celle-ci. Il ne songea plus dès lors qu'à mettre fin au régime de la Terreur, qu'à enrayer le char de la Révolution qu'il prévoyait — du train où il était lancé — devoir dépasser le but. Danton et lui eussent voulu associer Robespierre à cette politique d'apaisement qu'ils désiraient inaugurer dans le Gouvernement. C'est avec ces idées que Camille commença la publication du *Vieux Cordelier*, « monument indestructible qui ouvre à Camille Desmoulins la suprême gloire littéraire et, par la mort qu'il lui apporte, y ajoute encore la gloire civique (1) ».

Ce fut Danton qui, de concert avec Camille, eut l'idée de ce pamphlet dont chaque page (sauf les cruelles attaques à Chaumette et à Cloots, deux êtres mystiques fourvoyés dans le groupe hébertiste), dont chaque ligne est un appel à la pitié, la pitié, souveraine déesse et suprême vertu. « On raconte que Danton, revenant du procès des Girondins avec Camille, s'arrêta sur le quai de la Seine dont les eaux coulaient, colorées par le soleil couchant : « Regarde ce fleuve, dit Danton « avec horreur, comme il est rouge ! Ne te semble-t-il pas rouler du « sang ? » A partir de cette heure, le *Vieux Cordelier* était né, pour ainsi dire, dans la tête et dans l'âme de Camille. Ce pamphlet ne devait être qu'une variante sublime du beau mot de Danton : « J'aime mieux être guillotiné que guillotineur (2) ! »

« Cet écrit de Camille Desmoulins, où l'esprit trouve tant à redire,

---

(1) J. Claretie, *Vie de Camille Desmoulins*.
(2) *Idem.*

mais qui s'empare si puissamment du cœur, avait le tort de réclamer, pour le régime de la liberté militante, ce qui ne convenait qu'au régime de la liberté victorieuse; il supposait, inconcevable et dangereuse erreur ! que la Révolution n'avait plus aucun obstacle devant elle; que tous ses ennemis étaient ou vaincus ou convertis. Le contraire, hélas ! n'était que trop manifeste. Aussi l'effet produit fut-il l'opposé de celui que Camille Desmoulins avait espéré (1). »

Cette clémence aveugle parut intempestive à beaucoup de républicains : quelques-uns la trouvèrent criminelle.

Le matin du 11 germinal, le 31 mars 1794, Camille reçut de son père cette lettre : « Mon cher fils, j'ai perdu la moitié de moi-même, ta mère n'est plus. J'ai toujours eu l'espérance de la sauver, c'est ce qui m'a empêché de t'informer de sa maladie. Elle est décédée aujourd'hui, heure de midi. Elle est digne de tous nos regrets; elle t'aimait tendrement. J'embrasse bien affectueusement et bien tristement ta femme, ma chère belle-fille, et le petit Horace. Je pourrai demain t'écrire plus au long. Je suis toujours ton meilleur ami. »

Camille, pour la dixième fois peut-être, relisait cette missive de mort, si navrante en sa simplicité. Il revoyait les jours heureux de sa jeunesse, la petite maison où cette mère si bonne le dorlotait, le choyait en lui prédisant un bel avenir, il se rappelait les conseils de son père, la douce abnégation de ses frères et ses sœurs, puis enfin, ce jour où toute la famille réunie l'avait accompagné de ses souhaits dans ce voyage de Paris, au terme duquel il brûlait d'être arrivé... Et ses larmes coulaient à ces ressouvenirs, il regrettait d'être connu, il soupirait après le champ paternel. Oh ! comme il irait bien s'y dérober à tous les regards avec sa femme, son enfant et ses livres !...

On frappe à la porte, il ouvre. « Au nom du Comité de Salut public, ordre d'arrêter le citoyen Camille Desmoulins. »

Il essaya bien d'appeler, de se défendre, mais le peuple ne remonte pas le courant, il s'y abandonne. Indifférent, il laissa emmener celui qui, si longtemps, avait été son conseiller.

Pauvre Camille ! tout ce qu'il y avait en lui de bonté, d'amour, de sensibilité, se fondit dans les quelques lettres qu'il adressa de sa prison à sa chère Lucile ; lettres poignantes qui arrachent des larmes à ceux qui les lisent, en même temps qu'elles révoltent l'âme contre l'injustice des hommes.

« O ma Lucile, je t'en conjure, ne m'appelle point par des cris; ils me déchireraient au fond du tombeau. Vis pour ton petit, vis pour mon Horace, parle-lui de moi. Tu lui diras ce qu'il ne peut pas entendre, que je l'aurais bien aimé ». . . . .
. . . .

Camille, qui avait été arrêté en même temps que Danton, comparut avec

(1) Louis Blanc, *Histoire de la Révolution française*.

lui, Philippeaux, Fabre d'Églantine et Westermann devant le Tribunal.

En s'entendant accuser, lui et ses collègues, tous ces fondateurs de la République, d'avoir conspiré contre elle, d'avoir voulu rétablir la monarchie, Camille, qui avait préparé et écrit sa défense, ne put se contenir; il la froissa de rage et en souffleta ses juges.

Nous avons dit, en parlant de Danton, ce qu'avait été ce procès : l'histoire vengeresse a marqué du sceau de l'infamie juges et accusateurs.

Camille, condamné, montra non de la faiblesse, mais un grand désespoir au souvenir de sa femme et de son enfant. Danton lui disait : « Du calme. Il faut bien mourir! » Mais, sur l'échafaud, il reprit sa tranquillité d'âme et, regardant le couteau ruisselant du sang de Hérault de Séchelles : « Digne récompense, dit-il, du premier apôtre de la Liberté ! »

Il mourut en tenant dans sa main une boucle des cheveux de Lucile, sous le ciel de printemps, le 5 avril 1794. Il avait trente-trois ans, « l'âge du sans-culotte Jésus, » comme il avait répondu dans son interrogatoire.

Sa femme qui, espérant le sauver, avait noué quelques intelligences dans la prison du Luxembourg pour délivrer les prisonniers, fut arrêtée avec le général Dillon, accusée de conspiration, et envoyée à l'échafaud dix jours plus tard.

« Le lendemain de l'arrestation de Camille Desmoulins, raconte M. Jules Claretie, le soir, la nuit venue, Mme Duplessis et sa fille Lucile se tenaient debout, les yeux rouges de larmes, devant le berceau de cet enfant qui, lui aussi, devait mourir à trente-deux ans, devant le berceau du petit Horace, qui dormait, souriant à son rêve, et qui dans huit jours serait orphelin.

« Sombre, pâle, irrité, M. Duplessis, le père de Lucile, se promenait à grands pas dans la chambre. Il fermait les poings, il se disait qu'il aurait eu raison peut-être, autrefois, d'empêcher ce mariage. Tout à coup, levant la tête, il aperçut, sur une armoire basse, une statue de la Liberté, une statue en plâtre que Camille avait placée là. Cette image de la Liberté parut ironique à cet homme, d'humeur royaliste, au fond. Il prit la statue, la regarda un moment avec de la haine et de la rage, et l'élevant en l'air, il allait la briser à ses pieds, lorsque Lucile, qui suivait ses gestes et son regard, devinant tout, s'élança vers lui, et retenant son bras : « Non ! mon père, dit-elle fermement. Respectez-la : il meurt pour elle (1) ! »

O enfants, ô jeunes gens, espoir de la République, en dépit des calomnies dont on l'a abreuvée, des crimes qu'on peut avoir commis en son nom, aimez-la bien cette Liberté, respectez-la, et mourez pour elle, s'il le faut. Dites-vous que ce doit être un grand, un précieux et inestimable bien, celui dont la conquête et la conservation ont coûté à des générations, à vos aïeux, à vos pères, tant d'efforts, de sang et de larmes !

(1) Préface aux œuvres de Camille Desmoulins.

MARCEAU

« Près de Coblentz, sur un terrain qui s'élève en pente douce, est une pyramide petite et simple qui couronne le sommet de la colline verdoyante. La base recouvre les cendres d'un héros, notre ennemi; mais que cela ne nous empêche pas d'honorer la mémoire de Marceau. Sur sa jeune tombe, plus d'un soldat farouche versa de grosses larmes en déplorant ce trépas qu'il enviait; car celui-là est mort pour la France, il est tombé en combattant pour reconquérir ses droits (1). »

Ce héros, dont les ennemis mêmes reconnaissaient la loyauté, François-Séverin Marceau des Graviers, naquit à Chartres le 1er mars 1769.

Rejeté par sa mère qui ne l'aimait pas, sevré des caresses d'un père qui craignait de provoquer la mésintelligence dans son intérieur, Marceau trouva chez sa sœur aînée la tendresse que réclamait sa jeune âme.

Il se destinait au barreau; mais, un jour, grisé à la vue de troupes qui défilent, tambours battant, il s'engage, et est incorporé au régiment Angoulême-Infanterie. Il venait d'atteindre sa seizième année.

En 1789, Marceau, qui avait gagné ses galons de sergent, se trouvait en congé à Paris, le 14 juillet. A l'assaut de la vieille forteresse qui synthétisait aux yeux du peuple tous les crimes de la royauté, Marceau se distingua par son entrain et son impétuosité.

L'Assemblée nationale gratifia d'un congé définitif les militaires qui avaient fait cause commune avec le peuple pour la prise de la Bastille; Marceau revint à Chartres.

Il fut aussitôt nommé instructeur au 2e bataillon de la Garde nationale. Peu de temps après, ses antécédents militaires lui valurent un brevet d'officier dans l'armée des Ardennes.

Marceau était avec son bataillon en garnison à Verdun, quand le roi de Prusse l'assiégea. La ville était en mauvais état de défense, sans

(1) Œuvres de lord Byron, *Childe Harold*. Trad. de M. Benjamin Laroche.

artillerie, sans munitions. On pouvait, à défaut de longue résistance, se maintenir quelques jours ; cela eût permis aux bataillons en formation de venir inquiéter l'ennemi et de le chasser.

« On était à un poste d'honneur, honte à qui parlerait de l'abandonner, même quand on ne pourrait plus le garder ! » C'est ce que disait Beaurepaire, le commandant de Verdun, c'est ce que disait Marceau dans un conseil où la peur et la lâcheté fermaient les oreilles à leurs généreuses paroles (1). »

On décida de se rendre. Beaurepaire, désespéré, ne voulut pas survivre à ce qu'il considérait comme une honte : il se tua. Et Marceau qui, comme lui, avait bondi d'indignation, au seul mot de capitulation, fut, en qualité de plus jeune des chefs, obligé de la régler ! Ainsi le voulaient les usages militaires.

Quand il arriva devant le roi de Prusse, le bandeau qu'il avait sur les yeux était trempé de larmes, de larmes de rage ! Le lendemain, pendant le défilé de la garnison qui évacuait la ville, on entendit une voix crier aux Prussiens : « Au revoir, dans les plaines de la Champagne. » C'était la voix de Marceau.

Voix prophétique : peu de temps après, les Prussiens étaient écrasés à Valmy.

Marceau, pendant le siège, avait perdu tout ce qu'il avait : ses effets, quelques centaines de francs d'épargne. Un représentant du peuple en mission vint lui demander ce qu'il voulait qu'on lui rendît : « Un sabre, s'écria Marceau, un sabre pour venger notre défaite ! »

Coup sur coup, Marceau fut nommé adjudant-major (1er décembre 92), lieutenant-colonel en second par la presque unanimité de ses camarades (25 mars 93), et passa sur sa demande (mai 93), lieutenant-colonel au premier cuirassiers légers ; il fut envoyé en Vendée, sous le commandement de Westermann.

A peine est-il au camp, qu'on le menace de l'échafaud. Bourbotte, chargé par la Convention de surveiller les chefs de la légion germanique, les traite tous en contre-révolutionnaires. Il accuse Westermann, puis Marceau. Celui-ci ne daigne pas descendre à une justification. Il se borne à rappeler brièvement, mais fièrement, sa conduite.

Son récit est fait d'un ton si convaincant, qu'un représentant du peuple, Goupilleau, ne peut s'empêcher de dire : « Si Marceau, qui se défend de cette façon, n'est pas aussi solide républicain qu'il est vaillant soldat, je ne me fierai plus à personne. »

Peu après, en juin 93, Marceau se trouvait à Saumur. Les royalistes se présentèrent tout d'un coup et en grand nombre devant cette ville.

Les républicains surpris se sauvent en criant : « Trahison ! » Pressé par l'ennemi, le représentant du peuple Bourbotte est sur le point

---

(1) C. Desprez.

MARCEAU

Général à l'Armée de Sambre et Meuse.
Né à Chartré en 1769. Mort de ses blessures
le 5.me Jour Com.re an 4. à la ba.lle d'Altenkirchen.

d'être fait prisonnier. Marceau descend de son cheval et le lui donne, en disant : « Montez vite, j'aime mieux être tué par ces brigands que de voir un représentant du peuple tomber entre leurs mains. »

« C'est ainsi, dit un de ses biographes, que le général républicain se vengeait des soupçons qui n'auraient jamais dû approcher de lui. »

Élevé depuis peu, par les représentants, au grade de général de brigade, Marceau prit part aux combats de Dol, de Pontorson et d'Antrain, où l'on se battit héroïquement vingt-deux heures.

Désigné après cette victoire pour commander toutes les troupes, Marceau alla trouver Kléber, que le ministre venait de suspendre, et lui abandonna le plan de campagne : « Je garde pour moi, lui dit-il, toute la responsabilité, et je ne demande que le commandement de l'avant-garde au moment du danger. — J'y consens, dit Kléber, nous serons guillotinés ensemble ! ». Et ils choisirent comme point de concentration un village non loin du Mans.

Les Vendéens, battus en plusieurs rencontres, sont en fuite sur la route de Laval; l'armée républicaine, entrée au Mans, proclame par de longs vivats sa victoire.

C'est ici que se place un épisode romanesque qui faillit coûter la vie à Marceau. Au moment où son état-major se retirait du Mans pour rejoindre l'armée qui marchait sur Laval, deux soldats amènent dans la cour de l'hôtel une jeune fille éplorée qu'ils viennent d'arrêter les armes à la main, au sortir de la ville. Interrogée, elle déclare se nommer Mlle des Mesliers; sa mère et son frère ont été tués, elle aussi invoque la mort.

Marceau l'entoure de soins respectueux et la conduit secrètement à Laval dans une maison reculée. Il la croyait en sûreté, mais des perquisitions ordonnées par l'autorité locale la firent découvrir.

L'infortunée mourut sur l'échafaud, léguant à son bienfaiteur Marceau une montre sans valeur qu'il conserva religieusement jusqu'à sa mort.

« Le Comité de Salut public n'avait pas assez d'une victime; il voulut frapper ceux qui avaient tenté de sauver Mlle des Mesliers. On instruisit contre eux une procédure qui eût pu leur devenir fatale, si elle n'eût été communiquée à Bourbotte, qu'une indisposition retint quelques jours à Laval et qui, se souvenant qu'il avait une dette à payer, déchira les procès-verbaux (1). »

Poursuivis sans relâche par les républicains, les royalistes s'enfuient. Ils sont débandés, harassés, démoralisés. Marceau et Kléber décident de frapper un grand coup : la fameuse armée vendéenne est écrasée à Savenay et les débris s'en dispersent dans toutes les directions.

Marceau fut mis, le 22 mars 1794, à la tête d'une division de l'armée des Ardennes; quelques jours plus tard, Kléber y était appelé égale-

---

(1) Louis Blanc, *Révolution française*.

ment, en même temps qu'il recevait le brevet de général de division. Les deux amis, les deux compagnons d'armes allaient se retrouver.

La République, depuis deux ans, luttait contre toute l'Europe coalisée. Nous avions éprouvé des revers, mais nous commencions à croire aux succès : nous avions vaincu à Hondschoote, à Wattignies, débloqué Landau. La campagne de 1794, qui s'ouvrait, devait nous mener à un dénouement décisif. De tous les points du territoire surgirent des volontaires qu'un frisson d'enthousiasme semblait rendre invulnérables.

Marceau fut un de leurs dignes chefs et partagea la gloire des plus belles journées.

Ayant reçu de Saint-Just l'ordre de s'emparer de Coblentz, foyer des conspirations royalistes, il prend Dueren, passe l'Ourthe et arrive devant Coblentz. Il veut profiter d'une sortie de la garnison pour livrer bataille, mais celle-ci ne bouge pas. « Alors le jeune général fait sonner la charge; ni la mitraille, ni les balles n'arrêtent les soldats; ils escaladent les retranchements, ils entrent dans les redoutes et passent à la baïonnette tout ce qu'ils y trouvent. Coblentz est à eux (1). »

Le défi de Brunswick était relevé, son insolence châtiée.

Un concert de patriotique reconnaissance salua le nom de Marceau, du victorieux général qu'on appelait le moderne Paul-Émile.

Marceau prit une part active à la campagne de 1795, et notamment au siège d'Ehrenbreitstein. Jourdan rappela Marceau dont il avait un pressant besoin. Il lui avait dit, en se retirant, de faire disparaître toutes les barques de la rive droite.

Au lieu de les couler, l'officier du génie que Marceau avait chargé de cette opération y mit le feu. Elles descendirent le courant et vinrent se heurter au pont de Neuwied qu'elles détruisirent. L'armée n'avait plus de passage.

Marceau, au désespoir, se considérant comme seul responsable de cette faute, s'arme d'un pistolet, et le porte à son front. Un de ses aides de camp qui était en même temps son ami d'enfance, Constantin Maugars, lui arrache l'arme; Kléber survient... Marceau, indécis, semble encore enveloppé de ses sombres projets; il n'ose pas parler à Kléber. Celui-ci met fin à cette hésitation; il embrasse Marceau et lui dit : « Eh quoi ! est-ce que tu ne reconnais plus ton frère d'armes ! Est-ce que tu as oublié Kléber ? Allons ! montons à cheval, tout sera réparé. Si tu tiens absolument à te faire casser la tête, que ce soit en défendant ce passage avec ta cavalerie. »

Ils restèrent ensemble toute la journée, et les Autrichiens s'aperçurent si bien de leur présence qu'ils ne parurent pas de deux jours.

Pendant ce temps, des pontonniers avaient rétabli un passage, et l'armée traversait le Rhin, sans être inquiétée.

(1) C. Desprez.

De part et d'autre, on était épuisé. Le temps était affreux, les routes impraticables. Sur la demande du général autrichien, un armistice fut signé le 1ᵉʳ janvier 1796.

La campagne rouverte, Kléber franchit le Rhin, remporte d'abord quelques succès, grâce à l'intrépidité de ses seconds, de Richepanse surtout, mais il est obligé de céder devant le nombre.

Pendant ce temps, Marceau s'empare de Kœnigstein et tient en respect la garnison de Mayence.

Le 16 septembre, les Autrichiens sont à Limbourg. Ils ont pris le pont, sont entrés dans le faubourg : la ville n'est pas encore à eux. Quand ils débouchent de la rue principale, Marceau, qui les a prévenus avec de l'artillerie, les balaye; puis, à la baïonnette, ses soldats jettent les Autrichiens dans la rivière. Ceux-ci reçoivent deux fois des troupes fraîches qui subissent le même sort.

Les efforts de Marceau ne suffisent malheureusement pas. Jourdan a commis des fautes; il s'est laissé tromper par de faux mouvements de l'ennemi. Il faut se retirer en arrière. C'est de Marceau que dépend le salut de l'armée. Le péril est extrême. A chaque instant, les Autrichiens menacent de couper nos troupes; Marceau recule pas à pas, disputant les moindres accidents de terrain. Le gros de l'armée ainsi protégé opère sa retraite.

Le 19, dans le milieu du jour, Marceau se trouve en vue d'Altenkirchen. Les Autrichiens redoublent d'ardeur dans leur poursuite ; il faut à tout prix que Marceau préserve les divisions de Jourdan qui n'ont pas encore franchi le défilé.

Il dispose ses hommes, se porte en avant pour reconnaître le terrain. Un coup de fusil part de derrière un arbre. Marceau est grièvement blessé; il n'en laisse rien paraître. Cependant, on l'entoure, on le descend de cheval.

« Qu'on m'achève, dit-il, afin que je ne tombe pas vivant aux mains de l'ennemi. »

La retraite continuant, Marceau avait été laissé dans une maison d'Altenkirchen avec deux chirurgiens et quelques officiers d'état-major, et sous la sauvegarde des Autrichiens. Le général Haddick avait immédiatement fait prendre des nouvelles du noble blessé, à qui l'archiduc Charles envoya peu après son premier chirurgien. Mais la blessure était mortelle; les médecins n'avaient plus qu'à soulager le malade.

Les principaux officiers de l'armée autrichienne qui s'étaient rencontrés avec Marceau sur tant de champs de bataille, se présentèrent pour le saluer. Ils allaient lui serrer la main, et ces vieux guerriers sortaient silencieusement, les yeux rouges d'émotion. Ils le pleuraient comme ils eussent pleuré le premier d'entre eux.

Vers six heures du matin, le 21 septembre 1796, Marceau s'endormit pour ne plus se réveiller.

Il n'avait que vingt-sept ans, et sa réputation de grand capitaine et d'honnête homme avait déjà fait le tour de l'Europe.

L'armée de Sambre-et-Meuse accompagna Marceau; un détachement des hussards de Barco l'escorta également. A ceux-ci se joignirent les généraux Kray, Schetern et un grand nombre d'officiers supérieurs autrichiens.

Il fut enterré dans le camp retranché de Coblentz, où fut mis plus tard Lazare Hoche; les canons français le saluèrent, l'artillerie autrichienne répondit.

L'armée ouvrit une souscription pour élever à Marceau un modeste monument. Kléber, se souvenant de son art d'autrefois, en donna le dessin : c'est une simple pyramide tronquée, sur les faces de laquelle sont gravés les principaux faits d'armes de Marceau.

Les lieux où reposent ces deux grands hommes ne sont malheureusement plus en terre française, mais les étrangers les gardent avec respect, comme un dépôt sacré.

Ah! répétons, répétons avec le grand poète de l'Angleterre, avec lord Byron :

« Elle fut courte, vaillante et glorieuse, sa jeune carrière. Deux armées le pleurèrent; ses amis et ses ennemis prirent le deuil. L'étranger arrêté dans ce lieu doit prier pour le glorieux repos de son âme intrépide; car il fut le champion de la liberté, et du petit nombre de ceux qui n'ont pas dépassé la mission de rigueur qu'elle impose à ceux qui portent son glaive ; il conserva la pureté de son âme, et c'est pourquoi les hommes l'ont pleuré. »

LAZARE HOCHE

Parmi ceux qui, parcourant la mémorable galerie des hommes de la Révolution, étudient, analysent, scrutent la vie de ces géants qui nous ont faits ce que nous sommes, c'est-à-dire libres, il peut y avoir des divergences d'opinion, des différences d'appréciation : des jugements sévères même ont pu ou peuvent être formulés sur la conduite de plusieurs de ces grandes figures soumises à l'examen. Mais toutes les critiques se sont tues, tous les témoignages sont d'accord pour proclamer en Hoche, un noble citoyen, une conscience pure et un grand héros.

C'est qu'en effet, ce républicain, général d'élite qui mourut étouffé sous les lauriers, à vingt-neuf ans, ne laissa pas plus de prise à l'attaque après son trépas qu'il n'en avait donné de son vivant. D'une intégrité absolue, d'une indépendance qui pouvait être dangereuse à cette époque, Hoche fut le plus incorruptible des héros.

Sa carrière si bien remplie — elle est tout entière contenue dans la devise qu'il avait adoptée : *Res non verba* (des faits et non des mots) — « est la leçon la plus grande, la plus juste, la plus nécessaire qui puisse être adressée à la jeune génération sur laquelle nous comptons pour le relèvement moral et le relèvement matériel de la Patrie ».

Lazare Hoche naquit à Versailles, le 24 juin 1768. Son père, ancien soldat, remplissait les humbles fonctions de garde-chenil dans les écuries du roi. Un célèbre orateur de nos temps a dit spirituellement : « Hoche était le fils d'un homme attaché au chenil de la monarchie. »

Orphelin presque à sa naissance, il fut pris en affection et recueilli par une tante, marchande de légumes à Versailles, faubourg de Montreuil. A quinze ans, voulant se suffire à lui-même, il entra dans le service des écuries royales.

De très bonne heure, on le voit, « il eut Paris, le grand Paris, pour éducateur ».

Très entreprenant, il s'engagea à seize ans avec l'idée de partir aux

Colonies. Mais le sergent recruteur l'avait trompé et il fut versé dans les Gardes françaises.

Brûlant de s'instruire, il dévorait tout; mais il manquait de livres, sa paye fournissait à peine à ses besoins matériels.

Profitant des loisirs dont jouissait le corps des Gardes françaises, privilégié parce qu'il était regardé comme le premier régiment de France, Hoche, pour acheter quelques livres, puisait de l'eau, la nuit, chez les jardiniers. Le jour, il brodait des gilets d'officiers et les vendait dans un café, au bas du Pont-Neuf.

Le corps des Gardes ayant été dissous le 31 août 1789, il entra peu après, avec le grade de sergent-major, dans la garde nationale soldée.

Adjudant sous-officier au 104ᵉ régiment d'infanterie, le 1ᵉʳ janvier 1792, il fut remarqué un jour de manœuvres par le ministre de la Guerre, Servan, et quatre jours après il était nommé lieutenant au 58ᵉ. Capitaine le 1ᵉʳ septembre de la même année, il attira par sa brillante conduite au siège de Thionville, l'attention du général Leveneur qui le prit pour aide de camp.

Arrêté pour avoir protesté contre l'arrestation de ce général, il fut relaxé sur les instances de Couthon, et nommé, le 31 mai 1793, adjudant général, chef de bataillon dans l'armée du Nord.

Mis en vue par sa belle défense de Dunkerque, Hoche, dans l'espace de six semaines, passa du grade de chef de bataillon au rang de général de brigade, de général de division, et enfin, le 23 octobre, il fut nommé général en chef de l'armée de la Moselle.

Il commence par remettre un peu d'ordre dans ses troupes, les ramène à l'observation de la discipline, puis il les lance contre Brunswick.

« Devant Frœschwiller, — deux fois célèbre, hélas ! — les bataillons républicains hésitent; l'ennemi s'abrite derrière des retranchements couronnés de batteries qui crachent la mort. Mais Hoche connaît ses soldats; ces formidables canons, il les met gaiement aux enchères.
« Camarades ! s'écrie-t-il en parcourant les rangs, à 400 livres pièce les
« canons prussiens ! — A 500 ! — A 600 ! — Adjugé ! » répondent en riant les soldats. Ils s'élancent au pas de charge, la baïonnette en avant ; en moins d'une heure, ces lignes de redoutes sont franchies, emportées: les Prussiens abandonnent dix-huit canons, vingt-quatre caissons, et les pièces traînées devant le général Hoche sont payées comptant au prix de l'*adjudication* (1). »

Avec un semblable entrain, la campagne ne pouvait être de longue durée. Landau, le grand objet de la campagne, fut enfin délivrée, aux acclamations de l'armée et de la France entière.

Saint-Just, qui ne pouvait pardonner à Hoche d'avoir ravi à son protégé Pichegru l'honneur de cette campagne, le poursuivit de son ressentiment ; il le fit arrêter.

---

(1) Michelet, *les Soldats de la Révolution*.

Conduit à la Conciergerie, Hoche ne cache pas sa colère, mais il ne tremble point pour lui-même. Il demande des livres et étudie les grands écrivains.

Un jour qu'il se promenait mélancoliquement dans un long corridor sombre, on ouvre à grand bruit le guichet ; un homme d'assez haute taille s'incline pour passer la porte basse, et se relevant montre à Hoche la noble, l'impassible, la redoutée figure de Saint-Just. — C'était le 9 thermidor. « L'un entre, l'autre sort. Voilà la prison et voilà la vie ! (1). »

A la fin de 1794, Hoche est appelé au commandement de l'armée des côtes de Brest : la guerre civile qui s'éteignait en Vendée s'allumait en Bretagne.

Dans ce nouveau poste, « où la victoire même était un deuil » il se montra d'une longanimité admirable.

Sa générosité eut bientôt porté ses fruits. « Les campagnes peu à peu se repeuplèrent, les habitants ne regardèrent plus les républicains comme des ennemis. Il n'y eut bientôt ni bleus, ni blancs, ni Vendée, ni armée républicaine, mais des citoyens, un moment séparés, qui se retrouvaient sur le sol de leur patrie commune : la France (2). »

C'est à cette conduite, a dit Gambetta, qu'on peut voir ce qu'il y avait de sensibilité exquise, de tendresse démocratique, de véritables entrailles plébéiennes dans ce superbe héros.

Le 15 juillet 1796, un message du Directoire annonça la pacification.

Peu après, le Conseil des Anciens, le Conseil des Cinq-Cents décrétèrent que l'armée des côtes de l'Océan avait bien mérité de la patrie. Le grand génie qui, par son habileté, sa modération et son humanité, avait mis fin à cette guerre civile, reçut le nom de *Pacificateur de la Vendée*, un de ses plus beaux titres de gloire.

Libre de commandement, Hoche voulait faire payer à l'Angleterre son entreprise, écraser l'insolente puissance qui soldait les armées du continent contre nous. Il espérait, du même coup, affranchir une population malheureuse, encore opprimée de nos jours, celle de l'Irlande.

Entravée par le Directoire, contrariée par une affreuse tempête, la descente projetée par Hoche ne réussit pas. En voyant s'évanouir, malgré ses efforts, ce grand et beau rêve, Hoche faillit mourir de douleur.

Le Directoire, pour le consoler de ce revers, lui confia le commandement de l'armée de Sambre-et-Meuse (janvier 1797).

Il arrive à son poste. Les effectifs sont faibles et divisés. Hoche ne se rebute pas. Là encore, il réorganise et il crée.

Lorsqu'enfin tout est prêt, il lance ses colonnes sur l'ennemi et marche de victoire en victoire.

L'ennemi atterré se croyait définitivement perdu, quand la nouvelle

(1) Michelet.
(2) *Idem.*

LE GÉNÉRAL HOCHE.
Né à Versailles le 24 juin 1768

de l'armistice conclu à Leoben par Bonaparte et l'archiduc Charles, arrêta Hoche dans sa marche foudroyante.

Ce grand soldat était tellement resté civil, patriote, républicain, qu'il ne regretta pas un instant cette paix qui l'arrêtait dans ses succès.

Après la journée du 18 fructidor, le Directoire, ayant destitué le général Moreau, réunit sous le commandement de Hoche les armées de Sambre-et-Meuse et du Rhin.

Mais, depuis quelque temps déjà, Hoche était en proie à une maladie étrange qui lui causait de violentes douleurs d'entrailles : « Suis-je donc vêtu, disait-il, de la robe de Nessus ? »

Le 19 septembre 1797, après une crise terrible, il expira entre les bras de sa femme et du général Debelle, son beau-frère.

Hoche avait à peine atteint ving-neuf ans !

L'armée fit à son chef de magnifiques et touchantes funérailles.

Le convoi funèbre quitta Wetzlar le 21 septembre, traversa Coblentz entre une double haie formée par les soldats de France et d'Autriche, puis se dirigea vers les hauteurs de Pétersberg où une partie de l'armée était sous les armes. Là, un simple monument renfermait les restes de Marceau.

« Cette tombe modeste pour laquelle Hoche avait souscrit de ses deniers quelques jours avant sa mort, réunit les deux héros. Le corps de Hoche y fut descendu après avoir reçu les adieux de ses compagnons : Lefèvre, Championnet, Grenier rendirent hommage à leur général dans un langage militaire, simple et vrai. Après eux, un grenadier s'avança, présenta l'arme devant le cercueil, y déposa une couronne de chêne, disant : « Hoche, au nom de l'armée, reçois cette couronne, » et il pleura. Ses larmes exprimaient mieux qu'aucune parole les sentiments de tous (1). »

Tels furent les honneurs funèbres rendus à ce fils de la Révolution, à laquelle il avait consacré sa vie, à laquelle il était resté fidèle ; à ce héros républicain, dont on a dit avec vérité : « Il fut le diplomate le plus adroit, l'administrateur le plus habile et le plus avisé capitaine. »

(1) E. de Bonnechose, *Lazare Hoche*.

LES CARNOT

UNE FAMILLE DE RÉPUBLICAINS

Qu'est-ce que la République ? Une forme de gouvernement, assurément, oui. Mais c'est plus et mieux : un régime où les citoyens pratiquent le culte de la liberté, de la justice, de la vérité et de la bonté, où les vertus domestiques sont honorées autant qu'est ardent l'amour du bien public, où chacun est prêt à se dévouer pour la collectivité comme celle-ci se doit, à tout instant, de venir en aide à chacun de ses membres. Si nombreux que croient être les républicains, ils sont rares ceux qui vraiment méritent ce beau titre. Les vertus qui font le républicain sont si fortes, elles s'imprègnent en lui si profondément qu'il les transmet, par la force de l'hérédité, à ses descendants. Aucun exemple de cette circulation de l'esprit républicain à travers plusieurs générations d'une même famille n'est plus frappant que celui qui nous vient des Carnot (1).

(1) Nous avons puisé de nombreux et très intéressants renseignements pour la biographie des Carnot dans *les Trois Carnot* (1753-1887), d'après des documents nouveaux et inédits, par un député, Paris, 1888, Pitrat, édit.

LE GRAND CARNOT

Lazare Carnot, dit le « grand Carnot » était originaire de la Côte-d'Or. Il naquit le 13 mai 1753. Son père qui tenait, à Nolay, une étude de notaire, avait dix-huit enfants, quatorze fils et quatre filles dont il surveillait lui-même l'éducation. Il leur vantait le bonheur d'une conscience droite, leur recommandait le travail, nécessaire à tous, mais surtout dans une famille nombreuse et peu fortunée. « Il leur prêchait l'union et l'affection entre eux, répétant souvent qu'un seul de ses enfants qui tournerait mal entraînerait la perte de tous les autres (1). »

Un vif sentiment de solidarité devait naître de ces conseils paternels chez chacun des enfants qui les écoutait, et l'on ne s'étonne pas de ce qu'à la mort de cet excellent homme ses fils avant d'ouvrir le testament convinrent tous que « quelle qu'en fût la teneur, le partage serait égal entre eux. »

Comme ses frères et sœurs, Lazare Carnot eut pour précepteur son père. A douze ans, il entrait au collège d'Autun où il eut pour camarades Joseph Bonaparte, futur roi d'Espagne, et Lucien, son frère, qui devait présider les Cinq Cents au 18 Brumaire. Vers quinze ans, il sortait du collège pour terminer ses études au petit séminaire de la ville. Il vint ensuite à Paris suivre les cours d'une école spéciale pour la préparation au génie militaire. Dès l'âge de 17 ans, il commença à s'émanciper de la religion catholique, non par dilettantisme, non pour satisfaire à la mode des esprits du temps, mais à la suite de dix-huit mois d'études et de sérieuses réflexions sur la vérité des dogmes. De ces longs et graves entretiens avec lui-même il sortait convaincu de l'inutilité des intermédiaires en religion, mais restait philosophe, c'est-à-dire tolérant.

Sorti de l'école de Mézières en 1773 avec le brevet de lieutenant de génie en premier, il ne passa capitaine que dix ans plus tard, à l'ancienneté. Mettant en pratique les idées de solidarité familiale que son

(1) *Mémoires sur Carnot*, publiés par son fils Hippolyte Carnot.

père lui avait inculquées, Lazare prélevait sur sa solde de lieutenant pour les besoins de son frère cadet, Carnot-Feulins. Plusieurs années ils vécurent ainsi, côte à côte, l'aîné servant de professeur au cadet.

Ce n'était pas, en dehors de l'accomplissement de ses devoirs militaires, la seule occupation de Lazare Carnot. Les questions scientifiques le passionnent. En janvier 1784, il présente à l'Académie des sciences le premier fruit de ses veilles sous la forme d'une étude sur les ballons. On était au lendemain de l'ascension des frères Montgolfier. Carnot découvre la voie où chercheront à s'engager plus tard les aéronautes, celle de la direction des ballons. Il soumet à ses maîtres un dispositif de rames légères qui, suivant lui, devaient conduire au but. Comment? Au moyen d'une machine à feu qui eût donné l'impulsion à des roues munies de palettes. Le mémoire de Carnot ayant été perdu, le secret de la puissance de son moteur nous demeure inconnu. Nous en savons assez pour constater qu'il précéda les plus hardis aéronautes de nos temps dans la recherche du problème de l'aviation.

Presque en même temps il produit son *Essai sur les machines* où se trouve le précieux théorème connu depuis de tous les ingénieurs sous le nom de *théorème de Carnot*. C'était une découverte mathématique d'intérêt capital : elle plaçait son auteur au premier rang des savants illustres.

Peu à peu, les idées politiques de Carnot se forment et apparaissent. L'Académie de Dijon met au concours pour 1784 l'éloge de Vauban. Carnot concourt, obtient le prix par un mémoire où, parlant de l'incomparable ingénieur militaire qui construisit toute une barrière de forteresses sur nos frontières, il n'oubliera pas qu'il était aussi l'auteur de la *Dîme royale*, un ami sincère du peuple (il avait demandé à Louis XIV de le dégrever d'impôts pour en charger la classe parasitaire et privilégiée de la noblesse) ; un patriote, dans le vrai sens du mot, « qui avait répudié la guerre de conquêtes et fixé pour but à toute guerre légitime la seule défense de la patrie, de la civilisation, de l'humanité ».

« Quel doit être, écrivait Carnot reprenant l'une des idées de Vauban, quel doit être l'objet du gouvernement, sinon d'obliger au travail tous les individus de l'État ? Et comment les y déterminer, si ce n'est en faisant passer les richesses des mains où elles sont superflues, dans celles où elles sont nécessaires, en fournissant à l'un les moyens de travailler et en privant l'autre des moyens de rester oisif ? Mais lorsque les impositions produisent un effet contraire, lorsqu'elles ôtent à celui qui a trop peu pour donner à celui qui a trop, lorsque l'opulence est un titre d'exemption, lorsqu'on arrache au pauvre cultivateur le pain trempé de sueur qu'il allait partager avec ses enfants, que doit-on attendre de ce monstrueux système, si ce n'est de dépeupler les campagnes, semer la jalousie et la haine entre les citoyens, effacer de leurs cœurs la confiance et la gaîté, rendre indifférent sur le sort de la Patrie, en brisant les liens qui unissent à elle ? »

La manifestation de connaissances techniques militaires de premier ordre, un talent si réel d'écrivain, des idées philosophiques si hardies devaient attirer l'attention sur Lazare Carnot. De l'étranger une haute marque de considération lui vint. Henri de Prusse, frère du grand Frédéric, séjournait alors en France. Il se connaissait en hommes de valeur. Il fit à Carnot les offres les plus belles pour que le jeune officier se mît au service de la Prusse. L'acceptation de ce genre de proposition en ces temps n'était pas rare. Carnot avait une autre conception du patriotisme que les officiers nobles, il refusa.

Cette leçon donnée aux tenants de la monarchie ne devait pas rester impunie. A quelque temps de là, sous un prétexte futile, une absence de son corps pour un duel, Carnot était enfermé à la Bastille, où grâce à une circonstance heureuse, il ne demeura pas longtemps.

La germination des idées libérales semées par les philosophes était accomplie. L'immense majorité des Français s'accordait à critiquer le régime, à réclamer l'amélioration du système social en vigueur depuis des siècles. Tout le monde souhaitait des réformes ; personne, ou presque personne ne prévoyait un bouleversement total. La forme du gouvernement n'était pas en jeu. Qui donc songeait à la changer ?

« Nous n'étions peut-être pas dix républicains en 1789 », put dire plus tard Camille Desmoulins.

De cette petite phalange de précurseurs Lazare Carnot fut dès les premières heures de la Révolution.

Avec une grande hauteur de vues il pose en principe que notre pays ne doit avoir d'autre préoccupation que la sûreté de ses frontières. Toute guerre offensive lui est interdite.

« S'il est en effet un pays, en Europe, écrit-il (1), dont l'intérêt particulier soit d'accord en ce point avec les principes de cette morale universelle, de cette grande politique qui considère les nations comme les parties d'un même peuple, c'est sans doute la France. »

Il s'élève contre les armées permanentes trop nombreuses qui « énervent le royaume en minant la population, enlèvent les cultivateurs à la campagne, corrompent les mœurs des villes, épuisent pendant la paix les ressources qu'on devrait ménager pour les temps de crise. » Et Carnot devançant son époque de plus d'un siècle en matière militaire comme il l'avait devancée en matière scientifique affirme qu'il suffirait pour le soldat de passer un an ou dix-huit mois seulement sous les drapeaux, laps de temps au bout duquel il serait suffisamment instruit.

---

(1) *Mémoire présenté au Conseil de guerre au sujet des places fortes qui doivent être démolies ou abandonnées* (1788).

Préoccupé de l'état alarmant des finances du pays, il soumet à la Constituante un *Mémoire sur le rétablissement de nos finances*, dans lequel il propose l'utilisation des biens du clergé pour le remboursement de la dette publique qui atteignait annuellement le chiffre formidable pour l'époque de 250 millions.

En bon citoyen Lazare Carnot suivait avec la plus sérieuse attention les événements qui se déroulaient. Il s'y intéressait, on vient d'en avoir la preuve, autrement qu'en simple spectateur. Il s'y mêlait, apportant à leur examen son rigoureux esprit scientifique et sa clairvoyance.

Lors de la fuite du roi, il juge admirablement la situation, tandis que les plus violents révolutionnaires se montrent indécis : « C'est une abdication », prononce-t-il ; et tirant un argument sans réplique du fait que la France s'était gouvernée facilement sans roi pendant quelques jours, il déclare qu'elle peut se passer de lui désormais et se constituer en République.

Le mot était prononcé. Il étonna dans le moment, mais il fut bientôt comme ces paroles mystérieuses qui, dans les temps troublés, volent de bouche en bouche, et permettent à tous de se ressaisir et de trouver la voie du salut.

Écrits, discours, avaient fait connaître Lazare Carnot dans la région du Pas-de-Calais où son frère, Carnot-Feulins et lui venaient d'épouser les deux filles de l'administrateur militaire Dupont, résidant à Saint-Omer. Tous deux furent élus par le Pas-de-Calais à l'Assemblée législative. Ce n'étaient plus le travail de cabinet, les études objectives qui allaient occuper Carnot ; la vie politique le prenait à une période de l'histoire où elle exigeait de ceux qui l'acceptaient un amour profond et désintéressé du peuple, de rares vertus civiques, un courage sans alliage.

Parlant peu, ne voulant être d'aucun parti, il n'en joua pas moins un rôle décisif dans bien des débats. Sur sa proposition 3864 officiers de l'ancien régime qui avaient déserté, la plupart pour se mettre au service de l'Émigration, furent rayés des cadres de l'armée et remplacés par des sous-officiers d'élite. L'infusion de ce sang jeune dans l'armée lui procura une force nouvelle. Des talents militaires se révélèrent et les troupes se sentirent enfin encadrées et guidées par des officiers ayant la foi républicaine. Carnot, par des mesures de cette nature, avait conquis la confiance de ses collègues.

Sommé par la cour de Vienne, porte-paroles en cette circonstance des autres monarques d'Europe et des émigrés français, de rétablir la monarchie française telle que l'avait voulue la déclaration royale du 23 juin 1789, le gouvernement français fit à cette menace insolente la seule réponse qui convînt à la dignité de la Nation : il déclara la guerre au roi de Hongrie et de Bohême. C'était la déclarer en même temps à toutes les puissances coalisées (20 avril 1792).

Immédiatement l'Assemblée législative envoie en mission dans les provinces quelques-uns de ses représentants pour surveiller les opérations militaires, stimuler le zèle des armées, se rendre compte sur place des mesures d'organisation à prendre. Carnot est désigné l'un des premiers pour cette tâche, dans le Nord. Deux désastres étranges et inexpliqués s'y sont produits, où les soldats pourtant en nombre se sont enfuis affolés au cri de : « Nous sommes trahis ». Dans l'une de ces affaires, la sortie de Lille, ils massacrent, sans l'apparence d'une raison, le général Dillon qui les commande. Carnot parvient à relever le moral de ces troupes mal aguerries ; il les met en garde contre le retour de ces mouvements irréfléchis où l'on croit voir des traîtres partout, bref il ramène parmi eux la discipline.

Après la journée du 10 août qui avait marqué la chute de la royauté, Carnot envoyé avec Coustard et Prieur (de la Côte-d'Or) à l'armée du Rhin pour y annoncer la déchéance du roi et recevoir le serment civique des troupes, en revenait, ayant brisé les quelques résistances qu'il avait rencontrées, mais exténué, crachant le sang.

Vingt-quatre heures après la proclamation de la République par la Convention dont ce fut le premier acte (21 septembre 1792), Carnot repartait en mission sur la frontière d'Espagne pour organiser la défense. Rétablir la discipline dans les régiments, mettre fin à l'anarchie dans le civil, assurer la résistance contre l'ennemi, calmer les esprits irrités par une administration ignorante et injuste fut la charge qui incomba à Carnot et à ses deux collègues Garran et Lamarque et dont ils s'acquittèrent, Carnot surtout, avec une volonté, une habileté, un esprit de justice qui, à plus de cent dix années de distance, forcent encore l'admiration.

Tenant compte des habitudes séculaires de chaque contrée, il forme les Basques en compagnies de *Miquelets*, sorte de chasseurs de montagnes pour qui ce fut une distraction de défendre les passes des Pyrénées qu'ils connaissaient dans leurs moindres détails ; puis, s'étant pris d'affection pour ces populations très pauvres, qui faisaient bravement leur devoir, Carnot adresse à la Convention tout un plan de réorganisation de ces régions, demandant, comme un grand acte d'économie politique, le vote d'une somme de quarante-cinq millions à consacrer annuellement à l'exécution de chemins et canaux. Carnot ne veut pas seulement par la création de ces communications vivifier ces régions délaissées et réveiller l'industrie ; il voit là le moyen d'assurer la subsistance des milliers d'hommes qui défendent les frontières pour le jour où ils rentreront dans leurs foyers.

Sa mission terminée, Carnot reprend sa place à la Convention et devient membre du Comité diplomatique. C'est le moment où, brûlant d'imiter la France, toutes les nations opprimées tentent de devenir libres et lui demandent soit de les y aider, soit de les annexer. L'enthousiasme était à son paroxysme.

« C'était, dit Michelet, un spectacle étrange ! Nos chants faisaient tomber toutes les murailles des villes. Les Français arrivaient aux portes avec le drapeau tricolore, ils les trouvaient ouvertes et ne pouvaient pas passer : tout le monde venait à leur rencontre et les reconnaissait sans les avoir jamais vus ; les hommes les embrassaient, les femmes les bénissaient, les enfants les désarmaient... On leur arrachait le drapeau, et tout le monde disait : « C'est le nôtre ! » grande et bonne journée pour eux ! Ils gagnaient par nous, en un jour, toute la conquête des siècles ! Cet héritage de raison et de liberté pour lequel tant d'hommes soupirèrent en vain, cette terre promise qu'ils auraient voulu entrevoir au prix de leur vie, la générosité de la France les donnait pour rien à qui en voulait. »

Si enviables que fussent ces manifestations pour le pays qui en était l'objet, il convenait d'apporter la plus grande circonspection dans l'examen des demandes de réunion à la France qui les suivaient. N'y avait-il pas à craindre, pour notre propre nationalité, une absorption immédiate de trop nombreux pays voisins ; l'élargissement de nos frontières qui s'ensuivrait n'aurait-il pas des dangers ? Et dans quelle mesure avions-nous le droit de prononcer la réunion d'un peuple au nôtre ?

Carnot eut une vue claire de ces difficultés. Dans son rapport à la Convention il dit du droit des peuples : « Nous avons pour principe que tout peuple, quelle que soit l'exiguïté du pays qu'il habite, est absolument maître chez lui ; qu'il est *égal en droit au plus grand*, et que nul autre ne peut légitimement attenter à son indépendance, à moins que la sienne propre ne se trouve visiblement compromise. »

Et il fixe les règles suivantes, qui devront être celles de toute réunion à la France : « 1° que la réunion n'ait rien de contraire aux intérêts de l'État ; 2° que les populations l'aient demandée par l'émission d'un vœu libre et formel, ou que la sûreté générale de la République la rende indispensable. »

C'est alors qu'inquiète des menées de Dumouriez, commandant en chef de l'armée du Nord, suspect de mystérieuses négociations avec le camp ennemi, la Convention lui dépêche cinq de ses représentants : Camus, Lamarque, Bancal, Quinette et Carnot, avec ordre de l'amener à la barre de l'Assemblée pour s'y disculper. Dumouriez se démasque par un guet-apens. Il fait arrêter à Lille et livrer aux Autrichiens les représentants de la France qui, pendant deux ans et demi furent traînés de cachot en cachot, à travers l'Allemagne. Carnot, retenu à Arras où sa présence était indispensable, se remettait en route pour rejoindre ses collègues quand il apprend ce qui leur est arrivé. Il ne perd pas une minute pour punir la trahison de Dumouriez et en prévenir les effets. Il adjure l'armée de rester fidèle à la République, prépare, par la percée des digues, l'inondation du pays, ruineux mais sûr moyen de défense dans ces pays plats, fait fermer les portes de toutes les forteresses et ordonne contre quiconque provoquerait des désordres ou la défection, d'impitoyables mesures. Une semaine après, Carnot rassurait la Convention : Dumouriez n'était plus à craindre ; il était à peu près abandonné, l'armée lui échappait. Et le commissaire aux armées pouvait s'écrier : « Puisse cet événement enfin *guérir les Français de leur idolâtrie pour les individus* et du besoin d'admirer sans cesse. »

Sage conseil qu'un autre conventionnel, Anacharsis Cloots, exprimera à la même époque : « *France, guéris-toi des individus* », et que ne devraient jamais oublier les citoyens d'une République.

A peine remis de cette chaude alarme, Carnot part à Dunkerque que menacent les Anglais. Aidé de son collègue Duquesnoy, il en assure la défense et pour former les troupes qui sont jeunes et inexpérimentées il les mène au feu. A Furnes, voyant ces troupes sur le point de fléchir, les deux représentants du peuple arrachent leurs fusils à deux soldats et s'élancent à l'assaut. L'écharpe tricolore des représentants est dans la mêlée comme le symbole de la Nation se défendant elle-même pour le triomphe de la République. Les soldats ne balancent plus, ils volent sur les traces de Carnot et de Duquesnoy et enlèvent la position.

Nommé membre du Comité de Salut public le 10 juillet 1793, étant à l'armée du Nord, Carnot vit son rôle encore augmenté. Le Comité de Salut public que la Convention avait créé le 6 avril 93 était alors le véritable gouvernement de la France. Surveillants des ministres, contrôleurs suprêmes de tous les actes de la vie administrative et militaire, ses membres menaient une double lutte, contre les ennemis intérieurs de la République, nobles, prêtres, suspects de tous ordres qui travaillaient sourdement au retour de la monarchie, et contre les rois qui, craignant pour leur propre couronne la contagion de l'exemple fourni par la France, se ruaient sur celle-ci, et l'envahissaient de tous côtés.

Prusse, Autriche, Piémont, Angleterre, Hollande, Espagne étaient coalisés contre nous. Valenciennes, Condé, Mayence leur appartenaient, Strasbourg était menacée ; à l'intérieur de la France les paysans de Vendée excités, trompés par leurs prêtres et leurs nobles, qui répandaient sur le compte des républicains les pires calomnies, affirmant que les églises étaient profanées, mettent tout à feu et à sang, ne voulant pas reconnaître la République ; dans les Cévennes et la Lozère, même révolte de paysans ; la Corse profite de ces événements pour tâcher de recouvrer son indépendance ; Toulon, place forte de la France dans la Méditerranée, est livrée aux Anglais le 27 août. Un tiers de la France luttait contre le reste pour la patrie et la liberté. Le péril était extrême. Exceptionnels devaient être les moyens de le conjurer.

La Convention eut ce rare mérite de ne point désespérer un seul jour. Sur la proposition de Danton, elle ordonne la levée en masse qui fournira de nombreuses recrues et toutes les ressources nécessaires pour la guerre.

« Dès ce moment, disait ce décret, jusqu'à celui où les ennemis auront

CARNOT.

Membre du Directoire Exécutif.
Né à Nolay dep.t de la Côte d'or, le 13 may 1753.

été chassés du territoire, tous les Français sont en réquisition permanente pour le service des armées ;

« Les jeunes gens iront au combat, les hommes mariés forgeront les armes et transporteront les subsistances, les femmes feront des tentes, des habits, et serviront dans les hôpitaux ; les enfants mettront le vieux linge en charpie ; les vieillards se feront porter sur les places publiques pour exciter le courage des guerriers, enseignant la haine des rois et l'unité de la République ;

« Les maisons nationales seront converties en casernes, les places publiques en ateliers d'armes ; le sol des caves sera lessivé pour en extraire le salpêtre ;

« Les propriétaires, fermiers et possesseurs de grains seront requis de payer les deux tiers de leurs contributions en nature pour assurer la subsistance des armées. »

Par ce décret la vie nationale était suspendue ; toutes les volontés, toutes les énergies, tous les dévouements tournés vers la défense de la Patrie pour le salut de la République.

Fièrement la Convention déclare « qu'elle ne traitera pas avec l'ennemi tant qu'il n'aura pas repassé les frontières de la République. »

Carnot alors se multiplie : à ces paroles énergiques il fait correspondre des actes d'une vigueur égale. Secondé par Lindet et Prieur, il pourvoit à tout, crée pièce à pièce l'outillage de la défense nationale. Les réquisitionnés affluent ; quand ils arrivent à leur lieu de concentration, tout y est prêt pour les recevoir, rien ne manque. Carnot a prévu jusqu'aux plus petits détails. Et les armées de la République qui au commencement de l'année 1793 avaient deux cent vingt-huit mille soldats, en comptaient plus d'un million en septembre suivant, un million d'hommes qu'il avait fallu habiller, armer, transporter, nourrir.

Ce fut au tour des phalanges républicaines d'attaquer, de déborder l'ennemi. Nos armées marchent de victoire en victoire. Aussi bien le Comité de Salut public l'exige de ses généraux. A l'un le Comité impose la condition de prendre Mayence, à un autre qui paraît éluder ses ordres, il écrit : « Il est temps que les généraux apprennent qu'une responsabilité terrible pèse sur la tête de ceux qu'une erreur involontaire n'excuserait pas. »

A un troisième il déclare nettement :

« Nous n'aimons point les réponses évasives, ni des projets pour l'avenir lorsqu'il s'agit d'opérer à l'instant. Nous voulons sans aucun délai la conquête du mont Cenis et du Petit Saint-Bernard. »

Sévère quand il le faut pour les incapables et les tièdes, Carnot sait être généreux et de bon conseil avec les généraux simplement malheureux. Et, démocrate dans l'âme, il ne douta pas un moment des qualités de vaillance et des capacités de ces enfants du peuple qui formaient l'armée de la République. Aux généraux titrés, galonnés de l'Europe monarchique il opposa de jeunes capitaines modestes, mais dont son discernement des hommes lui avait fait découvrir les mérites.

Le temps qu'il n'emploie pas à travailler au Comité, il le passe au front des armées, payant de sa personne pour accroître le courage des troupes, renouvelant, fusil à la main, l'acte de Furnes, quand il le juge nécessaire.

Lorsque la Convention se sépara le 30 vendémiaire an III (26 octobre 1794), la Révolution avait enfin fait reculer les armées de la coalition, et Lazare Carnot, toujours modeste mais éloquent malgré lui en la brièveté de ses constatations, pouvait ainsi résumer les résultats de son administration :

« Dix-sept mois de campagne ; 27 victoires, dont 8 en batailles rangées ; 120 combats ; 80000 ennemis tués ; 90000 prisonniers ; 116 places fortes ou villes importantes occupées; 230 forts ou redoutes enlevés; 3800 bouches à feu, 70000 fusils, 1900 milliers de poudre et 90 drapeaux tombés en notre pouvoir. »

De quels honneurs fut comblé Carnot pour cette campagne qui avait étonné le monde ? Jeunes gens méditez bien ceci : sept mois plus tard Carnot fut nommé... chef de bataillon, à l'ancienneté. Quel exemple et quelle leçon !

Le courage et l'énergie dont il avait donné tant de preuves en organisant la victoire des armées républicaines ne lui manquèrent point alors que la Terreur faisait trembler les plus braves. Au mépris de la mort il défend, au Comité de Salut public, Danton, dont cependant il n'était pas l'ami. A quelques semaines de là, accusé par Saint-Just d'être lié avec les ennemis des patriotes, menacé de la guillotine, Carnot répond froidement :

« Je t'y invite. »

Et se tournant vers son accusateur qui venait de demander son expulsion du Comité, prélude de la condamnation à mort, Carnot glacial se contente de laisser tomber ces mots :

« Tu en sortiras avant moi, Saint-Just. »

Les terroristes du Comité, cette fois, eurent peur. Saint-Just partit précipitamment, Robespierre se trouva mal.

Ce qui n'empêcha pas Carnot, après la réaction thermidorienne, de défendre ses collègues du Comité de Salut public auxquels on reprochait les signatures qu'ils avaient mises au bas des ordres d'arrestation. Parlant le langage d'un véritable homme d'État qu'anime le sentiment de la vérité historique et de la justice il s'écrie :

« Ne mettra-t-on jamais dans la balance les services d'une part et les excès de l'autre ? Les veilles, les fatigues indicibles essuyées pour tirer l'État de ses crises affreuses, n'entreront-elles jamais en compensation des erreurs et des fautes qu'on a pu commettre ? Ne rapprochera-t-on jamais les faits des circonstances terribles qui les ont déterminés ? Sont-ce des circonstances ordinaires que celles où s'est trouvée la

France ? Ou plutôt en a-t-il jamais existé de semblables dans l'histoire des nations ? »

On n'osa pas toucher à l'Organisateur de la Victoire. C'eût été d'ailleurs une injustice sans nom, car Carnot fit preuve de beaucoup d'humanité au Comité de Salut public et sauva, chaque fois qu'il le put, des victimes désignées : l'ingénieur d'Arçon, Marescot, Hoche, furent de ce nombre.

Comme si les opérations militaires ne suffisaient pas à son activité, Carnot trouve le temps de prendre une large part aux grandes créations de la Convention : Institut national, École polytechnique, École militaire, Conservatoire des arts et métiers, École normale supérieure, Bureau des longitudes ; et l'ingénieur, le savant ne perdant pas ses droits, il utilise la science pour la défense du pays, organisant des télégraphes aériens, employant des ballons dans les armées : labeur prodigieux bien digne de ces temps héroïques.

La popularité de Carnot à cette date était telle que quatorze départements le choisirent comme représentant aux Cinq-Cents qui allait remplacer la Convention. Élu pour faire partie du Directoire, comité en qui se résumait tout le pouvoir exécutif, il fut spécialement chargé de la guerre. Un incident qu'il est bon de rapporter naquit de cette désignation. Carnot, un des chefs de l'État, qui allait commander à tous les généraux, était simple chef de bataillon. Quelle anomalie ! Carnot la reconnaît. A une autre époque la difficulté eût été promptement tournée. L'intéressé en eût profité pour se promouvoir au grade le plus élevé. Carnot, lui, prend une mesure bien différente. Il se met hors cadre, s'interdisant par le fait même, tout droit ultérieur à l'avancement. O militaires enflés d'orgueil pour quelque lointaine promenade et jamais comblés, à votre gré, de grades et d'honneurs, rappelez-vous quelquefois cet acte du grand Carnot.

Carnot avait quitté le Comité de Salut public à la suite des attaques des réactionnaires. La conduite des opérations militaires s'en était ressentie. Chargé par le Directoire d'y présider à nouveau, il leur donne une impulsion nouvelle, remplaçant les généraux incapables ou mous par de jeunes capitaines actifs et intelligents, comme Bonaparte et Moreau. La guerre contre l'Autriche commencée presque aux portes de Paris se termine par ce traité de Campo-Formio, aux résultats immenses, signé non loin de Vienne. A l'intérieur, la pacification de la Vendée, assurée par Hoche, démoralisait les royalistes de Paris.

Mais ceux-ci devaient bientôt reprendre courage. Les élections de l'an V (1797) viciées par l'intervention de l'or étranger, avaient donné une majorité favorable à la réaction. Les premières résolutions de cette majorité tant au conseil des Cinq-Cents qu'au conseil des Anciens ne permettaient pas de douter de son intention de rappeler les princes et de rétablir l'ordre de choses qu'avait aboli la Révolution. Le danger était-il imminent ? Trois des Directeurs le crurent et, en vertu de l'adage « la fin justifie les moyens » firent arrêter les suspects (18 fructidor), notamment leur collègue, le directeur Barthélemy, Pichegru, président du conseil des Cinq-Cents, Boissy d'Anglas, Jordan, Portalis, annuler les élections de quarante-huit départements, déporter à Cayenne les conspirateurs supposés. Carnot qui avait refusé de s'associer au coup d'État de ses collègues, ne croyant pas à la possibilité d'une restauration de la monarchie, dut à la présence d'esprit de son frère Feulins et au dévouement d'un menuisier de pouvoir s'échapper et de gagner la Suisse, puis l'Allemagne, où il demeura trois ans.

Pendant ce temps le général Bonaparte toujours victorieux, voyait grandir de jour en jour sa popularité. De retour d'Égypte en triomphateur il mettait au service de son ambition les troupes dont la République lui avait confié le commandement ; il s'en servait pour expulser la représentation nationale et, fort de leur appui, remplaçait le 18 brumaire an VIII (9 novembre 1799) le Directoire par trois consuls provisoires, dont il devint le premier, dominant ses collègues de son énergie et de son orgueil.

Il comprit que pour réaliser son rêve de pouvoir absolu il fallait, par des actes d'apparente générosité, gagner la confiance populaire en s'entourant des citoyens honorés dont le prestige pouvait auréoler sa gloire naissante. Il rappela les proscrits et, sous la pression de l'opinion publique invita Carnot à diriger le ministère de la Guerre. Quelque répugnance qu'éprouvât Carnot à accepter l'offre de l'auteur du coup d'État de Brumaire il y consentit par devoir patriotique, commença de réorganiser l'administration militaire où la prévarication était monnaie courante, mais dut renoncer à poursuivre sa tâche devant l'hostilité mal déguisée de Bonaparte. Carnot désintéressé, d'une intégrité et d'une indépendance absolues, n'était pas le collaborateur qui convenait au Premier Consul, peu scrupuleux sur les moyens ; il avait sondé jusqu'au fond la bassesse de cette conscience. Aussi donna-t-il sa démission. On la refusa. Carnot la renouvela par ce simple et digne billet :

« Citoyens consuls, je vous donne de nouveau ma démission. Veuillez bien différer à ne plus l'accepter. Salut et respect. »

Au Tribunat où il avait été nommé il fit à Bonaparte une opposition d'autant plus éclatante qu'elle était presque isolée. Seul il osa s'opposer à la réalisation du projet de consulat à vie qui transformait Bonaparte en dictateur. Sur le registre de vote couvert des *oui* des membres serviles du Tribunat il écrivit d'une main qui ne tremblait pas :

« Dussé-je signer ma proscription, rien ne saurait me forcer à déguiser mes sentiments. Non. » *Carnot.*

Et lorsque Bonaparte arrivé à la dernière étape sur le chemin de l'autorité suprême, invita ses courtisans à souscrire à la proposition de le nommer Empereur, il rencontra une fois de plus Carnot pour protester d'une voix qui retentit dans tout le pays :

« Quelques services qu'un citoyen ait pu rendre à sa patrie, il est des bornes que l'honneur autant que la raison imposent à la reconnaissance nationale. Si ce citoyen a restauré la liberté publique, sera-ce une récompense à lui offrir que le sacrifice de cette même liberté?.... Le dépôt de la liberté a été confié à Bonaparte; il avait juré de la défendre. En tenant cette promesse, il eût rempli l'attente de la nation qui l'avait seul jugé capable de résoudre le grand problème de la liberté publique dans les vastes États; il se fût couvert d'une gloire incomparable..... Je vote contre la proposition. »

La suppression du Tribunat (1807) rendit Carnot à la vie privée. Il en goûta les joies dans son domaine de Presles, tout entier à l'éducation de ses enfants et à l'amitié de ses frères. L'homme qui avait fait trembler l'Europe monarchique passait son temps, la serpette à la main, à élaguer les branchages inutiles ou à jouer avec ses fils, toujours enjoué et heureux du bonheur des autres.

La bourrasque effroyable de 1814 arracha Carnot à sa tranquille retraite. Lasse du joug que l'ambition jamais assouvie de Napoléon faisait peser sur elle, l'Europe exaspérée tentait, pour s'en débarrasser, un suprême et formidable effort. De toutes parts l'ennemi se portait sur nos frontières: la petite armée de cinquante mille hommes dont disposait Napoléon était refoulée vers Paris. A ce moment critique où la situation de la France était désespérée, Carnot oublia ses trop justes griefs contre l'Empereur, cause première des malheurs de la France; le républicain chez lui s'effaça devant le patriote. Aussi longtemps que le succès avait couronné les entreprises de Napoléon il était resté à l'écart; maintenant que la mauvaise fortune multipliait les revers, Carnot se croyait obligé d'offrir ses moyens. Il le fit dans une lettre à l'antique. Napoléon agréa avec empressement le concours de Carnot à qui fut confiée la défense d'Anvers, arsenal maritime et boulevard des frontières du Nord. Malgré l'infériorité numérique de sa garnison, la place mise en état de défense par Carnot résista victorieusement aux Anglais, Prussiens et Suédois acharnés contre elle. Ce ne fut qu'après la déchéance de l'Empereur et l'instauration de Louis XVIII sur le trône que Carnot se décida à entrer en pourparlers avec les ennemis.

Les Bourbons ramenaient à leur suite tous ces nobles et ces prêtres qui, par haine des idées nouvelles, par haine de la Révolution d'où était sortie la proclamation des droits de l'homme, étaient allés demander à l'étranger le rétablissement de la royauté française. A ceux-là, officiers émigrés ou déserteurs, comme aux Vendéens et aux chouans qui avaient tenté d'assassiner la France au cours de sa lutte contre toute l'Europe, Louis XVIII devait des récompenses: il les en combla. Les grades qu'ils avaient gagnés en combattant contre leur patrie dans les armées étrangères, ils les conservèrent; ils purent reprendre leur rang dans l'armée et la flotte nationales pendant que les meilleurs officiers des armées de la Révolution étaient pourchassés, réduits à la demi solde. Carnot éleva la voix contre ces hontes. Toujours modéré, préoccupé par-dessus tout de la Patrie, il se permet de conseiller au roi quelques réformes, la liberté de la presse et de la parole, « une libre circulation de la pensée, seule capable de faire connaître les meilleures choses et les meilleurs hommes, et ainsi de tarir les sources des erreurs et des intrigues ».

A ces avis désintéressés sortis d'une bouche si autorisée, Louis XVIII répondit par des paroles et par un acte. « L'ouvrage est d'un honnête homme et d'un bon citoyen, » dit-il. Et il inscrivit en tête des listes d'arrestation, au mois de mars 1815, le nom de Carnot.

Le retour de Napoléon de l'île d'Elbe empêcha momentanément l'exécution de ce dessein.

L'empire vaincu définitivement à Waterloo, Napoléon à Sainte-Hélène, cela ne suffit point à Louis XVIII. Il choisit les meilleurs des Français, ceux qui étaient l'orgueil du pays, les Ney, les Cambronne, les Labédoyère, les Drouot et les envoya en exil ou à la mort. Aux traîtres le droit de fouler le sol de la Patrie; aux vrais Français la terre étrangère ou la tombe. Carnot eut l'honneur de figurer sur la première liste de proscription.

Partout où il passa, à Varsovie, à Breslau, à Berlin, à Magdebourg, il reçut des hommes les plus illustres des témoignages de respect et de haute estime. Peu fortuné, la vie en ces pays lui fut souvent difficile. Il s'en consolait dans l'étude et l'affection de son fils Hippolyte. Les yeux tournés du côté de la France il attendait chaque jeudi la lettre hebdomadaire qui lui apportait des nouvelles de sa famille et de la France. Et faisant taire la colère qui grondait en lui contre ce roi ramené dans les fourgons de l'étranger, il avait le courage de dire à son fils :

« Mon enfant, si jamais ton pays est menacé dans son indépendance, oublie que les Bourbons ont proscrit ton père. »

Le 2 août 1823, cet ardent républicain, ce patriote sans peur et sans reproche mourait loin de son pays après une douloureuse maladie. Quelques rares amis escortèrent son cercueil.

Dans le cimetière de Magdebourg où ses restes furent inhumés, on ne dressa point de monument. Sur une pierre tombale un nom : CARNOT, suffit à rappeler le souvenir du conventionnel avisé et énergique qui fit germer du sol de France, à l'heure la plus sombre de son Histoire, des armées de héros, et secoua d'un frisson d'épouvante tous les despotes du monde.

Si pareille vie pouvait être résumée, il suffirait, d'en marquer le trait principal qui fut l'abnégation. Bienfaisant, tolérant, pensant qu'il ne faut tuer les hommes ni pour les forcer de croire ni pour les en empêcher, sévère pour lui-même, indulgent aux autres, soumis à la loi, serviteur passionné de la Patrie et défenseur acharné de la Liberté, Lazare Carnot demeure le modèle le plus parfait qu'on puisse imaginer du citoyen républicain.

HIPPOLYTE CARNOT

Élevé à l'école d'un tel père, Lazare-Hippolyte Carnot, son second fils, hérita de ses vertus civiques. Né à Saint-Omer en 1801, son enfance s'écoula à Presles sous les regards attentifs et charmés de son père. L'exil lui eût rendu bien amères les années de sa jeunesse s'il n'avait eu pour son père une admiration et une affection sans bornes. Pour lui le grand Carnot se fit précepteur, ou, pour être plus exact, « le plus savant et le plus habile des maîtres ». Hippolyte fit ainsi de fortes études; lorsqu'il eût fermé les yeux du noble vieillard, il rentra en France avec le désir de devenir avocat, profession où son indépendance serait, croyait-il, à l'abri. Il commença ses études de droit; mais, bientôt, il réfléchit au serment qu'il devrait prêter pour être admis dans l'Ordre. Il fallait y affirmer sa fidélité à la dynastie. Hippolyte Carnot, trop droit pour s'exposer à un parjure, renonça au barreau et se résolut à vivre de ses revenus, si modestes qu'ils fussent. Du moins pourrait-il, en toute indépendance, se consacrer au triomphe des idées que son père lui avait inculquées. Séduit par le saint-simonisme, ce système philosophique et social dans lequel tous les privilèges de la naissance sans exception étaient abolis, l'héritage supprimé, les femmes affranchies, il fréquenta les adeptes de cette doctrine et, avec leur concours, organisa pour les ouvriers, sous le couvert d'une *Société de la morale chrétienne*, au titre inattaquable, des conférences où les questions sociales étaient étudiées et, forcément effleurés, les problèmes politiques. Au nom de cette Société, il rédigea un rapport sur « les moyens de soulager la misère et d'augmenter le bien-être des classes laborieuses », dans lequel il démontrait que la plus sûre méthode pour éviter les révolutions violentes consiste à donner aux ouvriers les droits politiques qu'ils réclament; à les inviter à se mêler aux grands débats de la communauté, « nulle enquête sur leurs besoins n'étant possible, s'ils n'aident à la faire eux-mêmes, s'ils n'y déposent comme témoins principaux ».

La révolution de 1830 le surprit en pleine étude. Aussitôt qu'il entendit gronder la voix populaire, il se rendit au lieu de réunion des Saint-Simoniens afin de prendre l'avis de ses amis sur la conduite à tenir. Ils étaient divisés. Les uns prétendaient que la forme du Gouvernement importait peu au succès des améliorations sociales qu'ils rêvaient, les autres soutenaient que, continuateurs des hommes de la Révolution, les Saint-Simoniens devaient prendre part au mouvement insurrectionnel pour sauver les libertés essentielles de la plume et de la parole sans lesquelles aucune propagande utile n'était possible. Carnot soutint ce parti avec chaleur et, sans attendre une décision incertaine, il descendit dans la rue, se joignit au peuple de Paris, le fusil à la main, et contribua ainsi activement au succès des journées des 27, 28 et 29 juillet, les *Trois Glorieuses*, comme l'Histoire les appela. Tout naturellement sa conduite le signala à l'attention de ses concitoyens. Le 29, il était invité à faire partie de la municipalité improvisée de son arrondissement. Quand, peu après, au lieu de la République pour l'avènement de laquelle ses compagnons et lui avaient fait le coup de feu, il vit installer Louis-Philippe aux Tuileries, on insista vainement pour lui faire accepter une fonction publique. Il refusa. Son père ne lui avait-il pas donné l'exemple, et laissé en maxime : « que le bon citoyen est celui qu'on trouve toujours prêt aux heures de péril public, et qu'on voit toujours, le danger une fois passé, se hâter de rentrer dans la vie privée ».

Hippolyte Carnot reprit sa propagande saint-simonienne. Mais cette école philosophique, progressivement, changeait de caractère. Enfantin, l'un de ses fondateurs, s'efforçait de la transformer en une église, dont il eût été le grand prêtre et dont ses disciples se distinguaient par un costume spécial. Il énonçait des théories extravagantes et d'une moralité souvent discutable. Carnot s'en sépara, avec raison, emportant toutefois de la fréquentation de ce milieu comme tant d'autres hommes éminents de la même époque, le sentiment très vif des réalités sociales et du besoin de relèvement et d'affranchissement des classes laborieuses.

La dissolution de la Chambre en 1839 fut pour H. Carnot l'occasion d'entrer dans la carrière politique. Il avait été chargé par le Comité central des électeurs de Paris de rédiger la circulaire des électeurs. On y lisait cette déclaration qui rappelait le langage du grand Carnot :

« Au milieu de la corruption qui nous assiège, il est un soin que nous ne pouvons trop recommander aux électeurs, comme le gage le plus assuré de notre avenir, c'est de *fixer leur choix sur des hommes purs* ; la vie privée d'un homme public doit pouvoir à chaque instant se dérouler avec confiance aux yeux de ses concitoyens. »

Le Comité jugea que le citoyen qui parlait ainsi serait un digne représentant : il le désigna au choix des électeurs. H. Carnot fut élu sur un programme où il demandait l'extension du droit de suffrage, la limitation de la prérogative royale, la responsabilité civile et criminelle, c'est-à-dire effective et non fictive, des ministres ; l'impôt proportionnel aux ressources des contribuables ; l'abolition des fonds secrets ; la politique extérieure ramenée aux traditions de fierté de la Révolution.

A la Chambre, il se prononça pour la réduction de la durée du service militaire et la création d'une puissante réserve nationale, contre le régime cellulaire, etc. Il avait été réélu en 1842 et 1846.

Brusquement, tandis que nombre d'esprits se flattaient encore d'obtenir sans secousse, par une série de réformes, les libertés réclamées et proclamées nécessaires, le roi Louis-Philippe ne trouvait qu'un moyen d'échapper à la colère populaire : la fuite.

En cette journée du 24 février 1843, les vainqueurs ne savaient trop quel fruit tirer de leur victoire. Devaient-ils le demander au peuple au moyen des élections ? Les plus énergiques conseillèrent la proclamation immédiate de la République. C'était aussi un conseil de sagesse. H. Carnot, qui avait opiné en ce sens, eut la charge du ministère de l'Instruction publique et des Cultes. Il s'y adjoignit pour collaborateurs le philosophe Jean Reynaud et l'historien Charton, dont il avait pu apprécier les qualités de cœur et d'esprit quand tous deux fréquentaient chez les Saint-Simoniens. En moins de quatre mois, le ministre de l'Instruction publique de la seconde République, aidé par ces deux auxiliaires, accomplit une tâche démocratique qui étonnerait bien nos législateurs d'aujourd'hui. « Formons des citoyens nouveaux pour des institutions nouvelles », avait dit H. Carnot en prenant possession de ses hautes fonctions. Et aussitôt, il fit adopter par l'Assemblée, en juin, un décret qui relevait la situation vraiment lamentable des instituteurs. Vingt-trois mille de ces éducateurs du peuple ne gagnaient pas 600 francs par an, il y en avait même qui ne touchaient pas 300 francs. Un crédit d'un million permit d'uniformiser à 600 francs le *minimum* de leur traitement.

En même temps, Carnot élaborait un projet de loi sur l'enseignement primaire, qui incorporait les instituteurs au personnel de l'État, puisque ceux-ci seraient à l'avenir payés par lui, projet de loi portant le maximum de traitement à 1200 francs avec allocation d'indemnités de résidence variant d'après le chiffre de population des villes. Enfin, l'instruction était décrétée gratuite et obligatoire.

« *Obligatoire*, dit l'exposé des motifs, parce qu'aucun citoyen ne saurait être dispensé, sans dommage pour l'intérêt public, d'une culture intellectuelle reconnue nécessaire au bon exercice de sa participation personnelle à la souveraineté. Dans un pays où le suffrage universel est proclamé, l'instruction devient un devoir critique. La liberté de l'enseignement n'est point la liberté de l'ignorance.

« *Gratuite*, par cela même que nous la rendons obligatoire, et parce que, sur les bancs des écoles de la République, il ne doit pas exister

HIPPOLYTE CARNOT EN 1848

de distinction entre les enfants des riches et ceux des pauvres. »

Quant à la laïcité il n'y était fait allusion que pour énoncer le principe que « l'enseignement religieux n'est pas du ressort des écoles. »

Des mesures sont prévues pour assurer la fréquentation scolaire et exciter le zèle des élèves. Une école normale spéciale est chargée d'assurer le recrutement des institutrices destinées aux *écoles maternelles*, jusqu'alors nommées *asiles*. Un autre projet prévoyait pour l'instruction des adultes l'organisation de bibliothèques publiques dans toutes les communes de France. Par l'intervention d'Hippolyte Carnot, un grand nombre d'universitaires ouvrirent des cours du soir pour les ouvriers.

L'enseignement secondaire fut aussi l'objet de ses soins : amélioration du sort des maîtres d'étude, création d'un enseignement secondaire pour les jeunes filles, augmentation du nombre des bourses des lycées en faveur des élèves des écoles primaires, il prévit et proposa toutes ces réformes. Tant de zèle républicain alarma des députés dont le républicanisme datait de fraîche date. Il était difficile d'attaquer H. Carnot de front, de lui reprocher ses projets de réformes qui étaient populaires. Comme toujours, ce fut par de misérables moyens qu'on s'efforça de se débarrasser de ce ministre si profondément démocrate, si dévoué à la cause de l'enseignement qui est aussi celle de la liberté. Ses ennemis plus ou moins masqués commencèrent par lui reprocher d'avoir poussé les membres du corps enseignant primaire à user de leur situation pour se faire nommer députés, et d'avoir conseillé aux électeurs des campagnes de préférer des paysans ignorants à de riches propriétaires. Le premier grief était faux. Pour le second, il avait fallu torturer des textes afin de lui donner une ombre d'apparence. Dans la circulaire où il expliquait aux électeurs le fonctionnement du suffrage universel, — la précaution n'était pas inutile, — H. Carnot s'exprimait ainsi :

« L'Assemblée nationale de 1789 a compté dans son sein ce qu'on appelle des paysans, et s'en est bien trouvée : pourquoi celle de 1848 n'aurait-elle pas le même avantage ? Les dangers que les amis sincères de la République peuvent redouter n'est pas qu'il y ait dans l'Assemblée trop peu de lettrés, c'est plutôt qu'il y ait trop peu de gens de pratique, onnêtement et profondément dévoués aux intérêts de la classe la plus nombreuse et la plus pauvre... Entre un citoyen riche, lettré, étranger à la vie des champs, aveuglé par des intérêts différents de ceux de la masse des paysans, et un brave paysan, doué de bon sens, ayant acquis, par l'expérience de la vie et des affaires un genre d'instruction qui vaut bien ce qu'on nomme l'*éducation*, le choix de l'électeur ne peut être douteux..., »

Était-il possible de tenir un langage plus loyal, plus républicain ? Évidemment non ; aussi, sentant que l'attaque de ce côté ne pourrait se produire utilement, les ennemis du ministre et de la République prirent pour prétexte un manuel de M. Renouvier dans lequel se trouvaient quelques idées socialistes, manuel qui avait été composé à la demande du ministre de l'Instruction publique, en vue de « servir de guide *aux instituteurs* pour leur enseignement civique des *adultes* ».

L'ouvrage était d'une tenue irréprochable et bien digne de ceux auxquels il était destiné. Suivant une tactique que les Basiles de la politique connaissent bien et à laquelle se laissent prendre facilement en tout temps les trop naïfs républicains, on exagéra le côté socialiste du manuel qui devint un épouvantail et l'on fit hardiment un mensonge : on prétendit que le livre était mis aux mains des enfants. Le ministre eut contre lui une minorité de onze voix. Malgré les instances du général Cavaignac, il se retira. Les amis de l'Église triomphaient. Le ministre qui avait voulu affranchir les esprits, doter le peuple de l'*outillage* intellectuel nécessaire à son émancipation politique et sociale était à terre. La République ne devait pas tarder à subir le même sort.

Nommé à la Constituante par 200000 suffrages parisiens, H. Carnot, perspicace comme l'était son père, vota l'amendement Grévy qui repoussait l'institution d'un président de la République issu du suffrage universel. La majorité de l'Assemblée fut d'un avis différent. On sait le résultat désastreux de cette faute politique : Bonaparte, qui avait remplacé Cavaignac à la présidence, faisait arrêter le 2 décembre 1851 une partie de la représentation nationale et se proclamait dictateur pour dix ans. Les citoyens qui contre cette violation de la Constitution s'étaient permis de protester avaient été balayés sur le boulevard Bonne-Nouvelle par les feux de salve d'une troupe gorgée d'eau-de-vie. Les représentants républicains firent l'impossible pour organiser la résistance au Coup d'État. H. Carnot ne manqua aucune des réunions tenues à cet effet, chez Durand-Savoyat, chez Grévy, déjà prisonnier. Il fut parmi les plus courageux qui, se désignant eux-mêmes à la mort, appelèrent le peuple aux armes contre le traître. La dernière proclamation signée de sept députés portait sa signature :

PROCLAMATION

Peuple, on te trompe !
Louis Bonaparte dit qu'il te rétablit dans tes droits, et qu'il te rend le suffrage universel.
Louis Bonaparte en a menti.
Lis ses affiches : il t'accorde, quelle dérision infâme ! le droit de confier à lui, à lui SEUL, le pouvoir constituant; c'est-à-dire la suprême puissance qui t'appartient. Il t'accorde le droit de le nommer dictateur pour *dix ans*. En d'autres termes, il t'accorde le droit d'abdiquer et de le couronner ; droit que tu n'as même pas, ô peuple, car une génération ne peut disposer de la génération qui la suivra.

Oui, il t'accorde à toi, souverain, le droit de te donner un maître, et ce maître, c'est lui !
Hypocrisie et trahison !
Peuple, nous démasquons l'hypocrite ; c'est à toi de punir le traître !

Le Comité de résistance:

Jules Favre, de Flotte, Carnot, Madier de Montjau, Mathieu de la Drôme, Michel de Bourges, Victor Hugo.

C'étaient là de belles paroles, une solennelle et vengeresse protestation, mais, hélas ! ce n'étaient que des mots. Il eût fallu des actes, une organisation pour la résistance à l'armée du Prince-président. Les représentants n'en purent trouver les éléments autour d'eux. Carnot avec trois ou quatre collègues essaya bien de mettre en mouvement les associations ouvrières. Quelques barricades se construisirent à la porte Saint-Martin, à la rue Meslay, à la mairie du V⁰ arrondissement, au faubourg Saint-Antoine, où le représentant Baudin trouva la mort ; elles furent rapidement enlevées par les troupes qu'appuyait de l'artillerie. Le peuple avait été surpris, et il faut l'avouer, à ses yeux, le régime représentatif discrédité par les divisions des républicains ne valait pas une révolution. La réaction avait préparé avec science et patience son œuvre ; elle en recueillait le fruit en cette sinistre journée. Le Guet-Apens avait réussi.

La répression allait s'exercer impitoyable, lâche et féroce contre tous ceux qui, en France, avaient le culte de la Liberté. H. Carnot gagna l'étranger avec les plus purs serviteurs de la démocratie. Quand, sans jugements réguliers, ayant fusillé, emprisonné, déporté les citoyens restés fidèles à la Constitution qu'il avait violée, Louis Bonaparte comprit que le peuple ne bougerait plus, il « régularisa » sa situation en priant le pays — sous l'œil vigilant de ses policiers et de ses gendarmes, — de l'acclamer Président. L'invitation était charmante. Les électeurs répondirent par 7400000 *oui* qu'ils adoraient le parjure.

Deux mois après, le 29 février, Bonaparte leur fit la grâce de leur présenter des députés de son choix. Ils furent acceptés avec le même empressement. Paris et Lyon témoignèrent seules d'une méchante humeur. Ces villes nommèrent trois républicains : Cavaignac, Carnot et Hénon.

Aucun d'eux ne siégea. Il leur eût fallu prêter serment de fidélité au parjure du 2 décembre : leur honnêteté ne voulut pas consentir ce sacrifice.

Réélu en 1857, Carnot refusa encore de remplir le mandat que lui confiait Paris. Mais en 1863, il fléchit par considération politique. Cinq députés avaient su, en effet, constituer à la Chambre une opposition profitable à la cause républicaine : Jules Favre, Ernest Picard, Ollivier,

Darimon et Hénon, les Cinq, comme on les appelait. En discutant publiquement les actes de l'Empire du haut de la tribune nationale, ils réveillaient peu à peu et éclairaient la conscience populaire. Par là leur action minait le régime impérial. Carnot le comprit et joignit ses efforts aux leurs.

Il avait contribué à la chute du régime impérial ; on s'en souvint après le 4 septembre 1870, quand la République remplaça l'Empire tombé dans la honte de Sedan.

Comme maire du huitième arrondissement, il rendit au Gouvernement de la Défense Nationale des services appréciés en présidant à l'armement, à l'habillement et à la nourriture d'une population de cent mille personnes.

Élu en 1871 député de Seine-et-Oise, désigné comme sénateur inamovible lors de la création du Sénat, il siégea à l'extrême gauche de cette assemblée. Si, très âgé, H. Carnot ne put prendre une part active aux travaux parlementaires, il était loin cependant de se confiner dans une retraite absolue. A l'Institut, dont il était membre, il communiquait une *Étude sur l'abbé Grégoire* et des *Notes sur le saint-simonisme* ; puis, de sa plume restée jeune, il trace de *Lazare Hoche, général républicain*, une brochure tout enfiévrée d'esprit révolutionnaire. Et lorsque les bonapartistes en 1874 ont l'audace, au lendemain de l'Année terrible, de conspirer pour le rétablissement de l'Empire, H. Carnot leur burine une réponse : « *Ce que serait un nouvel Empire* », que les jeunes gens de notre temps, qui ont trouvé dans leur berceau toutes les libertés qu'y déposa la bonne fée République, devraient lire, relire et méditer. On y lisait :

Ce qu'on nous prépare, c'est l'Empire dans toute la vigueur de son printemps, renouvelant les prouesses dont nous avons fait l'énumération :
Violences contre les personnes, atteintes aux fortunes privées ;
Dilapidation de la richesse publique ;
Expéditions belliqueuses ;
En un mot, l'Empire vrai.
Et tout cela mille fois aggravé.
Car il y a de nouvelles vengeances à exercer contre tous les partis ;
Car le cortège des faméliques, accru par la diète de quatre ans qu'ils viennent de subir, forme une bande de loups-cerviers ;
Car, pour se réhabiliter aux yeux de la France des hontes de Sedan, l'Empire devra flatter les passions populaires, hâter l'heure de la revanche, d'une revanche sanglante. Il ne peut pas, comme la République, qui a défendu le sol national avec honneur, si ce n'est avec succès, attendre cette revanche d'une restauration de nos finances, d'une forte éducation militaire, peut-être d'un progrès de la raison publique et d'une grande solution européenne.

L'Empire est dominé, nous le répétons, par la fatalité de sa tradition. S'il revenait, il serait pire que dans le passé : nouvelles aventures, nouvelles catastrophes !

« Tel arbre, tel fruit », dit saint Matthieu. Il ajoute : « Tout arbre qui ne produit pas de bons fruits sera coupé et jeté au feu. »

L'arbre de l'Empire a été abattu par la France, elle ne le laissera pas replanter : ses fruits sont trop dangereux.

Hippolyte Carnot s'éteignit en 1888 après avoir eu la joie de voir élever à la première magistrature du pays, son fils Sadi Carnot.

La cause du peuple venait de perdre un de ses plus fidèles défenseurs.

SADI CARNOT

Le 11 août 1837, à Limoges, naissait à Hippolyte Carnot un fils aîné qu'il nommait Marie-François-Sadi. Le prénom de Sadi avait été déjà porté dans la famille par un des oncles du nouveau-né, fils du grand Carnot, de qui Hippolyte pleurait encore la mort prématurée. Sadi Carnot, dont la carrière militaire avait été brisée par la Restauration, s'était adonné à l'étude de la physique; sa découverte de l'équivalence du travail et de la chaleur avait fait de lui un des savants les plus considérables d'alors, quand il succomba brusquement dans l'épidémie de choléra de 1832. Le grand Carnot s'était plu à sa naissance à lui donner le prénom de Sadi, qui lui rappelait les œuvres de Saadi, le poète persan aux idées de sagesse.

Sadi Carnot, le fils d'Hippolyte Carnot, manifesta de bonne heure son goût pour les sciences mathématiques; il fit de solides études au lycée Bonaparte, qui le conduisaient, en 1857, à l'École Polytechnique, puis à l'École des Ponts et Chaussées dont il sortait premier.

Ses fonctions d'ingénieur absorbèrent d'abord tout son temps; il dirigea en Savoie d'importants travaux et fit exécuter sur le Rhône le grand pont de Collonge.

La guerre de 1870-71 le fit entrer dans la vie publique. Inventeur d'un modèle de mitrailleuse, il offrit ses services à Gambetta, et en janvier 1871, il gagnait le Havre en qualité de préfet de Seine-Inférieure et de commissaire extraordinaire de la République dans l'Eure, la Seine-Inférieure et le Calvados.

La situation était difficile : de Paris investi les ordres émanaient difficilement. La province, égarée par les nouvelles que propageaient les Allemands, n'avait pas de direction, hésitait entre la soumission et la résistance. En basse Seine, les éclaireurs ennemis commençaient à pénétrer : il fallait la vigueur et l'initiative de Carnot pour remédier à cet état de choses. Il sentait renaître en lui cet âpre amour de la liberté, cette haine sacrée de l'envahisseur qui avait fait de son aïeul l'Organisateur de la victoire. Dès les premiers jours de son arrivée, il faisait afficher cette proclamation :

« L'union de tous les efforts et le concours de toutes les énergies assureront le succès de la sainte cause que nous avons à défendre. »

Certains de ses administrés, pourtant, résistaient : le maire d'Yébleron, que la pusillanimité rendait trop complaisant pour les Allemands, un employé de préfecture de Rouen qui s'était mis à leur service : il les cassait ; le sous-préfet de Dieppe, qui ne cessait de crier à la défection et qui avait laissé les Prussiens s'emparer de notre câble sous-marin pour l'Angleterre : il le révoquait aussi. Il levait des troupes, les armait. Il procédait à des élections de députés sans cesser de protester contre la façon dont l'ennemi violentait les électeurs.

Il était trop intelligent pour être dupe du résultat de ces élections : l'assemblée de Bordeaux n'était convoquée que pour faire la paix aux dépens de l'intégrité du territoire. Sadi Carnot était d'une famille trop héroïque et trop républicaine pour y consentir. Il envoyait donc, le 7 février, une fière lettre de démission à Arago, où on lisait ces mots :

« Dans la crise où nous sommes, en présence d'élections que dénature la pression étrangère et que la discussion n'a pas le temps d'éclairer, j'ai admis une mesure d'exception parce que j'y ai vu, en temps de guerre, une nécessité de salut public. Si vous ne redoutez pas une Chambre telle que M. de Bismarck la désire, je ne puis vous suivre.

« En venant ici avec la mission d'organiser les forces de la Défense, j'acceptais un poste de combat qui n'a de raison d'être qu'avec la Chambre fière et résolue entrevue par Gambetta, avec l'exclusion des partisans de la paix à tout prix. Pour rester fidèle à la ligne de conduite que je m'étais tracée, je vous remets donc mes fonctions, etc... »

Cette conduite le rendait digne du grand Carnot ; aussi les électeurs de la Côte-d'Or le déléguaient-ils pour siéger à Bordeaux. Carnot fut parmi les 107 députés qui refusèrent de ratifier les préliminaires de paix convenus entre Thiers et Bismarck.

La République était seule capable de relever la France de cette paix lamentable qui lui avait été léguée par le despotisme d'un Bonaparte. Sadi Carnot apporta son concours à la gauche républicaine de cette assemblée réactionnaire, défiante de Paris, et qui hésitait encore entre le drapeau blanc du comte de Chambord et le drapeau tricolore du comte de Paris.

Il fut de ceux qui, en 1875, votèrent les *lois constitutionnelles* de la République. Il ne se démentit point quelques années après, quand MacMahon, profitant de la contradiction de ces lois, et poussé par le parti clérical et réactionnaire, tentait son coup d'État du 16 mai. L'amendement Wallon « fondait », comme on sait, une sorte de gouvernement où les institutions républicaines voisinaient avec les institutions monarchiques. Ainsi, l'élection du Sénat au suffrage restreint était une sorte de défiance vis-à-vis du suffrage universel, qui est éminemment démocratique. Or, le président de la République, Mac-Mahon, dont les amis voyaient avec peine la fondation de la République, ne pouvait supporter de gouverner avec des ministres républicains comme l'étaient les hommes du cabinet Jules Simon. Il tenta d'appliquer les nouvelles lois dans un sens réactionnaire.

Au début de 1877, des discussions ardentes s'engagèrent au sujet du pouvoir temporel du pape, et Gambetta invita le gouvernement à mettre fin aux illégales manifestations religieuses. Mac-Mahon en profita pour faire le contraire et blâmer le cabinet, qui se retira (16 mai 1877). Un ministère clérical lui succéda. En quelques mois, tout le personnel administratif ou judiciaire, sur toute la surface de la France, était renouvelé.

Ce fut une grande agitation dans le pays. Toutes les voix républicaines blâmèrent ces procédés. A la rentrée des députés, 363 républicains, parmi lesquels Sadi Carnot, votèrent un ordre du jour de défiance contre le ministère. Mac-Mahon, sans comprendre l'avertissement, prononça d'accord avec le Sénat la dissolution de la Chambre.

A nouveau, l'agitation reprit ; royalistes, bonapartistes et monarchistes de tout genre croyaient marcher à l'assaut de la République. Mais autour de Gambetta, autour de Sadi Carnot et d'autres, les républicains marchaient d'accord. A la fin de la même année, les élections amenaient une majorité de républicains à la Chambre : Sadi Carnot, réélu à Beaune par plus de 7000 voix, redevenait secrétaire de cette Chambre, qui obligeait enfin l'infidèle Président de la République à « se soumettre ».

Les années qui suivent sont, pour Sadi Carnot, des années de travail et de succès : sa fidélité à l'idée républicaine lui vaut, à juste titre, la confiance de la Chambre, dont il avait été déjà un des secrétaires. Aussi en 1878, est-il rapporteur du budget pour les travaux publics, puis secrétaire d'État au même département. En 1880, dans le cabinet Ferry, qui s'est donné pour mission de procéder à l'expulsion des congrégations non autorisées, il devient ministre des Travaux publics. Plus tard, il redevient rapporteur du budget de ce département, vice-président de la Chambre, président de la commission du budget. C'est alors qu'en avril 1886, il est choisi par M. Brisson pour occuper le ministère des Finances.

L'heure était critique : Jules Ferry, que sa foi dans les idées laïques désignait aux haines de la droite, venait de tomber à la suite de mauvaises nouvelles venues du Tonkin : une coalition momentanée de républicains trop faibles pour accompagner leur chef jusque dans la défaite, et de réactionnaires enchantés de l'occasion, avait renversé cet homme d'État énergique et de larges visées.

Ce fut l'honneur de Sadi Carnot de faire partie du nouveau ministère dirigé par M. Brisson et d'y tenir le portefeuille des Finances. Il avait été du petit nombre de ceux qui avaient soutenu Ferry au lendemain du désastre de Lang-Son; quelle que fût la responsabilité ministérielle, il ne voulait pas aggraver les difficultés de la guerre étrangère par des divisions à l'intérieur.

Dans ses nouvelles fonctions, Sadi Carnot put appliquer des principes de ferme républicanisme. Sans se laisser ébranler par la droite, il exposa franchement les difficultés financières de la France et en laissa la responsabilité à d'autres qu'aux républicains :

« Ce n'est pas à cette Chambre, disait-il, que j'aurai à rappeler l'immensité des charges léguées à la République dès son origine, les cinq milliards de rançon, les emprunts de guerre à rembourser, le matériel de guerre à reconstituer.

« Je n'ai pas à la justifier d'avoir mis nos ports en mesure de recevoir la marine moderne, d'avoir construit depuis quinze ans 17000 kilomètres de chemins de fer, 130000 kilomètres de chemins vicinaux et d'avoir élevé ou approprié 26000 écoles.

« La génération qui nous suivra recueillera plus que la nôtre même le bénéfice de cette œuvre considérable : il n'est donc que juste d'en laisser une part à sa charge. »

La même résistance à la réaction se manifesta d'ailleurs par deux actes politiques des plus importants du cabinet. En mai 1885, le gouvernement faisait à Victor Hugo des obsèques nationales au Panthéon, et en décembre, il procédait à la réélection de Jules Grévy à la présidence de la République.

C'est alors que M. Brisson se retira, laissant à M. de Freycinet le soin de former un nouveau ministère. Celui-ci, qui voulait former un ministère de « concentration républicaine », maintint aux Finances Sadi Carnot.

Aux élections précédentes d'octobre, il avait tracé le programme de la République qu'il allait avoir à appliquer :

« Nous voulons, disait-il aux électeurs de la Côte-d'Or, affermir et développer les institutions que la France a conquises et dont elle n'entend pas se voir dépouiller. En face de la coalition des partis monarchiques, qui cherchent à relever la tête après la condamnation du pays, le patriotisme nous dicte le devoir de concentrer nos forces et de rechercher ensemble le triomphe des idées qui nous sont communes. Nous sommes unis dans une même pensée politique :

« Constituer une majorité qui puisse assurer la réalisation des réformes nécessaires avec la stabilité du pouvoir et la confiance du pays dans son avenir;

« Exiger de tous les citoyens la soumission aux lois du pays ;

« Défendre avec résolution les droits de la société contre toute invasion du cléricalisme. »

Ainsi, le concours de Sadi Carnot aidait M. de Freycinet à supprimer un grand nombre de vicariats généraux créés en dehors du Concordat (janvier 1886), à laïciser le personnel de l'enseignement public

Sadi Carnot dans son cabinet de travail

(mars 1886), à interdire le territoire français aux chefs de famille ayant régné sur la France et à leur fils aîné (juin 1886).

Lorsque, au mois de décembre de la même année, Sadi Carnot se retirait à la suite de M. de Freycinet, on calcule que, depuis 1878 « il avait occupé le pouvoir pendant quarante-sept mois ». Il s'y était distingué par sa constance dans les idées républicaines et laïques, par l'intégrité de sa gestion financière et par la courtoisie de son administration.

Ces mérites allaient lui valoir bientôt le suprême honneur qui puisse être réservé au citoyen d'une république. En décembre 1887, le président de la République, Grévy, dont le crédit avait été singulièrement ébranlé par les prévarications de son gendre, fut obligé de donner sa démission.

Aux deux candidats à la présidence que présentaient leurs amis, Jules Ferry et M. de Freycinet, Sadi Carnot fut préféré : Jules Ferry, d'ailleurs, résolu à assurer le triomphe de la République, se désistait spontanément au deuxième tour de scrutin, en sa faveur. On rappelait aussi que le mois précédent, Sadi Carnot avait eu la force de caractère de résister aux instances de l'Élysée pour refuser de participer à une malhonnête opération financière.

Un des premiers soins de Sadi Carnot en arrivant à l'Élysée fut de relever le prestige du pouvoir exécutif; malgré sa modestie et sa simplicité, il s'astreignit à dépenser les ressources qui sont allouées au chef de l'État par le budget, et à ne rien économiser pour lui.

Il eut aussi à cœur de mettre un terme à la scandaleuse affaire Wilson, qui avait provoqué la retraite de Grévy. Mais c'est surtout dans l'affaire du Boulangisme qu'il eut à veiller au salut de la République.

Le général Boulanger, créateur de ce mouvement factieux qui faillit ébranler les bases de l'État, avait été ministre de la Guerre en même temps que Sadi Carnot dans le cabinet Freycinet : il s'y était acquis une énorme popularité par quelques réformes plus apparentes que profondes, habilement exploitées. De radical qu'il avait été au début, Boulanger allait bientôt être attiré par les partis de droite.

On en eut bientôt l'assurance quand Boulanger, relevé de ses fonctions de général et mis à la retraite, parut à la Chambre (1888). La Dordogne, le Nord, puis la Somme, la Charente-Inférieure, et Paris enfin, l'élisaient député.

Le programme de Boulanger tenait tout entier dans la revision de la Constitution : Boulanger ne voulait néanmoins que fonder la dictature militaire, au moyen du plébiscite. Déjà Floquet, le président du Conseil des ministres, l'avait démasqué en lui criant du haut de la tribune : « A votre âge, Napoléon était mort et vous ne serez que le Siéyès d'une constitution mort-née. »

Un duel avec Floquet, dans lequel il avait failli perdre la vie, n'avait pas moins contribué à attirer sur Boulanger l'attention générale. Une agitation de mauvais aloi soulevait la France : les partis extrêmes étaient prêts à en venir aux mains ; et, hors des frontières, les anciennes familles régnantes attendaient quelque fourgon d'une armée victorieuse pour rentrer dans la capitale.

Mieux que tout autre, Sadi Carnot comprit comment il fallait dissiper cette faction malsaine. Dès lors, il voyagea par toute la France, assurant les populations de son dévouement aux institutions républicaines. Sa parfaite correction dans l'accomplissement de son devoir contrastait heureusement avec ce qu'avait d'incohérent et de scandaleux la conduite de Boulanger. Au moment où les ennemis de la République réclamaient un chef de l'État élu par le peuple, il semblait qu'aucun autre ne pût, mieux que Sadi Carnot, l'élu des Chambres, en détenir les fonctions d'une façon plus digne.

Cependant, en 1889, Boulanger tombait sous le coup d'une accusation d'attentat contre la sûreté de l'État. Il donna à ce moment la mesure de son courage en fuyant comme un malfaiteur en Belgique. Il était, peu après, condamné à la déportation, en raison de ses attaches avec les monarchistes. Deux ans après, cet aventurier disparaissait de la scène du monde en se suicidant sur la tombe d'une femme.

Non content d'avoir restauré la légalité à l'intérieur du pays, Sadi Carnot présida à la célébration du centième anniversaire de la Révolution française par l'Exposition internationale de 1889.

Mais son nom reste surtout attaché à l'alliance franco-russe qui, au moment où elle fut contractée, rehaussa singulièrement le prestige de la France à l'extérieur. A cette époque, les rapports de la France avec l'Allemagne et l'Italie étaient tendus.

D'une part, la mère de Guillaume II, l'empereur d'Allemagne, avait dû quitter, devant une vive campagne de presse, le séjour de France, et Guillaume, froissé, excité aussi par les journaux allemands, avait rétabli le passeport en Alsace-Lorraine et renouvelé avec fracas ses traités avec l'Autriche et l'Italie.

D'autre part, des cris intempestifs de pèlerins français à Rome avaient provoqué en Italie des manifestations contre la France, qui avaient eu chez nous, comme contre-coup, de renouveler de vieilles querelles religieuses.

Il était nécessaire que la France se relevât de cette hostilité. C'est alors que le tsar Alexandre III fit à une flotte française un accueil très flatteur et adressa à Sadi Carnot un télégramme des plus sympathiques. Ces événements qui précédaient une alliance officielle déterminèrent l'Angleterre à se rapprocher de la France. L'équilibre européen était rétabli (1891).

Deux ans plus tard, à la suite de bruyantes manœuvres allemandes autour de Metz où figuraient Guillaume II et le fils du roi d'Italie, la flotte russe rendit à Toulon la visite que l'amiral Gervais avait faite à

Cronstadt; et Sadi Carnot la passa en revue : la venue des Russes en France prit l'extension d'un événement public et refroidit quelque peu le chauvinisme de la Triple Alliance.

C'est ainsi que par son tact et la dignité de sa conduite, Sadi Carnot guidait la France dans une voie qui eût pu être, sinon plus glorieuse, du moins plus profitable.

Cependant, à l'intérieur, des troubles naissaient et se multipliaient, dont la répression brutale allait mener au tombeau le président Sadi Carnot.

Dès 1892, une série d'attentats anarchistes jetait l'effroi dans la population : les Chambres, afin d'enrayer à sa naissance la propagande par le fait, avaient modifié la loi de 1881 sur la presse et fait rudement pourchasser les partisans anarchistes. Mais ceux-ci n'avaient pas désarmé : leurs bombes continuaient de frapper, sans méthode précise, au restaurant, dans la rue, au poste de police, dans les hôtels ou sur les terrasses de café des gens inoffensifs.

Sur ces entrefaites, Sadi Carnot partit le 23 juin 1894 visiter une exposition industrielle à Lyon. Comme d'habitude, la foule à qui sa gravité et son affabilité étaient sympathiques, lui fit un accueil chaleureux. Sadi Carnot n'aimait pas être entouré d'un corps de policiers ni de troupes de soldats et laissait approcher de lui tous ceux qui le voulaient.

Cette simplicité républicaine causa sa perte. Le lendemain dimanche, au soir, un Italien, du nom de Caserio, sous le prétexte de lui présenter quelque requête, approcha de la voiture présidentielle et plongea un couteau dans le flanc de Sadi Carnot. Quelques heures plus tard, cet éminent homme d'État mourait.

La mort de Sadi Carnot souleva une indignation et une émotion universelles : à Lyon même dans un élan incoercible de fureur populaire, on se rua sur les magasins italiens et on les saccagea. Le 25 juin, le cercueil où reposait Sadi Carnot traversa des rues encore pavoisées et rentra à Paris pour être déposé le 1er juillet au milieu d'un concours immense de population, dans les caveaux du Panthéon, ce cimetière républicain des plus loyaux serviteurs de la France.

C'est ainsi qu'après une carrière glorieuse et tragiquement brisée, le petit-fils de l'Organisateur de la Victoire allait rejoindre son aïeul. Une même fatalité avait pesé sur leur vie : l'un était mort en exil, l'autre, dans sa propre patrie, périssait assassiné, et tous deux, après avoir accompli pour le salut de la France le maximum de ce qu'on peut demander à l'énergie humaine. Mais, comme le remarquait aux obsèques de Sadi Carnot le président du Sénat, Challemel-Lacour, leur œuvre à tous deux survivait à cette double ingratitude.

« La France que le grand-père et le petit-fils ont aimée d'un même amour, dont l'idée dominante et unique faisait oublier au membre du Comité de Salut public les horribles tragédies où il vivait, qui remplissait toute la pensée du Président au point de n'y laisser nulle place pour les calculs de l'ambition et d'une vulgaire prudence, elle est là vivante et forte, portant noblement la cicatrice des blessures qu'elle a reçues, forçant dans ses heures les plus critiques le respect des autres par la dextérité avec laquelle elle sort de ces crises. L'ouvrier est frappé au milieu de son travail, il périt par un accident vulgaire; l'œuvre avance et se conserve. La foi dont ils ont vécu, où ils ont puisé la force d'agir n'est point trompée; l'inspiration qui a fait la dignité de leur vie et qui fait aujourd'hui l'honneur de leur nom était la bonne. Ce qu'ils ont amassé d'estime ou mérité d'admiration est un trésor impérissable, il demeure et tourne au profit de ceux qui survivent. La France vit du dévouement de tous ceux qui se sont sacrifiés pour elles, des nobles pensées qui ont traversé leur esprit, de leurs souffrances, même de leur mort. »

ARMAND BARBÈS
AUGUSTE BLANQUI

Au lendemain des journées de février 1848 qui renversaient la monarchie orléaniste, parmi les hommes les plus populaires du parti républicain, étaient Barbès et Blanqui. C'était sur eux que comptait le peuple, au cas où le gouvernement provisoire hésiterait à remplir sa mission émancipatrice, pour établir la vraie république démocratique.

Bien des liens unissaient déjà ces deux hommes qui, sous le régime précédent, avaient ensemble comploté, ensemble fait le coup de feu dans la rue, ensemble affronté le régime des prisons. Et pourtant ni l'un ni l'autre n'étaient de Paris : l'un était de famille aisée, l'autre de famille pauvre, mais la même horreur du despotisme, le même amour des classes populaires les animaient.

Louis-Auguste Blanqui était né le 5 février 1805 à Puget-Théniers, d'une famille francisée par la Révolution. Le père avait été député de Nice à la Convention nationale, puis sous-préfet de l'Empire. Quelques années après 1815, privé de sa fonction officielle, il s'était installé à Paris pour y faire l'éducation de ses fils dont Louis-Auguste était le cadet.

Louis-Auguste, après avoir fait de brillantes études à Charlemagne, puis aux facultés de droit et de médecine, était tout de suite entré dans la politique. Il s'était fait affilier à la Charbonnerie, société secrète républicaine qui entretenait des agents dans toute l'Europe. En 1827, alors que Villèle licenciait la garde nationale, il participait à des émeutes et y recevait trois blessures. Ainsi c'était déjà un révolutionnaire. C'était aussi un Français, puisque, voyageant l'année suivante à Nice, rendue au royaume de Sardaigne, il fut arrêté par la police sarde.

La révolution de 1830 qui, en chassant les Bourbons, était le premier pas de la marche vers la République, le surprit comme il était rédacteur au *Globe*, un des plus importants journaux libéraux d'alors. Bien que trop jeune pour signer la protestation des journalistes qui décida l'appel aux armes en juillet, il avait déjà une assez belle situation, que l'avenir allait singulièrement modifier.

Pour Barbès, c'est à cette époque seulement qu'il arrivait à Paris. Né en 1809 à Pointe-à-Pitre dans la Guadeloupe, Armand Barbès n'avait pas été si favorisé par la fortune que Blanqui. Son père, après avoir perdu sa femme, était revenu en France avec ses enfants et s'était établi à Fortoul près de Carcassonne. Quand il mourut, Armand n'avait que vingt ans ; Paris l'attirait : il réalisa un petit pécule et vint se faire inscrire à l'École de droit.

C'est peu après qu'il fait connaissance avec Blanqui. Les événements les ont rapprochés spontanément. Une opposition commune à la politique tant extérieure qu'intérieure de Louis-Philippe va les faire marcher en commun dans la voie de la révolution. Dès 1831, ce sont les massacres de Pologne que Louis-Philippe laisse faire, et qu'il force la France, terre classique de la liberté, à tolérer ; puis, en 1832, ce sont les obsèques de Lamarque, qui a protesté contre les massacres de Pologne et qui sont signalées par des émeutes dans le faubourg Saint-Antoine. Ce sont surtout les événements de Lyon qui soudent fortement leur amitié.

Les canuts de Lyon, en avril 1834, se sont révoltés ; ils ne pouvaient plus supporter l'exploitation patronale devenue plus féroce à cause du machinisme qui se développait de plus en plus. Ils avaient inscrit sur leur drapeau la fière devise : « Vivre en travaillant ou mourir en combattant. » En dix jours, ils furent maîtres de la ville. Puis ce fut la répression sanglante, terrible. Alors à Paris surgirent d'un seul coup les barricades : c'étaient les Barbès, les Blanqui et tant d'autres républicains qui répondaient ainsi aux fusillades de Lyon. L'émeute échoue au bout de deux jours et se termine le soir du 14 avril dans les lugubres tueries de la rue Transnonain où la troupe massacre vieillards, femmes et enfants réfugiés dans les maisons voisines.

Cependant, Paris apaisé, la répression continue. Partout les républicains sont traqués. Barbès avec plus de cent autres est enfermé à Sainte-Pélagie. Blanqui, quoique condamné deux ans auparavant, n'est pas inquiété et il devient l'âme de la défense de tous ces inculpés, criminels d'aimer leur patrie plus que la famille d'Orléans. Après cinq mois de détention, Barbès est relâché, mais l'instruction du procès dure toujours ; dans la Chambre des Pairs érigée en haute cour de justice, on ne peut juger à la fois tant d'accusés, et c'est en profitant de la longueur des débats que Barbès peut jouer au gouvernement cette farce audacieuse que conte Louis Blanc dans son *Histoire de dix ans*.

Quelques détenus de Sainte-Pélagie que Barbès visitait régulièrement, remarquèrent un caveau à l'abri des gardiens. Munis de pelles et de pioches par l'intermédiaire de leurs amis du dehors, ils y creusèrent une galerie souterraine. Barbès leur donnait la direction générale à suivre. La galerie devait prendre jour dans un jardin voisin de la prison. Barbès, accompagné d'un de ses amis qui était architecte, et de la sœur de celui-ci, s'achemine un beau jour vers la maison de M. Vatrin qui possède ledit jardin. Là, la jeune fille s'évanouit ; des compagnons appellent à l'aide, sonnent chez M. Vatrin, y font entrer la jeune fille et profitent de cet accident pour noter avec soin la topographie du lieu. Derrière la maison est le jardin au fond duquel se dresse le mur de Sainte-Pélagie : on ne pourra sortir du jardin qu'en traversant la maison même.

C'est ce qu'on fera : la nuit fixée pour l'évasion une fois arrivée, Barbès et ses amis rôdent dans les rues voisines, puis à un signal secret qui l'avertit que les prisonniers viennent de crever la mince couche de terre qui les sépare de l'air libre, Barbès frappe chez M. Vatrin : il veut le voir pour affaire urgente. Il entre, M. Vatrin est sorti : tandis que sa femme et le domestique parlementent, on heurte à la maison du côté du jardin. Mme Vatrin prend peur. Barbès la rassure, tient le domestique en respect, ouvre les portes et tout le monde passe, puis s'éclipse dans les rues noires.

Le gouvernement ne put jamais rattraper les prisonniers et cette affaire le couvrit de ridicule.

Dans les années qui suivent, Barbès se donne avec Blanqui à la fondation de la Société des *Familles* qui prendra bientôt le nom de société des *Saisons*.

La société a pour but de fournir aux adeptes des fusils et des munitions. Le noyau de cette association politique est la *famille*, formée de six membres ; un groupe de cinq ou six familles forme une *section* ; deux ou trois sections forment un *quartier*. Un *agent révolutionnaire* transmet les ordres du comité de direction à chaque chef de quartier. Dès 1836, cette société comprenait 1200 membres et avait des complices jusque dans l'armée.

En mai 1839, forts de ses ressources, Barbès et Blanqui crurent bon de la faire agir. Dans l'après-midi du 12, les conjurés s'amassent rue Bourg-l'Abbé, s'emparent des armes du magasin Lepage et descendent vers les maisons de dépôt. Barbès marchait sur l'Hôtel de Ville ; en route, ses hommes emportent le poste du Palais de Justice et y tuent le lieutenant Drouineau. A l'Hôtel de Ville, Barbès lit la proclamation au peuple. Mais le peuple ne suit pas, il est mou, apathique. Les troupes royales emplissent bientôt les rues. Au soir, il faut quitter l'Hôtel de Ville ; les insurgés se replient rue Simon-le-Franc, rue Beaubourg, rue Transnonain en chantant *la Marseillaise* : « Trois barricades, dit Louis Blanc, furent élevées dans la rue Greneta, et l'insurrection vint creuser son tombeau. » Quelques heures après, Barbès, blessé à la tête, était arrêté. Blanqui devait, pendant cinq mois, échapper à toutes les recherches.

Barbès était accusé devant la Cour des Pairs d'avoir *assassiné* le lieutenant Drouineau.

Quand il se leva pour répondre à ce réquisitoire mensonger et haineux, « jamais, écrit Louis Blanc, conviction plus profonde n'apparut sous un plus noble aspect ». Le calme de l'accusé, sa haute taille, le rayonnement de son front, la beauté fière et hardie de son visage, son élégance virile, tout révélait l'héroïsme de sa nature. Il s'exprima simplement, en peu de mots, et toucha jusqu'aux larmes une grande partie de l'assemblée.

« Je ne me lève pas, dit-il, pour répondre à votre accusation. Je ne suis disposé à répondre à aucune de vos questions. Si d'autres que moi n'étaient pas intéressés dans l'affaire, je ne prendrais pas la parole; j'en appellerais à vos consciences et vous reconnaîtriez que vous n'êtes pas ici des juges venant juger des accusés, mais des hommes politiques venant disposer du sort d'ennemis politiques. La journée du 12 mai vous ayant donné un grand nombre de prisonniers, j'ai un devoir à remplir.

« Je déclare donc que tous ces citoyens, le 12 mai, à 3 heures, ignoraient notre projet d'attaquer votre gouvernement. Ils avaient été convoqués par le comité sans être avertis du motif de la convocation; ils croyaient n'assister qu'à une revue; c'est lorsqu'ils sont arrivés sur le terrain, où nous avions eu soin de faire arriver des munitions, où nous savions trouver des armes, que je leur ai mis les armes à la main et que je leur ai donné l'ordre de marcher. Ces citoyens ont donc été entraînés, forcés par une violence morale de suivre cet ordre. Selon moi, ils sont innocents.

« Je pense que cette déclaration doit avoir quelque valeur auprès de vous; car, pour mon compte, je ne prétends pas en bénéficier; je déclare que j'étais un des chefs de l'association; je déclare que c'est moi qui ai préparé le combat, qui ai préparé tous les moyens d'exécution; je déclare que j'y ai pris part, que je me suis battu contre vos troupes; mais si j'assume sur moi la responsabilité pleine et entière de tous les faits généraux, je dois aussi décliner la responsabilité de certains actes que je n'ai ni conseillés ni ordonnés ni approuvés. Je veux parler d'actes de cruauté que la morale réprouve. Parmi ces actes, je cite la mort donnée au lieutenant Drouineau, que l'acte d'accusation signale comme ayant été commis par moi, avec préméditation et guet-apens.

« Ce n'est pas pour vous que je dis cela, vous n'êtes pas disposés à me croire, car vous êtes mes ennemis. Je le dis pour que mon pays m'entende. C'est là un acte dont je ne suis ni coupable ni capable. Si j'avais tué ce militaire, je l'aurais fait dans un combat à armes égales autant que cela se peut dans le combat de la rue, avec un partage égal de champ et de soleil. Je n'ai point assassiné, c'est une calomnie dont on veut flétrir un soldat de la cause du peuple; je n'ai pas tué le lieutenant Drouineau. Voilà tout ce que j'avais à dire. »

« La vérité, continue Louis Blanc, a des accents irrésistibles ; ce que Barbès venait d'affirmer, chacun le crut dans le sanctuaire de sa conscience. Fidèle à sa conscience, Barbès s'était imposé la loi de ne pas répondre aux questions du président. Il rompit néanmoins le silence pour dire, dans un moment où l'interrogatoire le pressait : « Quand « l'Indien est vaincu, quand le sort de la guerre l'a fait tomber au pou- « voir de l'ennemi, il ne songe point à se défendre, il n'a pas recours à « des paroles vaines ; il se résigne et donne sa tête à scalper. » Le lendemain, M. Pasquier ayant fait observer que l'accusé avait eu raison de se comparer à un sauvage, « le sauvage impitoyable, reprit Barbès, « n'est pas celui qui donne sa tête à scalper, c'est celui qui scalpe. »

Barbès fut condamné à mort, ses héroïques compagnons à des peines allant de la prison à la déportation. Paris apprit ce jugement avec stupeur. Barbès y était justement populaire : on l'appelait le « Bayard de la Démocratie ». Trois mille étudiants se portèrent au ministère de la Justice et demandèrent sa grâce. Des employés, des ouvriers firent la même démarche au Palais-Bourbon. La veille du jour marqué pour l'exécution, une des princesses royales mourut, cependant que naissait le comte de Paris, et Victor Hugo traduisait ainsi le sentiment populaire :

> Par votre ange envolée ainsi qu'une colombe,
> Par ce royal enfant, doux et frêle roseau,
> Grâce encore une fois ! Grâce au nom de la tombe,
> Grâce au nom du berceau !

Louis-Philippe céda ; Barbès fut enfermé à la citadelle de Doullens pour être plus tard transféré à la prison de Nîmes.

Quant à Blanqui, il était lui aussi, après quinze jours d'instruction, condamné à mort en janvier 1840, et la peine était commuée en détention à perpétuité. Il fut enfermé d'abord au mont Saint-Michel, puis, débilité par toutes sortes de souffrances, on l'envoya à l'hôpital de Tours ; là, il fut si près de la mort que le gouvernement lui offrit sa grâce. Blanqui refusa par une lettre retentissante et résolut de passer la fin de ses jours à l'hôpital. Ce fut alors entre le ministre et lui une lutte amusante ; Blanqui, convalescent, se faisait recondamner pour tentative de complot contre la sûreté de l'État, puis, repris par la maladie, réintégrait son lit d'hôpital.

Et c'est pendant cette lutte burlesque qu'éclata la révolution de 1848. Blanqui, Barbès rentrent à Paris et aussitôt ils se mettent à l'œuvre. Barbès, au club de la *Révolution*, brave, dévoué, chevaleresque, considéré par tous comme la probité même, jouissait d'une popularité que rien n'ébranlait. Blanqui, plus froid, entraînait moins, mais étonnait davantage. A son club de la rue Bergère, la *Société républicaine centrale*, se pressaient jusqu'à des gens du monde et des étrangers.

En peu de jours, il fut visible que le gouvernement provisoire ne tenterait pas de résoudre les difficultés sociales que le développement de l'industrie avait contribué à produire. Les Ateliers nationaux, où l'on offrait à tout venant travail et salaire, ne pouvaient être qu'une mesure transitoire; leur existence était insuffisante à donner à la vie des classes laborieuses la stabilité qui lui est due.

Aussi Barbès, Blanqui et avec eux Cabet et des milliers de républicains conscients de leurs droits manifestent-ils, le 17 mars, place de Grève, devant l'Hôtel de ville. Puis le 16 avril, Blanqui, sans Barbès cette fois, organise une deuxième manifestation. Le 23 avril, Barbès est envoyé à la Chambre par 36000 électeurs, et le 4 mai, la République est officiellement proclamée. C'était une république bourgeoise et, dès ses premiers jours, la garde nationale de Rouen fusillait des ouvriers socialistes.

Aussi le 15 mai, Barbès et Blanqui dirigent-ils une manifestation plus imposante que les précédentes. Une foule immense portant des drapeaux aux couleurs de l'Irlande, de l'Italie et de la Pologne, les nations asservies, descend des boulevards au Palais-Bourbon, force le pont de la Concorde et, au milieu de la salle des séances, F.-V. Raspail lit la pétition populaire réclamant l'intégrité de la Pologne. À l'Hôtel de ville, Barbès et Blanqui étaient nommés membres du gouvernement insurrectionnel.

Cet essai de république démocratique fut écrasé dans l'œuf : le soir même, la garde nationale reprenait l'Hôtel de ville et le Palais-Bourbon. Barbès était incarcéré au donjon de Vincennes ; Blanqui l'y rejoignait peu après.

Tous deux passèrent devant la Haute-Cour de justice de Bourges le 2 avril 1849 et furent condamnés à la détention perpétuelle pour avoir tenté de renverser le gouvernement de la République. On pourrait plutôt dire, tant leur loyauté civique, tant leur amour du peuple et de la liberté étaient sincères, qu'ils avaient plutôt voulu le consolider. L'avenir allait leur donner raison : les hommes au pouvoir n'étaient pas capables de faire une république forte. Peu après, un malfaiteur de haute lignée, Louis-Napoléon Bonaparte, se disant socialiste pour mieux duper le peuple, mettait la main sur la France et la livrait au pillage de ses partisans.

Dès lors, on peut dire que la vie de Barbès et de Blanqui est finie. Les grands événements politiques et même la proclamation de la troisième république se passeront sans eux. En 1854, Barbès est gracié par l'Empire, mais il préfère vivre en exil : « Décembre, écrit-il aux journaux, n'est-il pas et pour toujours un combat indiqué entre moi et celui qui l'a fait. Je vais passer à Paris deux jours, afin qu'on ait le temps de me remettre en prison ; et ce délai passé, je cours moi-même chercher l'exil. » Il préféra errer sur les chemins de l'Europe, en Espagne, en Portugal, en Hollande. Aux élections de 1869, sa candidature fut posée aux élections de Paris : il lui eût fallu prêter serment à

l'Empire, il aima mieux l'exil. « Nommez à ma place un ouvrier, dit-il ; il en est de capables. » Il mourut en 1870 à la Haye, avant d'avoir connu les désastres.

Quant à Blanqui, il devait encore connaître une existence d'internements des plus singulières. Amnistié en 1859, il rentrait en prison en 1861, partait à l'étranger, rentrait à Paris en 1869, y passait les horribles mois du siège, cherchant toujours à réaliser cette république, bonne aux humbles, aux travailleurs, juste pour tous. Malheureusement, il faisait plus de coups de mains que de vraies révolutions, et le grand souffle démocratique qui l'animait le conseillait peut-être moins sûrement que jadis. Il rêvait d'établir le communisme par un coup de force, par une dictature imposée à Paris et de là à la France entière. Chimérique autant que généreux projet, rien de ce que tenta alors Blanqui ne réussit ; en mars 1871, il était arrêté puis condamné en 1872 à la détention perpétuelle et enfermé à Clairvaux. Quoi qu'on pût lui reprocher, c'était un républicain, et dès que la République fut sûre d'elle-même, elle s'honora en lui envoyant sa grâce le 10 juin 1879, La mort ne permit pas à Blanqui de profiter de sa liberté ; fin décembre de l'année suivante, il tombait frappé de congestion dans un meeting de la rue Lecourbe et mourait le 1er janvier 1881 dans sa modeste chambre de l'avenue d'Italie.

Ainsi en dix ans avaient succombé deux vaillants lutteurs qui, pendant un demi-siècle, avaient tout fait, tout osé pour répandre dans notre pays les idées républicaines et sociales. Quels que soient les moyens qu'ils aient pu préconiser, quels que soient les détails de leur système politique, l'admiration de tout républicain leur est due. Ils ont été en butte à la haine de tous ceux qui détestent les saintes idées de liberté, d'égalité, de fraternité. Ceux qui ont eu peur de confier entièrement au peuple le gouvernement de soi-même les ont envoyés au bagne ; ceux qui prétendent hiérarchiser la société comme on hiérarchise une religion les ont, jusqu'à leur dernier souffle, persécutés. C'est à ce titre que Barbès et Blanqui figurent dans notre martyrologe. Ce sont deux grands semeurs d'idées démocratiques, deux infatigables et hardis combattants pour l'émancipation universelle.

RASPAIL

François-Vincent Raspail naquit à Carpentras le 29 janvier 1794. Son père exerçait le métier de restaurateur. Comme les affaires allaient d'une manière assez prospère, il lui fit donner des répétitions de latin par un ecclésiastique érudit et connu pour ses opinions jansénistes, l'abbé Eysseric. Sous cette influence, le jeune garçon sentit s'éveiller ses goûts d'apostolat, et il croyait leur donner libre carrière quand il entra au séminaire d'Avignon.

On était alors sous l'Empire. Napoléon, maître universel de l'Europe, pliait tous les esprits en France sous son joug tyrannique. Le jeune Raspail qui rêvait d'un gouvernement où il y aurait eu plus d'amour et plus de paix cherchait dans l'étude la réalisation de cette cité idéale où les hommes auraient vécu entre eux comme les frères d'une grande famille.

Ses maîtres, surpris de son aptitude au travail et de l'éveil de son esprit, le gardèrent, une fois ses études finies, comme répétiteur de philosophie et de théologie. Mais l'esprit du jeune professeur se mûrissait petit à petit; les revers que la France commençait à éprouver en Europe, les désastres d'Espagne, la laborieuse campagne de Russie qui allait se terminer par une retraite lamentable, grossissaient son cœur de pitié et d'indignation. A mesure aussi que l'esprit critique naissait en lui, il sentait des barrières de plus en plus nombreuses, de plus en plus hostiles s'élever entre lui et les textes qu'il expliquait. Il s'apercevait qu'autour de lui une consigne s'imposait comme une loi inexorable : lire, mais ne pas comprendre ; prier, mais se soumettre, mais se défier de la raison curieuse et investigatrice.

Ce fut son premier moment de révolte. Ses leçons s'en ressentirent ; il y marquait les points où l'intelligence devait s'arrêter, où la plus remarquable faculté de l'homme doit battre en retraite. Comme il était dans cette crise, l'archevêque alarmé crut devoir le tancer vertement. C'était indiquer sa voie à Raspail ; il se retira et obtint du gouvernement impérial d'être nommé professeur à Carpentras, son pays natal.

Il dut à cette situation de ne pas faire partie de ces classes de conscrits que Napoléon, acculé en Champagne, levait en 1814. Mais son patriotisme combattait en chaire avec autant d'ardeur que s'il eût été à Champaubert ou à Brienne.

L'abdication de Napoléon en avril 1814 ouvrait les portes de la France à cette famille des Bourbons qui n'avait attendu qu'un jour de malheur pour entrer sur le sol de la patrie. Raspail ne pouvait voir ces choses sans protester. Il n'était pas bonapartiste, mais il était sincèrement patriote et voyait clairement que, par la main de Louis XVIII, c'était l'étranger qui gouvernait en France. Il ne pouvait être le serviteur d'une dynastie complice de l'amoindrissement de la France et c'est ce qu'il chantait dans une chanson à boire où il célébrait le retour du grand exilé de l'île d'Elbe.

La vogue de ce refrain fut rapide, aussi rapide et aussi courte que la gloire de cet empire qui s'écroula à nouveau dans l'été de 1815 à Waterloo.

Aussi la Restauration destitua-t-elle le chansonnier frondeur. Sans doute, la famille de Raspail supporta-t-elle cette disgrâce avec moins de joie que lui-même. Pour lui, il n'eut de cesse qu'il n'eût rassuré les siens ; il avait foi dans son étoile et se sentait prêt à lutter dans la grande mêlée humaine. Il réalisa quelques économies et au début de 1816 il arrivait à Paris.

Il y vécut d'abord de répétitions particulières. L'appui d'une famille où il avait été précepteur de jeunes enfants, le fit entrer comme professeur à cette institution de la rue Notre-Dame-des-Champs nouvellement fondée par Liautard et qui allait devenir le collège Stanislas. Cependant il ne bornait pas son activité à ces calmes travaux : il avait apporté de sa province trop d'enthousiasme méridional pour ne pas s'éprendre de ces grands problèmes philosophiques que quelques journaux libéraux commençaient à agiter. Il écrivit lui aussi. Le libéralisme de ses opinions le fit recevoir à *la Minerve française*, revue hebdomadaire qui avait été fondée en 1818 pour remplacer *le Mercure de France* et qui comptait parmi ses rédacteurs Benjamin Constant, Aignan, Étienne, Lacretelle aîné.

Mais en 1820 survient un événement politique qui n'est pas sans avoir un grand retentissement sur la vie de Raspail. Le second fils du comte d'Artois, le duc de Berry, qui jouissait du plus grand crédit auprès de son oncle le roi Louis XVIII, fut assassiné le 13 février au sortir de l'Opéra par un ouvrier sellier, Louvel. Ce crime, dont les libéraux n'étaient ni solidaires ni responsables, fut le signal d'une terrible réaction. Louis XVIII, jusque-là hésitant entre les monarchistes constitutionnels et les ultra-royalistes, renvoya malgré lui Decazes, ce ministre pondéré dont la politique savait refuser à l'extrême droite comme à l'ex-

RASPAIL
(d'après le monument élevé boulevard Raspail, à Paris).

trême gauche, et choisit comme président du conseil le duc de Richelieu : c'était ouvrir la voie à la réaction.

Le premier acte de celui-ci fut de rétablir la censure et d'imposer le régime de l'autorisation préalable aux journaux. Dans cette tourmente révolutionnaire, *la Minerve française* disparut, le nom de ses collaborateurs s'ébruita et Raspail arrivant un matin à l'institution de la rue Notre-Dame-des-Champs s'en vit refuser l'entrée.

Raspail avait trop d'énergie pour se laisser ébranler par ce revers : ce n'était pas le moment de faiblir, il fallait se préparer plus que jamais à reconquérir ces droits que le gouvernement s'appliquait à retirer chaque jour aux Français. Tandis que la Chambre votait la nouvelle loi électorale, Raspail se mêlait aux manifestations d'étudiants qui protestaient contre ce coup d'État contre-révolutionnaire et dans lesquelles l'étudiant Lallemand fut tué par un soldat pour avoir crié : « Vive la Charte ! »

Mais il fallait vivre. Raspail entra comme clerc dans une étude d'avoué et y fit ses études de droit. La basoche et la paperasserie des études ne tarda pas à ennuyer son esprit aussi curieux qu'ardent. La politique militante lui étant interdite sous le règne *ultra* de Charles X, il tourna son activité vers les sciences naturelles. Il travaillait à construire un microscope nouveau, finissait par en établir le plan, puis envoyait des notes à l'Académie des Sciences et rédigeait des articles pour des revues scientifiques. Ce travailleur ardent attendait dans la paix du laboratoire l'instant de reparaître sur la barricade.

Pendant les journées révolutionnaires de 1830, il se lança dans la mêlée. On le vit fusil en main sur la barricade. Il y fut blessé. D'autres auraient vu dans cette glorieuse blessure un moyen de se pousser dans les grâces du nouveau gouvernement. Mais Raspail s'était battu pour la République et non pour la famille d'Orléans ; il déclina avec fermeté toute proposition de récompense, préférant l'inaltérable indépendance dont sont faites les âmes vraiment républicaines.

D'ailleurs, le gouvernement de Louis-Philippe n'allait pas tarder à trouver en lui un adversaire. Coup sur coup une série de condamnations l'atteignent.

Dès 1830, parce qu'il refuse de faire partie de la garde nationale, et parce qu'il fait l'apologie de l'émeute de Saint-Germain-l'Auxerrois, il se voit puni par la Cour d'assises de quinze mois de prison.

La prison n'est pas un repos pour cet énergique travailleur. Tandis qu'un Blanqui, du fond du cachot, continue de conspirer ou cherche à s'évader, Raspail reprend ses recherches de naturaliste que la politique lui a fait interrompre et tantôt à Sainte-Pélagie, tantôt à la maison de détention de Versailles, il lit, observe et compose des traités scientifiques.

A peine sorti de prison, en 1833, il s'attire de nouvelles affaires avec la police du roi. Des articles libéraux qu'il publie dans le bulletin de la

Société des Amis du peuple l'amènent en police correctionnelle. L'année suivante, il s'attire tant d'amendes et de condamnations qu'il est forcé de suspendre la publication de son hardi journal, *le Réformateur*.

Dès cette époque, Raspail est considéré comme un des plus vaillants pionniers des idées nouvelles qui triompheront, quelques années plus tard. Mais il en supporte dans le présent la peine comme il en aura dans l'avenir la gloire. En 1835, il paraît à nouveau devant la justice de son pays et, cette fois, il doit purger six mois d'emprisonnement.

Devant ces poursuites continuelles, Raspail, pour un temps, se retire de l'arène politique. Sa philanthropie a trouvé de nouvelles voies : il fait des découvertes dans la botanique et la chimie organique, qui lui assurent une des premières places parmi les savants modernes.

C'est à ce titre qu'il put faire une sensationnelle déposition dans un procès qui, en 1840, passionnait l'opinion. Une dame Pouch-Lafarge avait été accusée d'avoir empoisonné son mari, maître de forges, au Glandier (Corrèze). Le doyen de la Faculté de médecine, Orfila, connu par son traité sur les poisons, appelé comme chimiste-expert, avait nettement conclu à l'empoisonnement par l'arsenic. C'est alors que Raspail, se faisant à la fois l'initiateur d'une théorie nouvelle sur l'analyse de l'arsenic et le défenseur de l'innocence opprimée, — car la malheureuse accusée ne cessait de protester, — s'écria : « On a trouvé, dites-vous, de l'arsenic ; mais on en trouverait partout, même dans le fauteuil de M. le président. » Cette intervention n'empêcha pas d'ailleurs la justice de frapper impitoyablement.

Peu après, Raspail inaugure une médication pharmaceutique nouvelle. Il découvre les importantes propriétés médicinales du camphre, et il fait campagne pour les propager. Cette découverte eut un grand succès. Raspail croyait presque que le camphre était la panacée universelle. On est revenu aujourd'hui de cette opinion exagérée. Il n'est pas moins vrai que c'est là un produit salutaire à divers titres et que Raspail avait bien raison d'opposer à deux fléaux, qui ne sont que trop populaires, le tabac et l'alcool.

A nouveau Raspail a maille à partir avec les juges. Pas plus que Pasteur, qui allait s'illustrer quelque vingt ans plus tard par sa guérison du charbon, puis de la rage, Raspail n'était diplômé de la Faculté de médecine. La Faculté le poursuit donc en 1846 pour exercice illégal de la médecine et le condamne à payer une forte amende.

Puis sonne à l'horloge du xixe siècle cette année qui devait donner à la France la deuxième république : 1848. La passion politique ressaisit le bienfaiteur de l'humanité. Il est un des premiers à marcher sur l'Hôtel de ville pour y proclamer, avec les libertés du citoyen, la république. Il ouvre un club, le club des *Amis du peuple*, et commence à discuter les décrets du gouvernement provisoire qu'il ne trouvait pas assez actif à défendre les intérêts du peuple. Il forma ainsi un groupe de sincères républicains qu'inquiétait la solution des problèmes sociaux.

La principale réforme qu'il demandait, c'était le suffrage universel, donnant à tout citoyen, quelle que soit sa condition sociale et sa richesse, le droit de vote, le droit de particper à l'administration commune de l'État. « Avec le suffrage universel, écrivait-il, vous avez entre les mains une armée plus puissante que la mitraille. Pour vider nos querelles intestines, n'ayons plus recours à d'autres armes, la guerre civile profiterait à la trahison. » C'étaient là de bonnes et sages paroles qui, non seulement dictaient leur rôle aux citoyens, mais encore plaçaient l'armée en dehors des querelles intérieures et la réduisaient à son vrai rôle, qui est de garder les frontières.

Le 15 mai, il fut de ceux qui, avec Blanqui et Barbès, envahirent le Palais-Bourbon pour hâter l'avènement d'une république démocratique qu'on promettait toujours et qu'on n'osait donner à la France opprimée par la bourgeoisie. Arrêté aussitôt, il fut incarcéré au donjon de Vincennes comme Barbès. Peu après, cependant, Paris l'élisait comme député à l'Assemblée nationale constituante.

Il ne put siéger, car le gouvernement le traduisit devant la Haute-Cour de justice de Bourges, qui le condamna à quatre ans de prison. Raspail reprit ses travaux scientifiques dans la citadelle de Doullens.

En 1855, Louis-Napoléon Bonaparte, devenu, par un crime de haute trahison, Napoléon III, empereur des Français, commua sa peine en bannissement. Raspail s'établit dans ce pays hospitalier qui, déjà, avait donné asile à Victor Hugo et à tant d'autres, en Belgique. Ce n'est qu'après l'amnistie de 1859 qu'il put rentrer définitivement en France.

Dix ans après, Raspail, fidèle à ses amitiés républicaines, reparaissait au Corps législatif comme député du Rhône. C'était en 1869. La France, entraînée par l'Empire, marchait à grands pas vers la ruine. Raspail eut à peine le temps de retarder avec les Floquet, les Ferry, les Gambetta, cette course à l'abîme, et il ne put signaler sa présence que par sa vive protestation contre la composition d'une Haute-Cour de justice qui devait juger, ou plutôt qui avait pour but d'amnistier Pierre Bonaparte, l'immonde assassin de Victor Noir (1870).

En 1871, quand la défaite fut consommée, Raspail se présenta aux élections de l'Assemblée nationale dans le Rhône, mais il échoua.

Rentré dorénavant dans la vie privée, il semble qu'il aurait dû couler sa vieillesse dans la paix. Mais le vieux combattant ne désarmait pas. Dans ses almanachs annuels, dont la moindre bourgade de France se régalait pendant les soirées d'hiver, Raspail luttait contre le gouvernement bâtard, que l'assemblée réactionnaire de Bordeaux avait infligé au pays, et c'est pourquoi il fut poursuivi par le gouvernement de l'ordre moral : en 1874, sans égards pour son passé scientifique ou politique, il était condamné à un an de prison.

Une éclatante réparation devait signaler sa libération. En 1876, Marseille l'élisait député, puis le réélisait après la tentative de coup d'État de Mac-Mahon en 1877. A la Chambre, il déposa une proposition d'amnistie pour les républicains qui avaient pris part à la Commune.

L'année d'après, il mourait à Arcueil-Cachan, près Paris, laissant un nom aussi glorieux dans la science que dans la politique. Pendant plus d'un demi-siècle, à des intervalles répétés qui ne caractérisaient que plus fortement sa foi sociale, il avait lutté pour la liberté politique de ses concitoyens et avait plus d'une fois franchi le seuil des prisons. Titre de gloire non moins remarquable, il n'avait utilisé ses loisirs forcés que pour faire bénéficier la Science de découvertes dont Pasteur même devait tirer parti.

GARIBALDI

Joseph Garibaldi naquit le 22 juillet 1807 à Nice dans la maison même où Masséna avait vu le jour. Il appartenait à une vieille famille de matelots. Cette origine ne fut sans doute pas pour rien dans le caractère indépendant et aventureux de ce héros qui devait passer sa vie à combattre pour la liberté dans tous les pays du monde.

A l'âge, en effet, où tout enfant joue dans la cour de la maison paternelle à Robinson Crusoé, le jeune Garibaldi tentait une expédition plus hardie : il équipait un canot et mettait à la voile pour Gênes, accompagné de quelques gamins du voisinage.

Dès seize ans, il navigue pour de bon. Sur les bateaux de son père, qui est armateur, il connaît bientôt toute la Méditerranée : à cette époque ces voyages n'étaient pas, comme de nos jours, des promenades inoffensives. D'Alger, qui n'avait pas encore connu la domination française, des pirates sortaient sans cesse pour ravager les côtes ou rançonner les navires : c'est contre ces barbares et ces tyrans des mers qu'il fit l'apprentissage de la guerre.

Il allait aussi bientôt apprendre à haïr les tyrans politiques. Pendant un séjour à Marseille qu'il fait dans sa vingt-quatrième année, il se lie d'amitié avec Mazzini, son aîné de deux ans, qui vient de goûter dans sa prison de Savone les douceurs de l'autocratie. Tous deux sont affiliés à la *Charbonnerie*, cette société secrète qui propage les idées républicaines dans le monde entier, et Mazzini vient de fonder le parti de la Jeune-Italie qui rêve de secouer le joug autrichien et d'établir l'unité italienne.

On vit à une époque très agitée. Paris, dans les journées de juillet 1830, s'est soulevé et a expulsé Charles X et les Bourbons. La France, sur qui le monde entier a les yeux, ne peut plus supporter l'absolutisme et agite à nouveau l'étendard de la liberté. En Savoie, en Piémont, de petites séditions républicaines ont été étouffées dans le sang.

Garibaldi décide alors de gagner la marine italienne à la cause républicaine : il s'engage dans la marine sarde, y mène une active propagande. C'était en février 1834, à bord de *l'Eurydice* à l'ancre dans le port de Gênes ; Garibaldi et ses amis attendent le signal qui doit leur apprendre que la révolution a commencé en ville ; pas de nouvelles. Garibaldi gagne le quai à la nage, apprend que la police, prévenue par des mouchards, a commencé des arrestations. Il lui faut fuir au plus vite. Il déserte et, après un voyage des plus accidentés, arrive à la frontière de France, où il apprend qu'il est, à Gênes, condamné à mort.

Le temps n'était pas venu pour l'Italie de chasser ses maîtres Garibaldi s'engage dans la marine marchande française, débarque à Tunis, en pleine épidémie de choléra, y paie généreusement de sa personne en soignant les malades, puis, courant à de nouveaux exploits, il fait voile vers Rio-de-Janeiro.

Dans le Nouveau-Monde comme dans l'Ancien, Garibaldi met son épée au service des peuples qui luttent contre leurs oppresseurs. Rio-de-Janeiro, soulevé par Bento Gonzalès, a proclamé la république et est en guerre contre le Brésil. Aussitôt Garibaldi frète un navire. Le voici devenu corsaire contre le Brésil, capturant tout vaisseau ennemi qu'il rencontre. Par malheur pour lui, le président de Montevideo, Dribc, profitant de son séjour en cette ville, le fait assaillir par ses soldats, Garibaldi, blessé d'une balle au cou, est pris, jeté en prison, puis relâché. Repris traîtreusement, il doit subir mille vexations dans sa nouvelle prison.

Remis en liberté, il équipe à nouveau deux sloops et choisit comme théâtre de ses opérations le lac *dos Patos* qui s'étend sur toute la longueur de la côte de la province de Rio Grande do Sul, entre les deux villes de Porto Alegre et de Rio Grande. Il dresse ses marins non seulement à l'abordage, mais encore aux expéditions sur la terre ferme. Profitant des troupes de chevaux sauvages qui paissent dans cette région, il pousse des expéditions fort au cœur du pays. Son esprit, fertile en stratagèmes, imagine même de munir de roues ses bateaux pour leur faire franchir des langues de terre qui sillonnent le lac.

Partout, il harcèle avec ses bandes volantes de marins les Impériaux, se jette avec une poignée d'hommes résolus sur des troupes plus nombreuses, mais que n'anime point le souffle de l'indépendance, et il les défait toujours. Bientôt les Brésiliens n'occupent plus que les villes de Porto Alegre et de Rio Grande, où Garibaldi va les assiéger avec les troupes de la République.

Cependant, le succès cesse de favoriser les armes républicaines. La dissension se met parmi les chefs ; la trahison fait son œuvre Garibaldi proteste vainement et dépense en pure perte sa prodigieuse activité : à la fin, Bento Gonzalès est battu et emmené prisonnier : avec lui succombe la république de Rio-de-Janeiro. Il y avait six ans que durait la guerre.

Mais Garibaldi ne se repose pas : durant les accalmies de la guerre, il s'est marié, a eu un enfant. Il faut maintenant les faire vivre : il se fait donc marchand de bétail et conduit à Montevideo une caravane de bœufs.

Dans l'Uruguay, d'autres aventures l'attendaient. Ses bœufs sont morts en route. Pour vivre, il doit donner des leçons de mathématiques, quand Montevideo entre en guerre contre Buenos-Ayres. Ces deux villes, situées au bord du Rio de la Plata, sont, à cause de leur proximité, rivales. Or, à Buenos-Ayres, le dictateur Rosas exerce un tel absolutisme que nombre de citoyens sont forcés de s'expatrier : ils se réfugient à Montevideo et y transportent leur rancune.

Lorsque la guerre éclate, le président de l'Uruguay, Juarez, fait proclamer l'abolition de l'esclavage des nègres, montrant ainsi de quel côté sont le bon droit et la liberté. Garibaldi lui offre ses services et arme une flotille. Comme au Brésil, il multiplie ses exploits, se bat comme un lion et ne cède pied à l'ennemi qu'après lui avoir infligé des pertes énormes. Cependant, l'armée de Rosas, plus puissante, assiège Montevideo ; grâce à l'héroïque résistance des Montevidéens, grâce aux fougueuses sorties de Garibaldi, qu'on trouve toujours au plus fort du danger, qui sauve la ville au glorieux combat de San Antonio, elle résiste durant six ans. Garibaldi rêve de porter la guerre au cœur même de Buenos-Ayres et d'y capturer, dans son palais, le dictateur Rosas. Mais on ne lui permet pas de risquer aussi follement sa vie. Du moins, lui arrive-t-il en plein jour, en présence de toute la ville, de défier au combat avec un seul petit navire trois vaisseaux ennemis ; ceux-ci l'ayant reconnu, préférèrent gagner le large.

Enfin, lorsque l'intervention des flottes française et anglaise fit lever le blocus, Garibaldi fut honoré d'un hommage public de la République et d'une gratification qu'il distribua à ses hommes (1846). C'est par ces vaillants combats qu'il préludait glorieusement dans le Nouveau Monde à ce qui devait être sa consigne éternelle dans l'Ancien Continent : marcher sans répit à l'avant-garde de l'émancipation des peuples et de la civilisation.

Garibaldi en a désormais fini avec les républiques de l'Amérique du Sud. L'avènement d'un nouveau pape qui proclame l'amnistie et lui permet ainsi de rentrer en Italie, l'anime de l'espérance de donner à sa patrie un régime vraiment italien. Il se rembarque pour l'Europe. L'Italie, vers laquelle Garibaldi faisait voile, ne formait pas, comme de nos jours, un grand royaume occupant toute la péninsule italienne avec les deux îles de Sardaigne et de Sicile. A la suite des traités de 1815, elle avait été morcelée en nombreuses principautés.

Venise et le Milanais, c'est-à-dire presque toute l'Italie du Nord, dépendait de l'Autriche ; un archiduc régnait à Florence ; la ville de Rome était au pape ; la maison de Bourbon possédait le royaume des Deux-Siciles avec Naples et la Sicile ; la maison de Savoie avait conservé, outre la Savoie et le comté de Nice, le Piémont et la Sardaigne, qui formaient le royaume de Sardaigne.

Grâce à ce morcellement, l'Autriche exerçait sa prépondérance sur toute l'Italie, sauf à Rome et en Piémont. Elle ne cessait de réprimer tous les mouvements populaires qui réclamaient pour la démocratie une constitution libérale avec une charte. Pendant l'absence de Garibaldi, un homme avait beaucoup travaillé pour la cause républicaine : c'était Mazzini, qui avait opéré la jonction de toutes les sociétés libérales secrètes avec la société de la Jeune Italie.

En mars 1848 Garibaldi s'embarque avec une centaine de compagnons, des fusils et des canons pour l'Italie. A Nice où il aborde, Garibaldi apprend d'abord que la France a chassé les d'Orléans et proclamé la République, ensuite que les dispositions libérales du nouveau pape Pie IX et du roi Charles-Albert qui avait dit : *Italia fara da se* (l'Italie se fera d'elle-même) n'étaient qu'une concession forcée à l'opinion publique. Ni l'un ni l'autre ne voulurent accepter ses services ni marcher avec lui à la conquête de la liberté.

Cependant le peuple n'écoutant que son instinct égalitaire avait partiellement commencé la révolution. Milan avait chassé les Autrichiens dès le mois de mai de cette année. Rome, d'autre part, après avoir prié vainement le pape de bénir le drapeau de la révolution, a formé un gouvernement provisoire.

C'est à Milan que se rend d'abord Garibaldi ; puis, à la tête de 5000 hommes, il marche bientôt sur Rome.

Mais les Autrichiens arrivent sur ses derrières, reprennent Milan, forcent Charles-Albert à traiter. Voici Garibaldi isolé avec ses partisans dans la campagne : il appelle le peuple aux armes, déclare Charles-Albert traître à la patrie et se retourne contre les Autrichiens.

Dans une foule de combats successifs où il renouvelle ses exploits de l'Amérique du Sud, Garibaldi tient tête aux Autrichiens, recule pied à pied devant eux et peut parvenir enfin à Gênes.

Comme le mouvement révolutionnaire se propage dans toute l'Italie, il se dirige vers Venise où Manin a proclamé la République depuis plusieurs mois. Mais arrivé à Ravenne, il change d'itinéraire et descend vers Rome d'où le pape s'était enfui.

Garibaldi allait s'y heurter à un ennemi inattendu : les Français. Louis-Napoléon Bonaparte, en effet, dès le début de 1849, a fait voter par une assemblée législative réactionnaire l'envoi d'un corps d'armée à Rome, sous le commandement du général Oudinot, pour y rétablir le pape. En avril, l'escadre française était arrivée devant Civita-Vecchia, et avait débarqué ses soldats sans être inquiétée sous prétexte qu'elle ne venait que pour maintenir en Italie la légitime influence de la France.

Ce n'était qu'un faux prétexte : Louis-Napoléon qui rêvait de marcher sur les traces de son oncle, voulait étrangler la République de Rome. Rome ne s'y laissa pas prendre. Quand Oudinot arriva en vue de la ville, il vit les murs gardés et Garibaldi fit sur son flanc une attaque victorieuse : les Français durent reculer. Ils auraient été perdus, si la tactique de Garibaldi avait été suivie.

Il voulait profiter de la victoire et culbuter dans la mer les 8000 hommes de l'expédition bonapartiste. Mais Mazzini qui était tout puissant à Rome craignait de s'aliéner la France et préféra parlementer : un armistice fut conclu.

Garibaldi en profita du moins pour marcher contre l'armée de Ferdinand de Naples qui venait au secours d'Oudinot afin de rétablir le pape.

A Palestrina, il se heurta aux 5000 Napolitains et bien qu'il n'eût avec lui que 2500 soldats, il les rejeta en arrière.

A nouveau, il ne peut profiter de son succès ; les Français, au nombre maintenant de 40000, s'avancent sur Rome. Garibaldi se replie, évitant un mouvement tournant des Napolitains qu'il bat encore.

Malgré les forces colossales dont disposaient les assiégeants, il est à croire qu'ils n'auraient jamais pu prendre la place si Garibaldi eût eu la direction de la guerre.

Mais Mazzini ne lui laissa rien entreprendre. Du moins, Garibaldi put se couvrir de gloire dans une série de corps à corps. Dans ces multiples combats qui eurent lieu dans les faubourgs, autour des villas qui garnissent les approches de la ville, c'était toujours Garibaldi qu'on trouvait au premier plan : à l'attaque de la villa Pamfili, particulièrement, sa conduite et celle de sa légion émerveillèrent le monde.

Vains efforts : dès le 3 juin la défense devenait impossible et le 3 juillet l'armée française pénétrait dans la cité du pape. Le même jour, Garibaldi partait avec ses légionnaires et faisait retraite dans la direction de Venise. Au prix d'héroïques efforts, il dérouta les Autrichiens, traversa l'Apennin et trouva un asile pour lui et les siens dans la petite République de Saint-Marin. Ce repos ne devait pas durer : les Autrichiens exigeaient la reddition, sans conditions, de ce corps héroïque des défenseurs de la liberté. Garibaldi préféra licencier ses soldats, prit un déguisement et partit avec sa femme qui partageait avec lui tous les dangers.

Il ne put atteindre Venise bloquée par une escadre autrichienne. A Ravenne, où il arriva, il perdit sa femme accablée de fatigue. Sa tête à lui était mise à prix. Il n'avait nul asile. Des carabiniers royaux qui étaient sur sa piste l'arrêtèrent en Toscane et le conduisirent à Gênes.

Aux protestations que souleva en Piémont cet affront fait à un homme qui n'avait guerroyé que par patriotisme et par amour de la liberté, Garibaldi dut d'être bientôt relâché. Mais le séjour dans cette patrie pour laquelle il venait de risquer mille fois sa vie lui était interdit : il n'eût d'ailleurs pu s'accommoder du régime oppressif qu'il eût rencontré partout, sauf en Piémont.

Il quitta l'Italie, ne put aborder à Tunis où il avait jadis servi. C'est en Amérique encore qu'il dut se réfugier. Il se remit à naviguer et alla jus-

GARIBALDI
(d'après le monument élevé à Gênes.)

qu'en Chine. Cependant il ne perdait point de vue ce qui avait été son objectif de toute sa vie: donner la liberté à sa patrie.

Ayant donc amassé un petit pécule, il revint en Europe et s'installa en face de la Sardaigne, dans la petite île de Caprera, en 1855.

Aussitôt les patriotes italiens firent appel à lui, pour lui demander d'adhérer à une ligue qui avait pour but de donner à l'Italie le gouvernement d'elle-même en confiant ses destinées à la maison de Savoie.

Il y eut sans doute un long moment d'hésitation chez cet homme qui avait tant de fois combattu pour la liberté et la république. Mais l'expérience qu'il avait faite en 1848-49 lui prouvait que l'Italie n'était pas mûre pour l'idée républicaine, que c'était une utopie de vouloir y proclamer du jour au lendemain la république et que le régime de tyrannie imposé par l'étranger avait laissé dans les cœurs des traces trop profondes pour qu'on pût l'abolir en vingt-quatre heures. Il était plus urgent, lui paraissait-il, de chasser d'abord les Autrichiens du sol italien : tel était le plan de cette nouvelle Ligue qui remettait à Victor-Emmanuel le soin de reconquérir l'Italie.

Garibaldi y adhéra, sans écouter les protestations de Mazzini qui ne voulait pas faire de pacte même avec les monarques animés d'intentions libérales.

Une nouvelle période d'activité, cette fois couronnée de succès, commence alors pour Garibaldi.

Ce fut une grande habileté de la part de Victor-Emmanuel et de son ministre Cavour que d'autoriser le vaillant patriote à concourir, de la manière qu'il l'entendrait, à chasser les Autrichiens. La fameuse campagne de 1859 allait commencer : le Piémont faisait des armements de toutes sortes, des troupes françaises commençaient à descendre des Alpes. Garibaldi fut nommé chef du bataillon volontaire des chasseurs des Alpes : il eut aussitôt sous ses ordres 2500 hommes de bonne volonté.

Dès le début des hostilités, sa tactique hardie et entreprenante est partout victorieuse ; à Casal, à Varese, à San Fermo, à Come, il culbute les Autrichiens. Ses partisans entraînés par sa fougue irrésistible contribuent à acculer l'ennemi dans le fameux quadrilatère qui est la clef du passage des Alpes. Combattant sur les ailes, harcelant l'ennemi sur ses flancs, Garibaldi ne gagne pas de ces victoires retentissantes comme Solférino ou Magenta, mais n'en force pas moins l'ennemi à reculer partout où il le rencontre.

La défection de Napoléon III qui traite avec l'Autriche à Villafranca, tandis qu'il s'apprête à marcher sur Venise, rend Garibaldi à l'inactivité. Cette campagne est terminée : l'Italie n'en sort pas libre des Alpes à l'Adriatique puisque le traité de paix laisse à l'Autriche toute la Vénétie ; toutefois ce n'est pas la maison de Savoie seule qui a gagné à arrondir son territoire. Désormais, les Autrichiens ne rentreront plus à Milan : toute l'Italie du Nord est rendue à elle-même ; bientôt il en sera de même du reste.

Dans cette œuvre nouvelle, immense encore est la part de Garibaldi. De Caprera, il ne cesse de protester contre la politique française qui a annexé la Savoie et Nice et qui n'a pas permis aux Italiens d'aller jusqu'au bout, de reprendre Rome et de chasser les Bourbons de Naples et de Sicile.

Ses protestations sont entendues de tous côtés et la Sicile, qui se soulève, lui demande secours. Dans le plus grand secret, Garibaldi gagne la terre ferme, réunit une troupe de fidèles, et part de Gênes, en trompant les croiseurs napolitains pour aller débarquer à Marsala : c'est la fameuse expédition des Mille (1860).

La Sicile venait de se révolter contre le fils de Ferdinand II, François II. Garibaldi ne venait que pour soutenir les Italiens dans leur mouvement d'indépendance. Mais s'il lui avait été difficile d'aborder sur ces côtes activement surveillées par la flotte napolitaine, il n'était pas moins malaisé d'en chasser les Bourbons. En effet, pour contenir la révolution qu'il savait imminente, François II entretenait 70000 hommes de troupe dans l'île. Que pouvaient faire contre cette force les mille garibaldiens et les insurgés siciliens qui, ayant pris la campagne, combattaient sans nulle discipline ? On est stupéfié quand on apprend qu'au bout de quelques mois, ils avaient désarmé les formidables troupes du despote bourbonien, tant l'amour de la liberté peut enfanter d'héroïsme.

Aussitôt débarqué à Marsala, Garibaldi veut marcher sur Palerme. Il se heurte d'abord contre l'armée du général Landi à Calatafimi et, avec sa poignée de braves, le pourchasse, l'épée dans les reins, jusqu'à Palerme.

La capitale de la Sicile comptait 35000 hommes de garnison : 15000 de ceux-ci campaient devant les murs sous les ordres du général Bosco ; les 20000 autres casernés dans la cité étaient prêts à réprimer dans le sang la moindre agitation en faveur de Garibaldi : d'ailleurs, tous les patriotes avaient quitté la ville et étaient dans la montagne avec lui. Il ne restait, dans les murs de Palerme, que les beaux parleurs qui ont soin de se tenir à l'écart le jour où l'on a plus besoin d'action que de paroles.

Garibaldi avec sa poignée de *Chemises Rouges* (1) n'a rien à espérer d'un assaut de la ville. Il ne sera pas secouru de l'intérieur. Dès lors, sa tactique consiste à se retirer devant l'ennemi, à le tromper sur le nombre réel de ses troupes par la rapidité de ses mouvements et à entraîner dans l'intérieur les meilleurs bataillons de l'ennemi. C'est ce qu'il réalise par une foule de petits combats où il harcèle sans cesse soit la tête, soit l'arrière-garde, soit les flancs de l'ennemi. Au bout de quelques jours, tandis que Garibaldi continue de guetter Palerme, un de ses

---

(1) Tous les volontaires garibaldiens portaient, à l'exemple de leur chef, la chemise rouge.

lieutenants a emmené à ses trousses, dans les terres, toute l'armée du général Bosco.

Alors Garibaldi, en pleine nuit, force une porte de la ville, culbute les soldats napolitains qui ne savent où donner de la tête, s'empare des casernes endormies et après un combat de quinze heures hisse le drapeau italien sur les monuments de la ville : le nom de Victor-Emmanuel est proclamé et Garibaldi chargé d'assumer la dictature.

A cette nouvelle, Bosco revient et, de concert avec la flotte napolitaine amenée dans le port, fait pleuvoir dans cette ville, dont la veille encore il avait la garde, une grêle d'obus. Cette cruauté fut vaine ; à l'élan puissant des Siciliens galvanisée par Garibaldi rien ne put résister ; Milazzo puis Messine tombent entre leurs mains ; les troupes de François II doivent mettre bas les armes et Garibaldi porte maintenant la révolution de l'autre côté du détroit de Messine.

Ce ne fut pas sans rencontrer comme obstacle l'homme même pour qui il avait conquis la Sicile : le roi Victor-Emmanuel. On le croira sans peine : Garibaldi, en voulant fonder cette unité italienne que l'existence concurrente sur le sol de l'Italie des Bourbons, du pape, des Autrichiens rendait impossible, ne voulait que donner aux Italiens le gouvernement d'eux-mêmes. Bien qu'il eût servi antérieurement sous Victor-Emmanuel, qu'il eût participé à la campagne de 1859, qu'il eût fait acclamer son nom à la Sicile, Garibaldi servait quand même la cause de la République. Vouloir donner satisfaction aux Italiens qui réclament d'être gouvernés et administrés par des compatriotes, ce n'est pas autre chose que leur reconnaître le droit de choisir leurs représentants : c'est là le régime républicain. Victor-Emmanuel le comprit ; aussi, loin de favoriser ostensiblement ou non la tentative de Garibaldi, lui donna-t-il le hautain conseil de licencier ses troupes. Garibaldi se faisait une trop haute idée de la noble mission qu'il avait la capacité de remplir pour accéder à ces désirs. Malgré celui qui, grâce à lui, devait devenir plus tard le roi de toute l'Italie, il passa sur le continent.

De Reggio, où il atteignit moitié par mer, moitié par terre, il marcha sur Naples à travers la Calabre. Partout les populations l'acclamaient. Les soldats du roi fuyaient ou jetaient leurs armes. François II, le fils du roi Bourbon, lui offrit les propositions de paix les plus flatteuses ; Garibaldi passa outre et entra le 7 septembre en vrai triomphateur dans Naples d'où le roi s'était enfui à Capoue. Il n'y avait pas trois semaines que Garibaldi était débarqué de Sicile. Capoue restait à forcer. La bataille du Vulturne où il mit en pièces l'armée du roi lui ouvrait le chemin. Il fut alors rejoint par les troupes piémontaises de Victor-Emmanuel qui venaient, moins pour terminer la campagne que pour mettre un frein aux victoires de l'intrépide républicain. Capoue fut pris par elles. Garibaldi, gêné par leur voisinage, par la présence du roi qui ne tarda pas à arriver, dut renoncer, pour le moment, à faire main basse sur Rome : la diplomatie internationale plus puissante que les aspirations des peuples lui interdisait de réunir à l'Italie les États du Pape.

Garibaldi désarma donc, rentra à Caprera, se reposa quelque temps, mûrissant son projet d'arracher avec ses seules forces la capitale de l'Italie aux soldats de Pie IX.

Le 29 août 1862, il était à Aspromonte, à quelque distance de Reggio, à la tête d'une expédition qu'il avait levée en Sicile. Il y rencontrait un corps de bersaglieri commandés par Pallaviccini, et dès le début de l'escarmouche, il tombait frappé de deux balles. Il fut fait prisonnier avec ses compagnons, transporté à Pise et tout d'abord incarcéré ; ce ne fut qu'au bout de quelques jours que, sous la poussée de l'indignation publique, Victor-Emmanuel dut remettre en liberté le glorieux soldat qu'il avait fait blesser par ses hommes, le meilleur de ses serviteurs.

Garibaldi se retire encore dans son île de Caprera : il y reste cette fois quatre ans. Pendant ce temps de repos, la diplomatie européenne n'est pas restée inactive. Bismarck a entraîné l'Italie dans une guerre contre sa vieille ennemie l'Autriche; Garibaldi rentre en scène à l'invitation de Victor-Emmanuel avec ses volontaires : il y prend une part brillante. Après la défaite du général Lamarmora, il couvrit la ville de Brescia, fut légèrement blessé au lac de Garde et pénétra dans le Tyrol italien. Il était sur le point d'enlever cette ville de Trente qui n'a jamais pu depuis être réunie à l'Italie, quand l'armistice arriva, et Garibaldi dut licencier encore une fois ses troupes (1866).

Ici commence un nouveau chapitre de cette épopée vivante. Garibaldi parcourt l'Italie ; il sent aux ovations universelles qu'il peut s'emparer de Rome. Dès l'automne de 1867 il prépare une expédition. Arrêté, il s'échappe, rentre à Caprera d'où, trompant la surveillance de ses gardiens, il s'échappe encore, gagne le continent et envahit les États du Pape. A Monte-Rotondo, il bat les zouaves pontificaux, mais il doit compter à Mentana avec les troupes françaises que Napoléon III envoie au secours de Pie IX.

La vaillance de ses troupes ne peut déloger des positions qu'ils occupent les ennemis qui reçoivent continuellement des renforts. Garibaldi bat en retraite et, comme il avait pris le train pour se replier sur Florence, des carabiniers royaux l'arrêtèrent et le conduisirent, comme après Aspromonte, en prison. Après une détention d'un mois, il revenait à Caprera n'ayant pu réaliser, quels qu'eussent été son opiniâtreté et sa bravoure, ce projet qu'il mûrissait depuis des années et qui, moins de trois ans après, devait s'exécuter sans coup férir. En effet, aussitôt après le départ des soldats français en garnison à Rome en 1870, le Pape allait être cerné pour toujours dans son Vatican : en même temps s'installait au Quirinal la royauté d'Italie. Pour les desseins de Garibaldi cette défaite de Mentana n'allait donc pas être définitive, puisque les idées qu'il avait propagées devaient finalement triompher. Mais elle fut plus grave pour les Français qui la lui avaient infligée : en 1870, dans la guerre avec l'Allemagne, elle les priva du concours de leurs alliés de 1859, les Italiens.

La générosité de Garibaldi ne devait pas tenir grief à la France d'une faute dont, seul, un misérable Empereur était coupable. A nos premiers désastres d'Alsace et de Lorraine, le cœur de Garibaldi s'émut et, dès que la République fut proclamée (2 septembre), il vint apporter son concours au gouvernement de la Défense nationale.

Envoyé dans l'Est, il y arriva à la fin de l'automne, au moment où le général Nouzat qui avait succédé à Cambriels partait au secours de l'armée de Chanzy aux prises avec le prince Frédéric-Charles, et laissait ainsi dégarni l'accès du Sud au général ennemi Werder. Ce furent les corps francs de Garibaldi qui lui barrèrent la route vers le Sud-Ouest.

Malheureusement, Garibaldi n'avait plus sa verdeur physique d'autrefois. Il avait soixante-trois ans. Accablé de douleurs arthritiques il était obligé de suivre en voiture les opérations sur le champ de bataille. D'autre part, il ne devait pas y avoir de cohésion entre les mouvements de ses volontaires et ceux des troupes régulières. Les généraux de l'Empire écroulé tenaient en défiance ce chef de guérillas et, lui-même, convaincu qu'il fallait de toute nécessité marcher sur les Vosges, attaquer l'ennemi sur ses derrières, tenter une diversion sur sa ligne de réapprovisionnement, n'avait pas toute la souplesse qui convenait à son rôle d'auxiliaire de l'armée française. Quoi qu'il en soit, le dévouement qu'il montra dans ces circonstances, accompagné de ses deux fils Menotti et Ricciotti et de son gendre Canzio, doit lui attacher pour toujours la reconnaissance de la France.

Il fut d'abord envoyé entre Dijon et Besançon, à Dôle. Il y réunit une dizaine de mille hommes assez mal équipés et approvisionnés. Cependant le général Werder passait les cols des Faucilles, occupait Dijon le 30 octobre après un vif combat et coupait ainsi la ligne de ravitaillement d'Orléans à Belfort, cette clef de la basse Alsace que défendait si énergiquement le colonel Denfert-Rochereau. Werder pouvait donc par Nuits et Beaune gagner la Saône et la descendre jusqu'à Lyon. Mais sentant sur ses flancs l'armée de Garibaldi et celle de Cambriels à Besançon, il n'osa pousser au sud cette incursion hardie. Du reste, Garibaldi se portait en avant avec l'ordre de protéger le Morvan et Nevers. En route, il ne cessait, selon sa coutume, de harceler l'ennemi avec ses colonnes légères. C'est ainsi que l'une d'elles commandée par son fils Ricciotti surprit, le 13 novembre, la ville de Châtillon-sur-Seine et en chassa les Prussiens après leur avoir infligé de graves pertes.

Sûr maintenant de ses soldats, Garibaldi tente une expédition plus difficile : il veut occuper Dijon. L'opération devait réussir si toutes les troupes françaises de la région voulaient s'y donner rendez-vous : une foule de corps francs tenaient en effet la campagne et le général Cremer protégeait la vallée de la Saône et Lyon.

Le 26 novembre, Garibaldi vient attaquer les Allemands aux portes de Dijon même ; mais nullement secondé par les troupes régulières, il doit se replier devant des forces supérieures, bat en retraite sur Autun qu'il fortifie solidement. Les Allemands qui ne s'attendaient pas à tant de résistance et à tant de science stratégique sont repoussés avec perte le 1er décembre, et ils se disposaient à renouveler leur effort quand Werder les rappela à Dijon, car la veille il avait été battu à Nuits par Cremer. Dans le mois suivant, nulle opération décisive ne fut tentée ; on était tout au rassemblement de l'armée sous le commandement de Bourbaki, qui avait pour objectif de délivrer Belfort et d'envahir l'Alsace. Garibaldi devait se joindre à ce mouvement. Ce ne fut que le 6 janvier que cette armée de 140.000 hommes fut rassemblée autour de Besançon. Werder, devant ces forces, se replia sur Vesoul et Garibaldi vint occuper Dijon.

Dès lors les événements se précipitent : Bourbaki est victorieux le 9 janvier à Villersexel, mais le manque d'approvisionnements le force à s'arrêter ; il s'engage à nouveau avec l'ennemi à Héricourt pendant trois jours, les 15, 16 et 17 janvier, mais vainement. Il doit reculer ; l'ennemi a déjà esquissé ce mouvement tournant qui obligera bientôt l'armée française à passer en Suisse.

Pendant que Bourbaki commence sa retraite, une brigade de l'armée de Manteuffel se détache et marche sur Dijon d'où Garibaldi peut sérieusement gêner les Allemands.

L'attaque commença le 21 et se renouvela le 22 et le 23.

Garibaldi, quoique souffrant, se fit conduire en voiture sur le champ de bataille et entraîna les soldats, comme toujours, par cette marque d'héroïsme. Les Prussiens furent contenus et perdirent un drapeau qui leur fut arraché par la brigade Ricciotti : c'était celui du 61e régiment royal de Poméranie, le seul qui ait été pris aux Prussiens pendant cette malheureuse guerre.

Cette vaillante résistance avait pour résultat de retarder le mouvement d'investissement que Manteuffel dirigeait contre l'armée de l'Est maintenant en retraite ; mais Garibaldi n'avait pas assez de forces pour l'arrêter définitivement, et Bourbaki se sentant acculé tentait de se suicider.

A ce moment, tout n'est pas perdu : M. de Freycinet investit Garibaldi du commandement de toutes les troupes de la Côte-d'Or, lui enjoint de laisser à Dijon quelques mobilisés et de se porter en masse au secours de Clinchant.

Garibaldi se hâte d'obéir, mais lorsqu'il va frapper son grand coup, l'armistice du 31 janvier l'arrête et, comme l'armée de l'Est y a été omise, sa retraite se précipite en défaite et la Suisse reçoit nos soldats. Garibaldi n'a plus qu'à rallier tous ses soldats disséminés dans la région et à évacuer Dijon.

La guerre touche à sa fin ; Garibaldi est élu député dans quatre départements, va siéger à Bordeaux, démissionne et se retire à Caprera.

C'est dans cette île que la reconnaissance du peuple italien devait lui faire une fin de vie glorieuse. Élu député, il fit, en 1875, à Rome définitivement arrachée au pape et rendue à l'Italie, une entrée triomphale. Le Parlement allait lui voter pour ses éminents services passés une pension annuelle de 100000 francs. Moins combatif que dans sa jeunesse, Garibaldi s'était rallié au gouvernement libéral de Victor-Emmanuel, qu'il avait servi toute sa vie avec tant de loyauté. Il passa la fin de sa vie à écrire des romans et à rédiger ses mémoires. Il s'éteignit à Caprera en 1882, chargé d'ans et de gloire. Des monuments nombreux lui furent érigés en Italie et en France : à Nice, sa ville natale, à Dijon, qu'il avait si vaillamment défendue contre les Allemands.

Bien que cette vie ressemble à un roman d'aventures, il faut rappeler quelles puissantes idées l'ont continuellement dirigée et orientée.

Garibaldi est un sincère patriote et un apôtre de la liberté des peuples. Vaillant soldat, il ignore la tactique officielle dite « savante », toute théorique, mais il connaît la tactique qu'imposent les circonstances : l'expérience de continuels combats, les coups d'audace dus à l'inspiration du moment et le prestige sur ses troupes animées de l'esprit de liberté lui assurent la victoire. Libre penseur ardent, républicain, il ne connut jamais d'ennemis que ceux pour qui c'est un crime d'aimer la raison humaine et de souhaiter la fraternité des peuples.

Le général Bordone, un de ses glorieux aides de camp qui a consacré à sa vie un livre ému, le peint ainsi après l'assaut de Reggio :

« Qui n'a pas vu Garibaldi monté sur un sous-affût de pièce de position à la Gribeauval, la main appuyée sur le bouton de culasse de la pièce et regardant du côté de Messine, éclairé par le soleil du mois d'août, la chemise et le chapeau troués en plusieurs endroits par les balles et souillés par la poussière des chemins et par les vapeurs grasses de la poudre, ne sait pas comment il faudrait se représenter la figure de la Révolution, calme, confiante et décidée.

« Tout dans cette apparition était grand comme l'idée de la Révolution bienfaisante : pour piédestal cet affût, pour point d'appui ce canon, pas de draperie, un chapeau déformé et troué, une chemise de laine rouge collant au corps et laissant flotter quelques lambeaux à moitié détachés par les balles, autour du cou un foulard noué à la marinière, pour tout insigne, un ceinturon à filets d'argent auquel pendent ce sabre redoutable pour les ennemis de la liberté, un briquet mexicain et un couteau.

« Tout cela encadrant une figure rayonnante de gloire et de bonté, un vrai masque de lion satisfait, au nez continuant la ligne d'un front haut et large... Non ! ceux qui n'ont pas vu Garibaldi sur l'affût du fortin de la marine à Reggio ne peuvent le peindre ni le sculpter au complet, comme il le fut à la plus belle époque de sa vie !... »

Qu'on ne l'oublie pas, cet homme, qui guerroya toute sa vie, haïssait la guerre qui est l'image d'un passé brutal et oppresseur : il ne lutta jamais que pour les opprimés contre les tyrans de toute sorte.

Qu'on en juge par un de ces ordres du jour qu'il leur adressait de la défense de Dijon :

Aux braves de l'armée des Vosges,

Eh bien ! vous les avez revus les talons des terribles soldats de Guillaume, jeunes fils de la Liberté !

Dans trois jours de combats acharnés, vous avez écrit une page bien glorieuse pour les annales de la République, et les opprimés de la grande famille humaine salueront en vous les nobles champions du droit et de la justice...

... Enfin soyez diligents et affectueux entre vous, comme vous êtes braves : vous acquerrez l'amour des populations dont vous êtes les défenseurs et les soutiens, et bientôt nous secouerons, jusqu'à l'anéantir, le trône sanglant et vermoulu du despotisme et nous fonderons sur le sol hospitalier de notre belle France le pacte de la fraternité des nations.

On peut répéter de lui ce qu'il disait à la mort de Paul de Flotte, un illustre Français qui avait fait partie de l'expédition des Mille : « Il appartient à l'humanité tout entière, parce que pour lui la patrie était partout où un peuple courbé et abattu se relève pour reconquérir sa liberté. »

PAUL KRUGER

Les dernières années du xixe siècle et les premières du xxe ont été ensanglantées par la guerre que les Boers du Transvaal et de l'Orange soutinrent contre l'empire britannique. De quelque manière que les belligérants aient été jugés, nul ne peut nier que ce fut pour les Boers une guerre d'indépendance, et pour les Anglais une guerre de conquête. Si ceux-ci ont pu prétendre représenter le principe civilisateur, il n'en est pas moins vrai que du côté des Boers était l'esprit de liberté qui donne à chacun le droit de rester maître chez soi.

C'est pourquoi nous ne pouvons taire le nom de cet héroïque président du Transvaal qui, dans sa longue existence, vit à la fois naître et disparaître la République sud-africaine, dont il fut le plus habile et le plus énergique défenseur.

Paul Krüger naquit à Rastenburg, dans la colonie du Cap, en 1825 ; il était le fils d'un fermier d'origine hollandaise. Dès sa plus tendre enfance, il apprit à préférer l'indépendance à toutes les commodités de la vie. Il avait, en effet, à peine onze ans qu'il voyait le foyer paternel, sous les poussées envahissantes des Anglais, installé à des centaines de lieues dans l'intérieur des terres, dans un pays entièrement inculte et rendu dangereux par la barbarie des Cafres.

Tout enfant qu'il était, il portait déjà un cœur indomptable. A sept ans, il maniait la carabine ; à onze ans, il tuait son premier lion ; à treize ans, il partait en expédition contre les nègres.

C'était un tireur à rendre jaloux les héros de Mayne-Reid : un jour, un buffle était sur le point de rattraper son cheval lancé au galop quand Krüger, se retournant sur sa selle, sans ralentir son allure, vise la bête furieuse et la tue net d'une balle en plein front.

Une autre fois, son fusil éclate entre ses doigts et lui emporte une partie du pouce. Krüger prend son couteau et égalise les chairs ; puis, la gangrène se logeant dans la plaie si dédaigneusement soignée, Krüger remet son pouce sur une pierre et fait sauter toute la partie malade.

Autre chose encore devait tremper l'énergie de Krüger : c'était sa foi profonde dans la Bible; sans nulle instruction, il aimait à y lire inscrites sa propre ligne de conduite et celle de son peuple. Les citations des prophètes lui venaient naturellement à la bouche et il comparait volontiers son peuple à celui des Hébreux. Cette attitude n'était pas fanatisme; Krüger, malgré son mysticisme, n'avait rien de ces prêtres qui s'entendent au mieux à duper le monde pour assurer leur suprématie. Les comparaisons bibliques qui ornaient sa rude éloquence, lui étaient familières parce que, lancé de bonne heure dans le Veldt à la poursuite des buffles, il n'avait pas eu le temps d'acquérir les connaissances des milieux civilisés. C'était un patriarche dans toute l'acception du mot et qui veillait au salut de ses concitoyens comme un père veille sur sa famille.

Sa sobriété était exemplaire. Il ne goûtait jamais d'alcool. Pourtant, dans les banquets, il prenait parfois du café et portait des toasts officiels avec du lait. Il mangeait rapidement, sans gourmandise et plutôt à la manière d'un trappeur qui veut reprendre des forces.

Il usait de son mandat de président avec une équité parfaite et se plaisait à se comparer à un fermier à la tête d'une grande exploitation agricole. « L'État, disait-il à peu près à un fonctionnaire désireux d'une place à Prétoria, est comme un char attelé de bœufs: on conserve les plus indociles à portée du fouet pour les châtier, et les bons sont aux extrémités : c'est pourquoi je vous ai toujours tenu loin de moi, c'est que j'ai confiance en vous. »

Une intelligence merveilleusement apte aux choses pratiques et qui avait ébloui Bismarck lui-même, un grand loyalisme, un dévouement absolu à la cause de ses concitoyens et de la République, une prudence et une patience égales à sa puissance, tel était l'homme qui allait soutenir jusqu'aux derniers jours du xixe siècle une lutte sans relâche contre la plus ambitieuse nation du monde.

Sa vie est, en effet, si intimement liée à l'histoire du Transvaal qu'il est impossible d'en faire le récit sans rappeler sommairement les origines de ce pays.

Le Transvaal est un vaste plateau montagneux situé sur les deux bords du Vaal, affluent de l'Orange. Jusqu'en 1836, il n'était habité que par les Cafres ; les blancs n'y faisaient que de rares incursions. Mais à cette date, les Boers de la colonie du Cap, fatigués des vexations des colons anglais, s'y établirent sans esprit de retour : ce fut le *Trek* ou grand exode, auquel Krüger, alors âgé de onze ans, participa. Quelques années plus tard, en 1845, d'autres Boers venant du Natal, se joignaient à ceux-ci et fondaient Potchefotrom. Peu après, la République était proclamée, grâce aux soins de Prétorius : l'Angleterre dut s'incliner et reconnaître l'indépendance du nouvel État par le traité de Sand River (1852).

Cependant l'ère des difficultés n'était pas terminée : les Cafres dépossédés de leurs territoires résistaient aux nouveaux colons et tandis que le président Bürgero menait une expédition contre le roi cafre Seevacoumi, un commissaire britannique se présentait à Prétoria et prononçait l'annexion de la République (avril 1877).

De toutes parts des protestations s'élevèrent. Au nombre des plus vifs partisans de l'indépendance était Krüger et, à la suite des meetings de Doomfontein et de Wonderfontein il fut choisi ainsi que Joubert pour aller plaider la cause de ses compatriotes à Londres. Malheureusement, la question ne pouvait être encore résolue que par les armes : un triumvirat, composé de Prétorius, de Joubert et de Krüger, organisa la résistance en 1880. Les Anglais, battus à Blankersprüit et à Majuba-Hill, reconnurent à nouveau par la convention de Prétoria l'indépendance du Transvaal, mais sous la suzeraineté de l'Angleterre (1881). Peu après, Krüger devient président de la République sud-africaine et ne cesse dès lors d'être réélu. Son histoire est alors plus que jamais celle de son peuple, et comme les intrigues de ses puissants voisins ne cessent point un instant, la vie de Krüger devient le symbole de la résistance acharnée à l'oppression.

Les événements se précipitent. Toujours Krüger est là pour parer au danger et, quand il le faut, pour y résister les armes à la main. Sa politique ferme et courageuse concourt au prodigieux développement de son pays : en 1884, il profite de l'acquisition que fait l'Angleterre, d'un territoire limitrophe pour se débarrasser de sa pesante suzeraineté et n'accepter son contrôle qu'en cas de traité avec des tiers.

Il est impuissant toutefois à gêner l'envahissante politique britannique qui se trace comme ligne de conduite d'isoler le Transvaal au milieu des terres et de l'océan Indien. Successivement le pays de Bechuanas (1889), celui des Matabélés (1894), de la baie de Sainte-Lucie (1895) tombent au pouvoir des Anglais. En outre, à l'intérieur même du Transvaal un gros danger était en germe. Dès 1884 commence l'exploitation des mines de diamant de Kimberley et du minerai aurifère de Johannesburg : une foule d'étrangers, de *Uitlanders*, inonde le pays des Boers réclamant, avec l'appui plus ou moins dissimulé de l'Angleterre, des droits de citoyens égaux à ceux des Burghers. Enfin un financier de premier ordre, doublé d'un diplomate profond, Cecil Rhodes, le premier ministre du Cap, fondé successivement la *De Beer's*, puis la *Chartered*, deux puissantes compagnies, aux droits illimités, qui bloquent, par leur territoire, la Rhodesia, et leurs villes de Kimberley et de Mafeking, du côté de l'ouest, la République transvalienne.

En face de ce péril grandissant de jour en jour, l'habileté et le patriotisme de Krüger ne se démentent point. D'abord il résiste par tous les moyens légaux en son pouvoir aux Uitlanders, puis il dote son pays d'un formidable outillage de guerre.

On a souvent reproché à Krüger l'intransigeance avec laquelle il refu-

PAUL KRUGER

sait aux Uitlanders de leur accorder les satisfactions demandées. En réalité, ce n'était que sagesse : les Uitlanders étaient bien des étrangers qui, en cette qualité, n'auraient pas manqué, sitôt investis de droits égaux aux Burghers, de mettre les Boers à la porte de chez eux. Si la fusion eût été complète entre ces deux éléments, la politique de Krüger eût été alors d'un fanatisme coupable ; aussi agissait-il prudemment et justement en attendant que ces exploiteurs de l'or ne fissent plus qu'un avec les premiers habitants du sol. Il n'y avait du reste pas à s'y tromper ; les Uitlanders agissaient moins pour leur compte que pour celui de la *Chartered*, ils étaient les milices inconscientes d'une pesante tyrannie. On allait bientôt le voir.

Cecil Rhodes crut, en effet, l'occasion propice pour attenter à la liberté des Boers. Avec la connivence tacite de Chamberlain, ministre des colonies, il chargea l'un des premiers agents de la *Chartered*, le Dr Jameson, de renverser la République sud-africaine. Toutes les forces de la police privée de la *Chartered* franchirent sans avertissement aucun la frontière du Transvaal le 30 décembre 1896 et se portèrent vers Johannesburg.

Mais Krüger veillait en silence, attendant, disait-il, que la tortue tendît la tête pour la lui couper plus aisément. Le 2 janvier, Joubert capturait avec leur chef les 700 flibustiers de la *Chartered*.

Ce raid brutal, véritable attentat au droit des gens, souleva l'attention universelle. Dans un télégramme fameux, l'empereur Guillaume félicita hautement Krüger d'y avoir mis fin sans recourir aux puissances amies.

Cependant Krüger ne dormait pas sur ses lauriers ; le ridicule procès intenté à Jameson, qui avait été rendu ainsi que ses hommes au gouverneur du Cap, procès qui se termina par une sorte de non-lieu, ne devait lui laisser aucun doute sur les intentions de ses avides voisins.

En homme d'État prévoyant, il prépare la guerre que l'impérialisme de Chamberlain rend inévitable.

Dès mars 1897, il conclut une alliance défensive avec l'État d'Orange. D'autre part, il achète du matériel de guerre. Au moyen des plus-values du budget, sans entamer de chapitre spécial au budget de la guerre, il fait venir d'Allemagne et de France des quantités de soi-disant machines agricoles qui n'étaient autres que les derniers modèles de canons ou de fusils créés à Essen ou au Creusot.

L'Angleterre, forte de l'isolement du Transvaal et — lui disaient ses espions — de son dénûment militaire, pressait les événements. Alors que Krüger était prêt à faire accorder aux Uitlanders le droit de suffrage, ceux-ci exigèrent plus encore. Ils prétendirent rester aussi sujets de la la reine Victoria : le but poursuivi apparaissait nettement, c'était l'anglicisation, sans coup férir, du pays des Boers. Devant ces prétentions sans cesse croissantes, l'honneur de Krüger est d'avoir longuement patienté. A tous il fait voir ses qualités médiatrices. Il sait que Chamberlain profite de ce répit pour amasser au Cap des troupes colossales ; n'importe, il ne veut pas encore entrer dans la voie de la guerre et ce n'est qu'après des années de négociations qu'il signifie à sir Alfred Milner, gouverneur du Cap, l'ultimatum de retirer les troupes massées le long des pays boers. Sur le refus de l'Angleterre, la guerre était déclarée, le 11 octobre 1899.

Il n'est pas dans notre dessein de narrer cette lutte qui faillit faire sombrer un instant le puissant Empire britannique. Rappelons seulement, que dès les premiers mois, les Boers étonnèrent le monde : ces soldats qui étaient avant tout des citoyens, dans les rangs de qui se trouvaient souvent le père, le grand-père et le petit-fils, qui sur les lignes du combat étaient ravitaillés par les mères et les enfants, bloquèrent tout d'abord Mafeking, Kimberley dans la Rhodesia, puis Ladysmith vers le Natal barrèrent la route à sir Redroes Buller, battirent à Glencoe, à Dundee le général White.

Ils avaient du reste à leur tête le généralissime Joubert, dont le nom mérite de figurer à côté de celui de Krüger sur le martyrologe de la Liberté, car il devait lui aussi mourir sans avoir vu son pays délivré. Pietrus-Jacobus Joubert, issu d'une famile provençale, qui avait émigré au Cap après la Révocation de l'Édit de Nantes, était né dans le Natal en 1831. Comme Krüger, il dut aussi tout enfant émigrer au Transvaal et lutter contre les Cafres. A vingt et un ans, il était à la tête d'un commando et les repoussait victorieusement. C'est lui qui, plus tard, négociait à Londres, puis revenait battre les Anglais à Majuba-Hill, et enfin capturait le Dr Jameson. Rival malheureux de Krüger aux élections présidentielles, il n'en était pas moins resté son compagnon fidèle. C'est de concert avec lui qu'il avait secrètement organisé l'armée boer et qu'il l'avait munie de l'outillage le plus perfectionné.

Devant de tels adversaires, il fallut que l'Angleterre portât son armée à 190000 hommes et qu'elle en donnât le commandement à lord Roberts, le triomphateur de l'Afghanistan, au sirdar Kitchener, le pacificateur de Khartoum. Malgré des prodiges d'héroïsme, les Boers qui n'avaient pas eu le temps de tendre la main à leurs frères de race du Cap, durent reculer. Après une admirable résistance sur la Modder, le vieux général Cronjé capitulait en février à Paardeberg. Puis en mars, Blœmfontein, en mai Johannesburg, en juin Prétoria tombaient au pouvoir de l'envahisseur et l'annexion des deux États libres d'Orange et du Transvaal était en septembre un fait consommé.

Après l'entrée des Anglais à Prétoria et la brutale annexion du Transvaal prononcée, il n'appartenait plus au président Krüger de résister personnellement par la force. Il comprit alors que ce n'était plus sur le sol de cette patrie qu'il aimait tant, qu'il devait à l'avenir combattre pour la liberté: d'autres champs de bataille plus dignes d'un chef d'État, d'un magistrat, l'attendaient. Ce n'était pas en fuyant sans cesse devant un ennemi vainqueur, en se cachant de ferme en ferme, à la manière d'un malfaiteur traqué par la police, qu'il pouvait continuer de défendre les droits de ses concitoyens ; la poudre avait assez parlé pour lui. Le libre Burgher qui avait jadis chevauché librement dans le Veldt, qui avait pris à la souricière le docteur Jameson, devait maintenant plaider sa cause à la face des nations européennes.

Cette résolution prise, l'héroïque vieillard quitta à nouveau cette terre à la liberté de laquelle il avait consacré toute sa vie et il entreprit pour sauver la cause républicaine une suprême démarche.

Muni d'un congé régulier de six mois, il passa en territoire portugais et s'embarqua le 20 octobre pour l'Europe sur le *Gelderland*, vaisseau courageusement envoyé au-devant de lui par la reine Wilhelmine de Hollande. Les Anglais qui le guettaient n'osèrent y mettre l'embargo et recommencer pour l'illustre émigrant ce qu'ils avaient fait pour le grand vaincu de Waterloo.

Il toucha le continent à Marseille où un accueil chaleureux lui fut fait : cet accueil n'était, du reste, que l'expression de la sympathie et de la vénération que Krüger avait, par sa ténacité et son dévouement à une grande cause, suscitée dans presque toute la presse européenne. Il traversa ensuite Lyon, Dijon et arriva à Paris. Partout le peuple acclama le sublime pèlerin, mais partout aussi il devait se heurter à la diplomatie des chancelleries : nulle part il ne lui fut donné ni même promis de secours effectif.

Il se retira sur le sol de ses frères de race, en Hollande, où une hospitalité cordiale et respectueuse lui fut toujours assurée, et pendant quelques années ses habitations d'Utrecht, d'Hilversum furent des lieux de pèlerinage pour tous ceux qui voyaient en lui le symbole de la protestation héroïque du droit contre la force.

Mais quel que fût le respect unanime qui s'attachait à son grand nom, Krüger devait connaître de pires amertumes encore que de constater l'impuissance de la diplomatie européenne contre l'avidité britannique.

Petit à petit, s'effondrait, au Transvaal, cette liberté qui avait été l'œuvre de sa vie ; de tous côtés, la résistance dont il avait été si longtemps l'âme, s'émiettait et chaque jour les journaux lui annonçaient la reddition de nouveaux commandos.

C'est que malgré la brutale annexion des deux Républiques sud-africaines à l'Empire britannique, la guerre était entrée dans une nouvelle phase.

Profitant, avec une extrême habileté, des inégalités de leur sol, des *Kopje* qui, de toutes parts, hérissent le Veldt, les Boers entamèrent une guerre de partisans qui décima l'armée anglaise et aurait fait douter de la victoire un peuple moins tenace.

Le généralissime Louis Botha, âgé de trente-cinq ans, désigné par Joubert avant sa mort pour lui succéder, se distingua particulièrement dans cette guerre d'escarmouches. Député très éloquent du Volksraad, la lutte pour l'indépendance avait fait de lui un capitaine intrépide. A Nicholson's Neck, il avait capturé l'aile gauche du général White ; plus tard, devant toute une armée il avait fait sauter un pont sur la Tugela, aidé de vingt-six hommes seulement ; il aurait pris Ladysmith si l'on eût écouté ses conseils. Il protégea du moins la retraite, quand le siège fut levé, et souvent, combattant le rifle à la main dans les tranchées, il sauva l'armée d'un désastre complet. L'amour de la liberté est seul capable d'engendrer de tels héros !

Nommons aussi sous ses ordres, Christian Dewet, le *Convoinemer*, l'insaisissable Preneur de Convois, dont les exploits audacieux sont dignes de l'épopée. Si l'armée de lord Roberts marche aussi lentement, c'est que Dewet lui prend ses convois, l'empêche de se ravitailler, l'affame et le contraint à des haltes forcées. Impossible de le prendre, les plus fins généraux se lancent à ses trousses, Dewet est partout et n'est nulle part.

C'est lui dont le camp aperçu au loin immobilisa tout un jour un corps d'armée et le contraignit à d'habiles manœuvres d'enveloppement. On approche, on prend le camp : il était vide, un billet ironique de Dewet annonçait qu'ayant trouvé tout un assortiment de belles tentes anglaises, il en profitait et laissait aux autres ses vieux bagages.

C'est lui encore qui, un beau jour, accroche un récepteur à une ligne télégraphique anglaise et apprend d'un général anglais que Dewet est sur le point d'être pris par lui. Dewet transmet la dépêche interceptée, y ajoute que l'insaisissable est enfin capturé, mais le lendemain lord Roberts avait fort à faire pour délivrer le général Hunter que Dewet était sur le point de prendre à son tour et pour de bon.

Du mois d'août 1901 au mois de mars 1902, les échecs anglais se multiplient ; à Tveebosh, lord Methuen est forcé de capituler devant ces héroïques partisans. Mais que peut faire la vaillance contre le nombre ? Les oppresseurs envahissent le pays à flots toujours plus nombreux, l'heure n'est pas loin où le droit va succomber devant la force, où la liberté va périr sous la botte de l'impérialisme anglais.

Lord Kitchener, qui a succédé dans le commandement des troupes de la Grande-Bretagne à lord Roberts, en vient à des mesures extrêmes. Il retient dans les camps de concentration où la mortalité devient bientôt effrayante, les femmes et les enfants qui, dès le début de la guerre, n'avaient cessé de seconder les commandos boers ; il établit sur tout le pays des lignes de blockhaus et le livre enfin à une dévastation systématique.

Cependant, la reine Victoria, minée par les soucis que lui avaient créés cette guerre sans fin, avait rendu le dernier soupir et le prince de Galles avait hâte de pacifier le pays avant d'être couronné. En mai 1902, les députés du peuple boer se réunirent à Vereeniging pour discuter des conditions de la soumission avec lord Kitchener.

Les Botha, les Dewet, les Delarey et ceux qui les suivaient déposèrent leurs armes et reconnurent l'autorité du roi Édouard ; mais ils obtinrent l'amnistie pour faits de guerre, l'égalité de langue entre le hollandais et l'anglais, et d'importantes concessions financières.

L'Angleterre s'était tardivement honorée en reconnaissant aux Burghers le droit de décider de leur sort dans certaines conditions. Mais ce vaillant peuple n'avait pas moins perdu l'indépendance.

On devine quel coup cette nouvelle devait apporter à Krüger. Agé de soixante-dix-sept ans, réduit, après tant d'années de libres expéditions dans le Veldt (1), à une retraite, glorieuse sans doute, mais indigne de sa valeur, il ne lui suffisait plus de rédiger des mémoires : l'éloignement de l'action, le repos devaient le conduire à sa fin. Elle eut lieu le 14 juillet 1904 après une très courte maladie, tandis qu'il faisait une station d'été en Suisse, à Clarens. Le gouvernement anglais accéda au dernier vœu du président Krüger en autorisant le transport de ses cendres à Prétoria où de magnifiques funérailles lui furent faites.

Le nom de Paul Krüger ne signifie pas seulement patriotisme, et il n'est pas synonyme de haine de l'étranger. Il symbolise la résistance opiniâtre à la violence. Krüger est grand, parce que derrière lui marchait un peuple entier qui revendiquait, à la face du monde, le droit de s'administrer par ses propres lois et de vivre dans l'indépendance. Fondateur de la République sud-africaine, défenseur inlassable de l'autonomie de ses concitoyens qui avaient eu confiance en lui, diplomate aussi achevé que consommé capitaine, il incarne en lui toutes les qualités du citoyen républicain qui sait devoir le sacrifice de sa vie à l'intérêt de la communauté, c'est-à-dire à la liberté de tous.

(1) Annexé sous le nom de colonie de la rivière Vaal.

SCHEURER-KESTNER

Un matin de janvier 1895, par un froid glacial, plusieurs milliers de personnes se pressaient autour de l'École militaire à Paris, où depuis huit heures, des troupes entraient et prenaient place au fur et à mesure de leur arrivée dans la grande cour.

Contrairement à ce qu'est généralement la foule parisienne, bruyante, gouailleuse, celle-ci se montrait recueillie, silencieuse. Avec, dans les yeux, une émotion de colère contenue voilée de tristesse, elle regardait, elle cherchait à voir entre les grilles... Soudain, le commandement de « Portez armes » se fit entendre, prolongé, solennel, et, du fond de la cour, un groupe se détacha vers lequel tous les yeux se tournèrent : entre quatre artilleurs que précédaient un sous-officier de la même arme et un lieutenant de la garde républicaine, un capitaine d'artillerie, jeune encore, marchait. Quand l'escorte fut parvenue au milieu du carré des troupes, les tambours et clairons ouvrirent un ban. Une voix s'éleva, tragique, rappelant la condamnation du capitaine Alfred Dreyfus à la dégradation et à la déportation dans une enceinte fortifiée.

Le général Darras, commandant les troupes, s'avança alors vers le capitaine et prononça : « Dreyfus, vous êtes indigne de porter les armes. Au nom du Président de la République, nous vous dégradons. »

A peine ces mots sont-ils dits que le condamné s'écrie d'une voix nette, dans laquelle on ne distingue pas le moindre tremblement :

« Je suis innocent, je jure que je suis innocent ! Vive la France ! »

Et, à partir de ce moment où commençait, selon les prescriptions du code militaire, la parade d'exécution publique, jusqu'à la fin de cette terrible épreuve, le condamné ne cessera plus, à aucune phase de la dégradation, de crier son innocence.

Lui enlève-t-on ses galons : « Je suis innocent, vive la France ! » Arrache-t-on de son pantalon cette bande rouge qu'il y porte depuis l'École polytechnique : « Je jure que je suis innocent ! Sur la tête de ma femme et de mes enfants, je le jure ! Vive la France ! » Passe-t-il devant le groupe des représentants de la presse : « Vous direz à la France entière que je suis innocent. »

A ces protestations, des milliers d'assistants répondent par une clameur formidable: « A mort ! à mort ! », cris sauvages, abominables, indignes d'hommes civilisés, hélas! oui, mais combien explicables et même excusables ! L'officier auquel on vient d'infliger, devant le peuple assemblé, ce châtiment ignominieux, pire que la mort, n'a-t-il pas commis le plus lâche, le plus vil, le plus monstrueux des crimes, celui de trahir son pays ! La mort n'est-elle pas seule capable d'expier un tel forfait !

Aussi les protestations d'innocence du condamné ne trouvent-elles aucun écho dans le public. Il aura beau les renouveler au Dépôt, après que, comme le dernier des malfaiteurs, on l'aura mensuré et photographié pour la galerie infamante du musée anthropométrique, qui donc voudrait y croire une minute ? Le capitaine Dreyfus n'a-t-il pas été condamné à l'unanimité par les membres du Conseil de guerre, par des officiers, par conséquent ses pairs, sur le vu de documents si graves que la discussion n'en put avoir lieu qu'à huis clos ?

Ne sait-on pas, par certains journaux, qu'il a fait des aveux complets bien avant le procès, et ne possède-t-on pas la preuve absolue qu'il a vendu nos secrets à l'Allemagne : plans de mobilisation, renseignements sur les points offensifs dans les Alpes et, deux fois Judas, livré à l'ennemi les noms de ses camarades envoyés en mission chez nos voisins, les vouant ainsi à la prison, à la mort même. Alors, qui serait assez fou, assez mauvais patriote pour accueillir les protestations d'innocence du condamné et douter de sa culpabilité ?

Et qu'importe que, de Saint-Martin-de-Ré, avant de s'embarquer définitivement pour son lieu de déportation, ayant subi toutes les épreuves, bu le calice jusqu'à la lie, Dreyfus écrive au ministre de l'Intérieur ne demandant ni grâce, ni pitié, mais justice seulement :

« Au nom de mon honneur de soldat qu'on m'a arraché, au nom de ma malheureuse femme, au nom enfin de mes pauvres enfants, je viens vous supplier de faire poursuivre les recherches pour découvrir le véritable coupable. »

Oui, qu'importe! C'est un traître, il ne mérite aucune pitié et chacun des appels adressés par lui ou par sa famille, non à la clémence, mais à la justice sera puni. Sa femme s'avise-t-elle d'envoyer à la Chambre des députés une pétition pour demander la revision du procès de son mari ? Le ministre des Colonies y répond en ordonnant la mise aux fers du condamné pendant deux mois. Un publiciste courageux ne craint-il pas de dire qu' « il y a peut-être là-bas, à l'île du Diable, quelqu'un qui agonise dans un supplice moral surhumain et qui serait innocent », on en punit Dreyfus par la privation de la vue de la mer, on intercepte les lettres de sa femme et de son frère, le seul phare d'espérance qui lui reste sur ce rocher perdu au milieu de l'Océan, si bien qu'il peut se croire abandonné de tous, même des siens, pour lesquels il voulut vivre, pour lesquels il se raidit contre la folie qui le guettait.

En France, un à un, des bruits circulent, légers d'abord, puis plus consistants. A mi-voix, des personnes graves laissent entendre que le capitaine Dreyfus n'a pas été régulièrement jugé, d'autres vont plus loin et affirment qu'il a été condamné injustement. Un savant professeur, honoré, estimé, a recueilli l'aveu fait par le président de la République Félix Faure à un médecin de ses amis :

« Dreyfus a été condamné sur la production d'une pièce ne laissant aucun doute sur la trahison, pièce que nous n'avons pu soumettre à l'accusé ni au défenseur, dans la crainte d'incidents diplomatiques. »

Me Demange, l'éloquent avocat du capitaine Dreyfus, déclare que le commissaire du Gouvernement à la fin de la quatrième et dernière audience du Conseil de guerre avait abandonné tous les griefs accessoires produits contre Dreyfus pour ne retenir à sa charge que le bordereau.

A cette pensée qu'un homme, si criminel qu'ait été son acte, a pu être condamné à la suite d'une communication faite à ses juges sans que ni lui ni son défenseur en fussent instruits, quelques esprits s'inquiètent. Là où sont violées les formes de la procédure, sacrifiés les droits de l'accusé, il n'y a plus de Justice. Pourquoi ne reviserait-on pas le procès s'il y eut irrégularité, — et cette irrégularité, on commence par la reconnaître dans certains milieux, on s'en vantera bientôt, la mettant sur le compte de la raison d'État.

Reviser ? A quoi bon. Un officier traître et juif, par surcroît, mérite-t-il tant de façons ?

Dans les milieux de libre discussion, l'acharnement apporté par la presse soi-disant chrétienne à repousser toute idée de revision, surprend, met en défiance les bons citoyens qui ne souhaitaient cette revision du procès de l'ex-capitaine que par un scrupule de conscience et par respect pour le droit sacré de la défense. Le doute naît dans les cerveaux sur la culpabilité du condamné de l'île du Diable à la faveur de cette résistance.

Méthodiquement, on remonte aux origines de l'Affaire. C'est l'organe du parti antisémite qui, le premier, a annoncé l'arrestation de l'officier *juif* et, le premier aussi, donné des renseignements venant de source évidemment officielle sur les faits reprochés à Dreyfus. Ce sont les journaux de même nuance qui, à présent, s'indignent à l'idée que le procès de l'ex-capitaine pourrait recommencer pour vice de forme.

Mais, pour éclairer les consciences honnêtes, des faits, dont la gravité n'échappe pas, sont colportés de bouche en bouche. Le capitaine Dreyfus, dont on avait enregistré les prétendus aveux, n'a jamais cessé de protester énergiquement de son innocence *avant*, *pendant* et *après* son procès. Même, après la condamnation, ayant reçu la visite du commandant Du Paty de Clam envoyé du général Mercier, ministre de la Guerre, il a écrit à celui-ci :

« J'ai reçu, par votre ordre, la visite du commandant Du Paty de Clam auquel j'ai déclaré encore que j'étais innocent et que je n'avais même jamais commis d'imprudence.

« Je suis condamné, je n'ai aucune grâce à demander. Mais, au nom de mon honneur qui, je l'espère, me sera rendu un jour, j'ai le devoir de vous prier de vouloir bien poursuivre vos recherches.

« Moi parti, qu'on cherche toujours, c'est la seule grâce que je sollicite.

« Alfred DREYFUS. »

Le nouveau chef du service des renseignements au ministère de la Guerre, le colonel Picquart, avait cherché et trouvé. Étrange coïncidence, on l'avait envoyé immédiatement en mission périlleuse aux confins du désert africain pendant plusieurs mois. Pour les quelques hommes au courant de ces faits, ce ne fut plus, dès lors, d'une illégalité judiciaire dont il devait être question, ce fut d'une erreur judiciaire.

Mais quelle voix suffisamment autorisée en demanderait la réparation ? Qui donc aurait ce courage de braver l'opinion en l'éclairant ? Cette voix devait venir d'un savant, d'un fils de l'Alsace, d'un républicain de vieille date, d'un citoyen au-dessus de tous les soupçons, de Scheurer-Kestner, vice-président du Sénat.

Quand une certaine presse qui salit quiconque jette un peu d'éclat sur notre France et pour qui mentir et calomnier constitue toute l'occupation professionnelle, quand cette presse apprit que Scheurer-Kestner avait déclaré à ses collègues du bureau du Sénat qu'il venait d'acquérir la conviction absolue de l'innocence de Dreyfus et qu'il comptait s'employer à lui faire rendre justice, elle resta comme assommée sous le coup, mais elle se reprit vite. Ce qui paraissait paradoxal, impossible, inouï, elle le tenta, reculant les limites de la bassesse morale.

Scheurer-Kestner, cette grande figure patriotique, ce fier républicain, ce modèle d'honnête homme, vénéré de ses amis, estimé de ses adversaires politiques, fut traîné sur la claie, injurié, insulté, traité de « vendu » et de « traître »... Rien ne le rebuta, ni l'abandon d'amitiés qui lui étaient chères, ni les outrages des industriels du patriotisme et de l'antisémitisme et il eut cette joie, consolatrice de bien des amertumes, de voir se grouper autour de lui l'élite des penseurs et des savants, un Duclaux, directeur de l'Institut Pasteur ; Anatole France, l'impeccable écrivain ; des professeurs comme Ferdinand Buisson, de la Sorbonne ; Grimaux, de l'École polytechnique ; Monod ; des hommes politiques tels que Joseph Reinach, Ranc, Francis de Pressensé, Jaurès, le sénateur Trarieux, Clemenceau, Molinier, professeur à l'École des Chartes, Giry.

Emile Zola, autre martyr de la Liberté, dont le terrible réquisitoire : *J'accuse*, devait, quelques mois plus tard, forcer l'appareil judiciaire à se mettre en mouvement, pouvait déjà (26 novembre 1897) s'écrier, saluant Scheurer-Kestner : « La Vérité est en marche, rien ne l'arrêtera plus. »

Rien, en effet, ne devait plus l'arrêter, ni les mensonges, ni les machinations d'un état-major affolé, ni les faux succédant aux faux, ni l'intimidation des témoins ou des juges par des généraux, ni la protection accordée au véritable traître, officier taré.

Après dix années de luttes toujours pénibles, souvent douloureuses, où l'on put mesurer tout à la fois l'audace sans égale du parti clérical et la pusillanimité des parlementaires, la Vérité était définitivement proclamée et la conscience de la France, oppressée du poids d'une épouvantable erreur judiciaire, était enfin libérée. L'un des premiers artisans de cette œuvre de réparation, celui dont le nom, comme un drapeau, permit le ralliement des troupes en marche vers la Justice, Scheurer-Kestner, a droit à une place d'honneur au Panthéon des héros et des martyrs de la Liberté.

Héros, il le fut, quand, repoussant les avis égoïstes de ceux qui, pour sa tranquillité, lui déconseillaient de poursuivre ses recherches, il jeta son nom, tout son passé en pâture aux vautours du journalisme et de la politique. Et sa fin prématurée, causée par tant de hontes et de crimes impunis, fut bien celle d'un martyr.

Fils d'un vieux démocrate, Scheurer naquit à l'école primaire de Mulhouse, dans la maison de son grand-père, le 11 février 1833. Son père était de Colmar. Sa mère appartenait à l'une des plus vieilles familles de cette République de Mulhouse qui se donna librement à la République française en 1798. A l'âge de sept ans, il s'asseyait sur les bancs de l'école où il avait vu le jour.

En 1842, son père transporta à Thann sa fabrique d'impressions sur étoffes. Scheurer-Kestner avait donc neuf ans. Il trouvait là liberté pleine et entière, les montagnes, la rivière, les bois, c'était pour un enfant de cet âge et de bon tempérament un véritable paradis. Le souvenir qu'il garda toute sa vie de ce coin délicieux où s'écoulèrent quelques-unes de ses meilleures années se révèle dans ce passage de ses mémoires :

« Il y a vingt-trois ans aujourd'hui (1893) que le fifre prussien a retenti pour la première fois dans notre chère vallée. Il y a vingt-trois ans que je vis dans l'inquiétude, me demandant chaque matin si nos vainqueurs ne m'expulseront pas. A deux reprises, ils m'ont éloigné par ordre mais je suis revenu comme un chien battu, chassé, qu'on retrouve dans la niche le lendemain. Depuis lors, les Allemands m'ont laissé tranquille, se bornant à de passagères et ridicules vexations, comme le refus d'un permis de chasse. Tant qu'ils ne m'auront pas expulsé en bonne et due forme, et je leur rendrai cette mesure malaisée, ils me verront revenir toujours dans mon pays qui n'est pas le leur, au milieu de mes concitoyens qui ne sont pas les leurs. »

Quel noble et beau langage, et quelle honte, à l'entendre aujourd'hui, devrait empourprer le front des patriotes professionnels qui ne craignirent pas, pour la défense de leur cause pitoyable, de jeter la suspicion sur ce fils de l'Alsace, quand même.

La République de 1848 avait doté le collège de Thann d'une musique et d'un drapeau tricolore. Trente ans plus tard, accompagnant son ami le ministre de l'Intérieur Lepère à la cérémonie d'inauguration du monument élevé à Denfert-Rochereau, à Montbéliard, Scheurer-Kestner aperçut à la fenêtre d'une maison de la petite commune de Danjoutin, près Belfort, où le cortège officiel s'était arrêté, un drapeau tricolore sur lequel on lisait les mots *Collège de Thann*.

« C'était notre vieux drapeau conservé par M. Rhulmann, le dernier principal français. Ce drapeau m'a causé une profonde émotion (1). »

Trois ans, le jeune Scheurer étudia au gymnase protestant de Strasbourg, externat dont les élèves étrangers habitaient en ville chez les professeurs. Puis, à la suite d'un échec incompréhensible au baccalauréat, — car il était excellent élève, — son père le fit travailler un an (1851-1852) dans les ateliers de sa fabrique d'impression sur étoffes et l'envoya compléter ses connaissances en chimie au laboratoire du savant Wurtz, à Paris. Rappelé par son père qui voulait qu'il fût en mesure de gagner sa vie, il resta deux ans à Thann qu'il ne quitta que pour épouser, à vingt-trois ans, Mlle Céline Kestner dont le père, Charles Kestner, tenait une grande fabrique de produits chimiques. Aussitôt, selon la mode alsacienne, il joignit à son nom celui de sa femme et Scheurer-Kestner devint le collaborateur de son beau-père. Élevé dans un milieu républicain, Scheurer-Kestner le quittait pour entrer dans une famille non moins républicaine où ses convictions se fussent fortifiées si elles n'avaient été déjà bien assurées. Charles Kestner était un ancien représentant du peuple aux assemblées de la deuxième République ; son gendre, l'érudit Victor Chauffour qui avait été son collègue à la Constituante, était en exil.

Plus tard, en 1858, le colonel Charras, autre exilé, devint aussi le beau-frère de Scheurer-Kestner. L'entrée dans sa famille de Charras qui réunissait autour de sa retraite, à Bâle, les proscrits de divers pays et en grand nombre surtout ceux de France, mit Scheurer-Kestner en relations avec les principales notabilités du parti républicain. Il servait de son mieux leurs intérêts, subventionnant leur journal *le Confédéré*, et s'occupant spécialement de faire passer en France leurs écrits contre l'Empire. Ce n'était pas, comme les jeunes gens d'à présent le pourraient croire, chose facile et sans danger. L'Empire ne badinait pas

---

(1) *Souvenirs de jeunesse* de Scheurer-Kestner.

avec ceux qu'il prenait à introduire des pamphlets contre lui. De 1865 à 1869, les extraits de correspondance parus au *Confédéré* furent expédiés régulièrement par les soins de Scheurer-Kestner, en papier pelure, dans une dizaine de départements. Il répandait aussi des brochures de propagande dont plusieurs eurent un énorme succès et contribuèrent puissamment à préparer la chute de Napoléon III.

Des manifestations d'étudiants contre l'Empire ayant amené l'arrestation de plusieurs de ceux-ci à Paris, on trouva chez quelques-uns d'entre eux des lettres d'encouragement, plutôt violentes, signées Scheurer-Kestner. Aussitôt, ordre télégraphique de perquisitionner chez lui à Thann. On l'arrête. De Belfort, où il a été incarcéré, à côté d'un assassin, on le fait venir à Paris. Enfermé à Mazas, il est prévenu d'« excitation à la haine et au mépris du Gouvernement », et d'« intelligences à l'intérieur », de « publication et de distribution d'écrits sans nom d'imprimeur » et d'« avoir, à Paris, en 1862, provoqué publiquement à commettre un ou plusieurs crimes ».

La 6ᵉ Chambre correctionnelle ne retint que le fait d'« intelligences à l'intérieur ». Scheurer-Kestner fut condamné à 2000 francs d'amende et à trois mois de prison. Il s'en tirait à bon compte... relativement. Le jugement était en effet rédigé de manière à mettre le condamné sous le coup de la loi de sûreté générale, c'est-à-dire à l'exposer à la déportation dans une enceinte fortifiée à la première occasion. Transféré à la prison de Sainte-Pélagie, il y noua de fortes amitiés avec Étienne Arago, Hippolyte Carnot, Laurent Pichat, Frédéric Morin, Eugène Pelletan. Les savants Wurtz, de Friedel, Pelouze vinrent le voir. Les jeunes républicains, Isambert, Clemenceau, Aristide Rey se lièrent avec lui.

Libéré, il retourna en Alsace, où il devint un des chefs du parti d'opposition à l'Empire.

La guerre de 1870 le surprit au milieu de ses travaux industriels. « J'ai appris alors, a-t-il écrit dans des notes retrouvées après sa mort, ce que sont les vraies angoisses : je sais maintenant ce qu'un homme est capable de supporter de douleurs patriotiques sans en mourir. »

Quand il vit que tout effort était inutile en Alsace, le pays étant occupé entièrement par les Allemands, il offrit ses services au gouvernement de la Défense Nationale. Avec son beau-frère, Auguste Lauth, ingénieur des ponts et chaussées, il eut la direction de la cartoucherie de Cette. De cette époque date la liaison de Scheurer-Kestner avec Gambetta. L'amitié si forte qui en fut le gage ne devait se rompre qu'à la mort du grand tribun.

Avec Gambetta, Scheurer-Kestner fut chargé par les électeurs du Haut-Rhin de les représenter à l'Assemblée nationale de 1871. Comme Gambetta et leurs autres collègues d'Alsace-Lorraine qui croyaient à la possibilité et à l'utilité de continuer une lutte si mal entreprise, Scheurer-Kestner démissionna lors de la signature de la paix. Ils ne l'avaient pas votée. Ils ne voulurent pas qu'on pût supposer qu'ils la ratifiaient.

Entraîné par la fatalité des événements dans le tourbillon politique, il fut élu, en juillet 1871, député de Paris, puis l'un des soixante-quinze sénateurs inamovibles, à titre de représentant de l'Alsace.

Quand son élévation à la présidence de la Chambre des députés obligea Gambetta à résigner les lourdes fonctions de directeur de *la République Française*, ce fut au dévouement de Scheurer-Kestner qu'il fit appel pour le remplacer. Menant de front ses occupations industrielles et politiques, il eut l'honneur d'être choisi par ses pairs, sans aucune sollicitation de sa part, pour présider la Société chimique de Paris, et par ses collègues du Sénat pour occuper l'un des sièges de vice-président de la Haute Assemblée. Indifférent aux honneurs, les fuyant plutôt (par deux fois, en 1867, au moment de l'Exposition universelle ; puis en 1878, à l'occasion de l'Exposition universelle, il refusa la croix de la Légion d'honneur), Scheurer-Kestner n'avait que mépris pour les ambitieux toujours en quête d'une situation plus élevée et plus rémunératrice. Le 30 janvier 1871, Gambetta lui avait fait offrir la succession de Challemel-Lacour à la préfecture du Rhône ; en 1876, M. de Marcère, ministre de l'Intérieur, qui était alors son ami, voulut le nommer préfet de la Seine ; quelques mois après, M. Magnin, ministre des Finances, son ami, lui proposa la succession de M. Denormandie, à la Direction de la Banque de France : chacune de ces offres tentantes fut déclinée par Scheurer-Kestner.

Modeste, dédaigneux des triomphes faciles et du vain bruit, s'il ne fit rien pour obtenir les applaudissements de la foule, il ne recula jamais devant l'accomplissement d'un devoir. Ayant acquis la certitude que la condamnation du capitaine Dreyfus était le résultat d'une erreur judiciaire, rien ne le détourna de la mission qu'il s'était donnée de rechercher et faire éclater la Vérité, ni la sacrilège menace de se voir retirer l'autorisation de séjourner en Alsace, ni la prudente désertion de certains de ses amis, ni le reniement de quelques autres, ni les basses attaques d'un parti innommable. Il sacrifia son repos, sa notoriété et l'on peut dire sa vie à la revanche du Droit sur l'Illégalité, au triomphe de la Vérité et de la Justice, pensant avec raison qu'il travaillait encore au bon renom de la France et à la gloire rayonnante de la République.

Un esprit aussi imbu que le sien de la méthode scientifique ne s'était pas décidé légèrement à intervenir dans une aussi grave question. Il avait longtemps hésité, mais le jour où il eut la conviction de tenir la vérité, rien ne put faire obstacle à sa volonté de la proclamer publiquement. Avant tout, il avait tenu à s'en ouvrir à son vieil ami le général Billot, ministre de la Guerre. L'entretien, dans lequel le général Billot avait promis de faire une enquête, devait rester secret. Il fut divulgué le lendemain même. Scheurer-Kestner se montra justement affecté de cette violation de la parole donnée.

« Fais taire les imprudents qui t'entourent, écrivit-il aussitôt au général Billot (1). Poursuis courageusement, loyalement, l'enquête promise.

« L'armée, que j'aime autant que toi, peut s'en tirer honorablement encore ; demain, peut-être, il serait trop tard.

« Je t'en conjure, au nom de cet intérêt sacré, foule aux pieds toute considération secondaire ; c'est digne de toi...

« En quoi l'armée serait-elle touchée si les généraux reconnaissaient eux-mêmes qu'il y a eu peut-être une erreur judiciaire ? Ils en seraient grandis, et le général Mercier et les autres. L'opinion publique serait avec eux, sois-en certain.

« Que si, au contraire, on parvient à étouffer ce qui ne doit pas l'être dans notre noble pays de France, sauf à succomber plus tard devant la réalité, songe au désastre, non seulement pour toi, mais pour cette armée à laquelle nous accordons toute notre admiration et toute notre sollicitude.

« Il faut donc que nous combinions nos efforts pour éviter un pareil malheur, et je suis prêt, tu l'as bien vu, à m'y employer de toute mon âme.

« Mon vieil ami, écoute-moi donc ! »

La peur des attaques de la presse antisémite fit reculer le général Billot. Scheurer-Kestner fut, dès cet instant, berné par « son vieil ami » et attaqué violemment par les journaux.

Seul, de tous les journalistes de droite, Paul de Cassagnac, qui portait à la boutonnière le ruban de la médaille militaire gagnée sur les champs de bataille, avait osé écrire dès le 1er novembre 1897, à propos du jugement de Dreyfus :

« Il y a un trou béant, noir, insondable dans ce jugement. Toute condamnation dans les ténèbres est un assassinat juridique. Vainement viendra-t-on arguer du secret d'État ; le secret d'État serait une lâcheté... La pensée de l'innocence de Dreyfus m'a toujours hanté ; elle m'épouvante. »

Une à une, mais trop lentement malheureusement, les consciences s'ouvriront à la lumière. Au lendemain du jour où le frère de Dreyfus, M. Mathieu Dreyfus, dénoncera au général Billot le comte Walsin-Esterhazy, comme l'auteur de la pièce dite *bordereau*, seule base légale de l'accusation contre l'ex-capitaine, la Chambre des députés sur la production d'une pièce, connue depuis sous le nom de *faux Henry* et qui fut l'une des causes du suicide de cet officier, flétrit les promoteurs de la revision. Scheurer-Kestner n'eut pas peur de l'orage une minute. Il écrivit sur-le-champ au président du Sénat, demandant à interpeller le président du Conseil et le ministre de la Guerre au sujet des déclarations qu'ils avaient faites à la Chambre (2). Et à la séance du 7 décembre,

---

(1) 1er novembre 1897.
(2) Lettre du 6 décembre 1897.

sobrement mais énergiquement, il soutenait sa thèse, toujours la même, — que l'honneur de l'armée ne consiste pas à persévérer, coûte que coûte, dans une méprise funeste, mais à chercher loyalement à la réparer et à faire justice.

« La Justice, ajoutait-il, elle se fera ; tôt ou tard, la Vérité finit par triompher ; mais il dépend des hommes de bonne volonté d'abréger les délais. Faire vite et faire bien, voilà la tâche qui reste au Gouvernement après qu'il a refusé l'initiative à laquelle je le conviais. »

Ludovic Trarieux, le sénateur girondin, qui désormais ne quittera plus Scheurer-Kestner dans cette lutte et devait, lui aussi, en mourir, se porta courageusement à son secours :

« Les juges les plus sûrs d'eux-mêmes, les mieux intentionnés, ne peuvent-ils pas se tromper ? L'infaillibilité n'est pas de ce monde. »

Vérité évidente, mais qui ne le sait ? la vérité n'est pas toujours permise. Dans les assemblées politiques on la traite facilement de « témérité », parfois même de « crime ». Inutilement, Trarieux rappela qu'étant garde des Sceaux, il avait déféré à la Cour de cassation les affaires Cauvin et Vaux sans que l'opinion publique s'en émût, le Sénat ne fut pas ébranlé ; du moins, s'il le fut, il ne le montra pas. La semence de vérité n'était pas moins jetée ; nulle autorité humaine ne pourra plus empêcher qu'elle germe.

C'est ce qu'exprime, en un langage si élevé dans sa simplicité, Scheurer-Kestner écrivant le 5 janvier 1898 à un de ses amis du Sénat :

« Mon cher ami,

« En revenant d'Alsace, où j'ai trouvé une fois de plus tant de sympathies réconfortantes, j'apprends avec surprise que certaines personnalités ont vu dans ma courte absence un aveu de découragement ou d'incertitude.

« Comment serais-je découragé, cher ami, moi qui sais que le triomphe de la vérité ne dépend pas du bon vouloir des hommes et qu'il ne saurait y avoir de prescriptions contre la justice ni contre le droit ? Comment serais-je hésitant quand l'évidence me paraît chaque jour plus claire, à mesure qu'elle se dégage des voiles dont les passions veulent l'obscurcir.

« *Ce qui me reste de force et de vie, je l'ai mis au service de l'innocence opprimée ; ce don de moi-même n'est pas révocable, et je tiendrai mon engagement, dussé-je rester seul.* Mais je ne suis pas seul. Je vois autour de moi de nombreux amis que j'estime et qui m'approuvent. Nous attendrons, forts de notre conscience, la juste, l'inévitable réparation. »

D'éminents esprits venaient en effet se ranger chaque jour autour de Scheurer-Kestner et fortifier son courage. Le 8 janvier 1898, il recevait du savant Duclaux, membre de l'Institut et directeur de l'Institut Pasteur, cette approbation :

« Cher Monsieur,

« Vous voulez bien me demander ce que je pense comme *savant* de l'acte d'accusation porté contre le capitaine Dreyfus, tel qu'il a paru hier dans les journaux Je pense tout simplement que si, dans les questions scientifiques que nous avons à résoudre, nous dirigions notre instruction comme elle semble l'avoir été dans cette affaire, ce serait bien par hasard que nous arriverions à la vérité.

« Nous avons des règles tout autres, qui nous viennent de Bacon et de Descartes : garder notre sang-froid, ne pas nous mettre dans une cave pour y voir plus clair, croire que les probabilités ne comptent pas, et que cent incertitudes ne valent pas une seule certitude. Puis, quand nous avons cherché et cru trouver la preuve décisive, quand nous avons même réussi à la faire accepter, nous sommes résignés à l'avance à la voir infirmer dans un procès de revision auquel souvent nous présidons nous-mêmes.

« Nous voilà loin de l'affaire Dreyfus, et vraiment c'est à se demander si l'État ne perd pas son argent dans ses établissements d'instruction, car l'esprit public est bien peu scientifique.

« Bien cordialement à vous,

« Duclaux. »

Nous ne raconterons pas, en détails, cette triste affaire. Elle est entrée dans l'Histoire. Les générations futures s'étonneront de ce qu'elle y tienne une si grande place et qu'il ait fallu un effort presque surhumain de tous les libres esprits de France à l'aube du xxe siècle pour obtenir la revision du procès d'un capitaine d'artillerie parce que cet officier était israélite. Nous devons pourtant rappeler les douloureuses étapes du calvaire gravi par Scheurer-Kestner et ses amis. Le 13 janvier 1898, le Sénat procédait à la réélection de son bureau. Scrutin secret, lâcheté facile. Scheurer-Kestner n'obtint que 80 voix ; il ne fut pas réélu. Puis c'est Émile Zola qui, condamné à un an de prison et 3000 francs d'amende pour l'acte d'accusation : « J'accuse », qu'il a dressé contre l'État-Major, est menacé par la foule qui crie : « A bas les juifs », tandis que le faussaire Esterhazy reçoit, *par ordre*, les félicitations des officiers présents à l'audience et que le prince Henri d'Orléans vient ostensiblement lui serrer la main.

C'est ensuite le procès de Rennes où la justice militaire ne tient aucun compte de l'arrêt de la Cour de cassation, juridiction suprême du pays ; où les principaux témoins sont circonvenus par ceux-là même qui commirent les premières fautes et ne veulent point se déjuger, et qui couvrirent tant de faux et de mensonges. Enfin cette condamnation *avec circonstances atténuantes* qui reste inexplicable pour quiconque raisonne et qui fait plus pour la cause du capitaine Dreyfus que ses meilleurs défenseurs ne le peuvent espérer.

Outrages, mensonges, lâchetés, injustices, Scheurer-Kestner supporta tout d'un cœur stoïque. Il en souffrait cependant cruellement pour son pays. Une année durant, il suivit de son lit de douleur les péripéties du combat que continuaient les amis de la Vérité et de la Justice. La mort mit fin le 19 septembre 1899, à Bagnères-de-Luchon, à son supplice moral et physique, à l'heure précise où le président de la République, M. Loubet, signait la grâce de Dreyfus.

Transporté à Paris, son corps y fut suivi le 25 septembre, par une foule imposante : les gloires les plus incontestées des Arts et des Lettres, les représentants, par centaines, de la Chambre des députés, du Sénat et de tous les grands corps constitués de l'État y figuraient au milieu du vrai peuple de Paris, travailleurs de l'atelier et du magasin, petits bourgeois, de celui qui n'a pas renié la Révolution et qu'on peut quelquefois égarer par surprise, mais qu'on ne maintient pas longtemps hors des voies de la Raison et de la Justice.

Et ce fut, dans la vaste cour de la gare de l'Est où les orateurs adressèrent à la dépouille de Scheurer-Kestner un dernier adieu avant qu'elle partît pour la terre d'Alsace, ce fut un spectacle inoubliable que celui des milliers d'humbles citoyens pleurant silencieusement devant ce mort, comme si quelque chose, dont la Patrie restait inconsolable, s'en allait avec lui.

Le lendemain, toute l'Alsace patriote se trouvait à Thann pour accompagner jusqu'au champ de repos le dernier député Alsacien.

Le double hommage du peuple républicain de Paris et de l'Alsace, était une réparation bien due à ce grand honnête homme qui, « ayant vu où était le devoir, y marcha sans regarder derrière lui, qui ayant vu où étaient la Justice et la Vérité s'y donna tout entier, qui, ayant conscience d'une grande œuvre de réparation à accomplir y sacrifia, non pas seulement son repos, mais jusqu'à sa vie ».

Il avait servi la Patrie et honoré la science ; il avait offert sa liberté à la cause de la République, il sacrifia sa situation, quelques-unes de ses amitiés et sa propre existence pour le triomphe de la Vérité et de la Justice. Quelle vie, dans l'antiquité ou dans les temps modernes, pourrait être comparée à la sienne et mériterait mieux qu'elle de servir d'exemple aux générations futures !

TABLE DES MATIÈRES

	Pages.
Préface	5
Introduction	7
Socrate	9
Thrasybule	18
Démosthène	22
Spartacus	32
Caton d'Utique	38
Vercingétorix	44
Roger Bacon	49
Wat-Tyler	55
Jean Huss	62
Jeanne d'Arc	69
Jérôme Savonarole	79
Las Casas	88
Ulrich de Hutten	94
Jean de Padilla	102
Etienne Dolet	108
Giordano Bruno	117
Thomas Campanella	124
Hampden	130
Washington	137
Kosciuzko	148

TABLE DES MATIÈRES

Danton	152
Camille Desmoulins	165
Marceau	173
Lazare Hoche	180
Le Grand Carnot	186
Hippolyte Carnot	200
Sadi Carnot	209
Armand Barbès. — Auguste Blanqui	218
Raspail	227
Garibaldi	234
Paul Kruger	248
Scheurer-Kestner	257

Paris. — Imp. Alcide PICARD et KAAN, 192, rue de Tolbiac. — 31906, A. T.

www.ingramcontent.com/pod-product-compliance
Lightning Source LLC
Chambersburg PA
CBHW050630170426
43200CB00008B/955